U0598450

住房和城乡建设部"十四五"规划教材

教育部高等学校工程管理和工程造价专业教学指导分委员会规划推荐教材

工程经济学

（第二版）

谭大璐　杨　柳　主编

成　虎　主审

中国建筑工业出版社

图书在版编目（CIP）数据

工程经济学 / 谭大璐，杨柳主编 . -- 2 版 . -- 北京：
中国建筑工业出版社，2025.7. --（住房和城乡建设部
"十四五"规划教材）（教育部高等学校工程管理和工程
造价专业教学指导分委员会规划推荐教材）. -- ISBN
978-7-112-31323-5

Ⅰ. F062.4

中国国家版本馆 CIP 数据核字第 2025SA4431 号

本书是住房和城乡建设部"十四五"规划教材之一。它以高等学校工程管理和工程造价专业教学指导分委员会编制的专业规范中涉及工程经济学的知识点为依据，结合建设领域特点，以培养应用型人才为目标，通过查阅大量相关的专著、教材和应用实例编写而成。全书全面、系统地介绍了工程经济学的分析方法，主要内容包括：工程经济分析要素与项目融资、现金流量与资金时间价值计算、工程项目经济评价方法、方案的经济比较与选择、工程项目的预测与决策技术、价值工程、工程项目不确定性与风险分析、工程项目财务分析、项目可行性研究、设备选择与更新经济评价、工程项目后评价等内容。

本书可作为高等学校工程管理专业、工程造价专业、土木工程专业及其他理工类专业的教材，也可作为从事工程项目投资决策、规划、设计、施工、咨询等工作的工程管理人员、工程经济专业人员、工程技术人员的参考书，同时还可以作为准备参加土木工程领域相关职业资格考试人员的参考书。

为更好地支持相应课程的教学，我们向采用本书作为教材的教师提供教学课件，有需要者可与出版社联系，邮箱：gongguankj@cabp.com.cn，电话：(010) 58337285，建工书院 https://edu.cabplink.com (PC 端)。

责任编辑：张　晶
责任校对：张　颖

住房和城乡建设部"十四五"规划教材

教育部高等学校工程管理和工程造价专业教学指导分委员会规划推荐教材

工程经济学（第二版）

谭大璐　杨　柳　主编

成　虎　主审

＊

中国建筑工业出版社出版、发行(北京海淀三里河路 9 号)

各地新华书店、建筑书店经销

北京鸿文瀚海文化传媒有限公司制版

三河市富华印刷包装有限公司印刷

＊

开本：787 毫米×1092 毫米　1/16　印张：14¾　字数：362 千字
2025 年 8 月第二版　2025 年 8 月第一次印刷
定价：**48.00** 元（赠教师课件）

ISBN 978-7-112-31323-5
(45364)

版权所有　翻印必究

如有内容及印装质量问题，请与本社读者服务中心联系

电话：(010) 58337283　QQ：2885381756

（地址：北京海淀三里河路 9 号中国建筑工业出版社 604 室　邮政编码：100037）

出 版 说 明

党和国家高度重视教材建设。2016 年，中办、国办印发了《关于加强和改进新形势下大中小学教材建设的意见》，提出要健全国家教材制度。2019 年 12 月，教育部牵头制定了《普通高等学校教材管理办法》和《职业院校教材管理办法》，旨在全面加强党的领导，切实提高教材建设的科学化水平，打造精品教材。住房和城乡建设部历来重视土建类学科专业教材建设，从"九五"开始组织部级规划教材立项工作，经过近 30 年的不断建设，规划教材提升了住房和城乡建设行业教材质量和认可度，出版了一系列精品教材，有效促进了行业部门引导专业教育，推动了行业高质量发展。

为进一步加强高等教育、职业教育住房和城乡建设领域学科专业教材建设工作，提高住房和城乡建设行业人才培养质量，2020 年 12 月，住房和城乡建设部办公厅印发《关于申报高等教育职业教育住房和城乡建设领域学科专业"十四五"规划教材的通知》（建办人函〔2020〕656 号），开展了住房和城乡建设部"十四五"规划教材选题的申报工作。经过专家评审和部人事司审核，512 项选题列入住房和城乡建设领域学科专业"十四五"规划教材（简称规划教材）。2021 年 9 月，住房和城乡建设部印发了《高等教育职业教育住房和城乡建设领域学科专业"十四五"规划教材选题的通知》（建人函〔2021〕36 号）。为做好"十四五"规划教材的编写、审核、出版等工作，《通知》要求：（1）规划教材的编著者应依据《住房和城乡建设领域学科专业"十四五"规划教材申请书》（简称《申请书》）中的立项目标、申报依据、工作安排及进度，按时编写出高质量的教材；（2）规划教材编著者所在单位应履行《申请书》中的学校保证计划实施的主要条件，支持编著者按计划完成书稿编写工作；（3）高等学校土建类专业课程教材与教学资源专家委员会、全国住房和城乡建设职业教育教学指导委员会、住房和城乡建设部中等职业教育专业指导委员会应做好规划教材的指导、协调和审稿等工作，保证编写质量；（4）规划教材出版单位应积极配合，做好编辑、出版、发行等工作；（5）规划教材封面和书脊应标注"住房和城乡建设部'十四五'规划教材"字样和统一标识；（6）规划教材应在"十四五"期间完成出版，逾期不能完成的，不再作为《住房和城乡建设领域学科专业"十四五"规划教材》。

住房和城乡建设领域学科专业"十四五"规划教材的特点，一是重点以修订教育部、住房和城乡建设部"十二五""十三五"规划教材为主；二是严格按照专业标准规范要求编写，体现新发展理念；三是系列教材具有明显特点，满足不同层次和类型的学校专业教学要求；四是配备了数字资源，适应现代化教学的要求。规划教材的出版凝聚了作者、主审及编辑的心血，得到了有关院校、出版单位的大力支持，教材建设管理过程有严格保障。希望广大院校及各专业师生在选用、使用过程中，对规划教材的编写、出版质量进行反馈，以促进规划教材建设质量不断提高。

住房和城乡建设部"十四五"规划教材办公室

2021 年 11 月

序　言

教育部高等学校工程管理和工程造价专业教学指导分委员会（以下简称教指委），是由教育部组建和管理的专家组织。其主要职责是在教育部的领导下，对高等学校工程管理和工程造价专业的教学工作进行研究、咨询、指导、评估和服务。同时，指导好全国工程管理和工程造价专业人才培养，即培养创新型、复合型、应用型人才；开发高水平工程管理和工程造价通识性课程。在教育部的领导下，教指委根据新时代背景下新工科建设和人才培养的目标要求，从工程管理和工程造价专业建设的顶层设计入手，分阶段制定工作目标、进行工作部署，在工程管理和工程造价专业课程建设、人才培养方案及模式、教师能力培训等方面取得显著成效。

《教育部办公厅关于推荐2018—2022年教育部高等学校教学指导委员会委员的通知》（教高厅函〔2018〕13号）提出，教指委应就高等学校的专业建设、教材建设、课程建设和教学改革等工作向教育部提出咨询意见和建议。为贯彻落实相关指导精神，中国建筑出版传媒有限公司（中国建筑工业出版社）将住房和城乡建设部"十二五""十三五""十四五"规划教材以及原"高等学校工程管理专业教学指导委员会规划推荐教材"进行梳理、遴选，将其整理为67项，118种申请纳入"教育部高等学校工程管理和工程造价专业教学指导分委员会规划推荐教材"，以便教指委统一管理，更好地为广大高校相关专业师生提供服务。这些教材选题涵盖了工程管理、工程造价、房地产开发与管理和物业管理专业主要的基础和核心课程。

这批遴选的规划教材具有较强的专业性、系统性和权威性，教材编写密切结合建设领域发展实际，创新性、实践性和应用性强。教材的内容、结构和编排满足高等学校工程管理和工程造价专业相关课程要求，部分教材已经多次修订再版，得到了全国各地高校师生的好评。我们希望这批教材的出版，有助于进一步提高高等学校工程管理和工程造价本科专业的教学质量和人才培养成效，促进教学改革与创新。

教育部高等学校工程管理和工程造价专业教学指导分委员会

2023年7月

第二版前言

本书的第一版于 2021 年 2 月出版。随着国家对本科教育要求的提升和行业的高质量转型发展，作者遵循守正创新原则，完善了教材的编写思路，如下图所示：

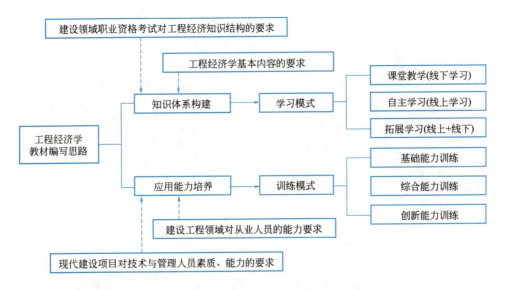

根据上述编写思路，作者在保持第一版教材的系统性、实用性、编写风格新颖性三大特点基础上，做了以下变动：

（1）对原书中存在的少量文字、计算错误进行了修正。

（2）为保证教材的可读性，对原教材中的某些例题与习题的文字描述、基础数据进行了更改与替换，使其更贴合工程实际。

（3）按照中华人民共和国国家发展和改革委员会 2023 年发布的关于投资项目可行性研究报告编制的相关规定，对第 10 章的部分内容进行了修改。

（4）为方便读者对教材中知识点的理解以及对教材外其他相关知识的拓展学习，各章节都增设了数字资源（二维码），既有典型工程案例、行业前沿、行业新标准等内容，也有计算方法的讲解视频。编写团队还在"国家高等教育智慧教育平台"上线了面向应用型人才培养的配套慕课，方便读者使用本教材。

本书由四川大学教授、四川大学锦江学院特聘教授谭大璐，四川大学锦江学院副教授杨柳任主编；四川大学锦江学院谢奇妙副教授、成都锦城学院刘桂宏副教授、四川大学谭茹文老师任副主编；东南大学成虎教授任主审。参加本次修订的老师还有：四川大学锦江学院蒋玉飞副教授、龙泓宇老师，成都锦城学院刘滢副教授、杨小雪老师、申紫薇老师，四川水利职业技术学院廖晨雅老师。四川大学尹健副教授、邢会歌副教授对本书的编写也提出了许多宝贵意见。在编写过程中，作者还参阅了其他专家、学者的有关资料，在此表示衷心的感谢。

　　本书的构思是以编写一本通俗易懂、风格新颖、实用性强的工程经济学教材为初衷。但由于作者的理论水平和工作实际经验有限，成书付梓过程中，虽经仔细校对修改，但难免仍有不当之处，敬请各位专家和读者不吝指教。

2025 年 5 月

第一版前言

《工程经济学》是住房城乡建设部土建类学科专业"十三五"规划教材之一。它以高等学校工程管理和工程造价学科专业指导委员会编制的专业规范中涉及工程经济学的知识点为依据，以培养应用型人才为目标，结合作者多年从事工程经济学的教学心得和进行科研工作的经验编写而成。本教材的编写思路如下图所示：

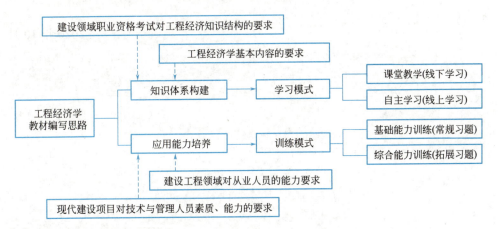

根据上述编写思路，本教材体现了以下特点：

（1）系统性。教材力图对工程经济学的基本理论与方法进行较为全面的阐述。教材既囊括了工程经济学的经典理论，又涵盖了国家有关部门对建设项目进行经济分析评价的内容、方法与体系。

（2）实用性。教材的实用性基于三点考虑。首先，为使读者能够快速掌握工程经济学原理在建设领域的应用方法，对各章节的重要知识点都配有由浅到深的例题与习题，便于读者理解与自学，许多章节还提供了实用性较强的案例，以提高读者解决实际问题的能力。其次，为达到建设工程领域的相关执业资格考试中对工程经济学知识的要求，本书在内容的选择、习题的题型等方面，力求与执业资格考试内容接轨，为读者今后参加建设工程领域的执业资格考试奠定基础。最后，考虑到有继续深造意愿的学生需求，在相关章节配有综合性较强且有一定难度的思考题，培养学生对知识点的拓展应用，为其考研提供帮助。

（3）编写风格新颖性。为了重点突出，每章设有图文并茂的"重要概念与知识点"，它是相应知识点的精炼与概括。如果读者对相应章节的知识点熟悉，只要浏览此部分，即可快速找到所需概念或公式，如果不熟悉，则在学习了相应章节详细内容后，通过阅读此部分，复习与掌握本章节的重点内容。

本书由四川大学谭大璐主编并负责全书的框架设计与统稿工作。各章编写负责人分别为：四川大学谭大璐：第1、3、8章，参编第6、7、12章；四川大学锦江学院杨柳：第

4、10、11、12章；四川大学锦江学院蒋玉飞：第2、5、9章，参编第10章。四川大学锦江学院谢奇妙：第6章；华侨大学祁神军：第7章。四川大学谭茹文与相关章节编写负责人共同完成各章习题选编，并由谭茹文负责全书习题参考答案的编写与整理。各章负责人进行了章节间交叉互审，四川大学尹健对本书的编写提出了宝贵意见并对本书进行了认真审阅。四川大学建筑与环境学院建筑与土木工程专业2019级研究生申紫薇对习题答案的校对做了大量辅助工作。在编写过程中，作者还参阅了其他专家、学者的有关资料，在此表示衷心的感谢。

本书的构思是以编写一本通俗易懂、风格新颖、实用性强的工程经济学教材为初衷。但由于作者的理论水平和工作实际经验有限，成书付梓过程中，虽经仔细校对修改，但难免仍有不当之处，敬请各位专家和读者不吝指教。

2020年10月

目　　录

本章重要概念与知识点

1. 工程经济学：是一门工程与经济的交叉学科，工程经济分析的目的是提高工程经济活动的效果。

2. 工程经济的分析原则：经济效益原则，可持续发展原则，资源合理配置和有效使用原则，技术与经济对立统一原则，定量分析和定性分析相结合、定量分析为主的原则，静态评价与动态评价相结合、动态评价为主的原则，可比性原则。

3. 工程经济学常用的分析方法：费用效益分析法、方案比较法、预测与决策法、价值工程法、风险分析法等。

4. 工程经济分析步骤：目标的确定、评价标准制定、制约因素分析、拟定备选方案与方案优选、过程绩效监测、结果后评价。

1.1 工程经济学概述

1.1.1 工程经济学基本概念

1. 工程

"工程"一词在《辞海》中有两层含义。

第一层含义是将自然科学的原理应用到工农业生产而形成的各学科的总称。如土木工程就是把数学、物理学、化学等基础学科知识，工程力学、材料学等技术科学知识以及土木工程方面的工程技术知识综合运用到人们的生产、生活实践中，用于研究、设计、修筑各种建筑物和构筑物的诸多学科的总称。在此含义下，"工程"的主要内容包括对于工程的勘察、设计、施工，原材料的选择，设备和产品的研制，工艺和施工方法的研究等。

第二层含义是指具体的项目，如三峡工程项目、卫星发射项目等。概括地说，工程是一种科学的应用，是把科学原理转化为新产品的创造性活动，此活动通过利用各类技术，由不同类型的工程技术人员完成。

2. 经济

经济一般有以下四个方面的含义：

一是社会生产关系。人们在物质资料生产过程中，为了进行生产，建立了不以人的意志为转移的社会生产关系，生产关系是上层建筑赖以存在的基础。二是国民经济的总称。三是指人类的经济活动，即对物质资料的生产、交换、分配和消费活动。四是指节约、节省，即以较少的社会投入获取较大的社会产出。

3. 工程经济学

工程经济学是工程与经济的交叉学科，目前对其尚无统一的定义。大致可归纳为以下三种基本观点：

（1）工程经济学是一门研究如何根据既定的活动目标，分析活动的代价及其对目标实现的贡献，并在此基础上设计、评价、选择以最低的代价可靠地实现目标的最佳或满意活动方案的学科。工程经济的核心内容是一套工程经济分析的思想和方法，是人类提高工程经济活动效率的基本工具。

（2）工程经济学是采用有条理的工程经济分析程序，运用数学建模技术，投入相关的工程知识，以工程项目为主体，以技术经济系统为核心，研究如何有效利用有限资源，并将其研究结果运用到方案的决策中。

（3）工程经济学不仅要研究工程中技术或生产力方面产生的经济问题，还要通过工程项目把生产力和生产关系联系起来，研究工程项目中发生的人与人之间的关系，研究生产关系中的经济问题，使项目的实施能够满足或超出项目有关利害关系者对项目的要求。

总之，工程经济学是通过分析技术与经济之间的辩证统一关系，对工程经济活动进行系统评价，科学地预见工程项目直接涉及的经济效果和由此引起的间接效果。

1.1.2 工程经济学的研究对象

人们在进行工程项目的决策时，往往会从以下三方面进行思考：

（1）为什么要实施此项目？能否实施其他项目？

（2）为什么要现在实施此项目？项目实施的机会合适吗？

（3）为什么要采用此方案来实施项目？有无更经济合理的替代方案？

传统的工程经济的研究对象是以上所思考的具体工程项目，而与之对应的工程经济学的研究对象便是解决上述思考问题的方案和途径，即研究在一般的工程项目中，采用什么方法、建立哪种方法体系，才能正确预测项目在技术上的可行性和经济上的合理性，寻求到技术与经济的最佳结合点。随着社会与经济的发展，现代工程经济学涉及的领域越来越广泛，其研究对象也从微观的技术经济问题延伸到宏观的技术经济问题，如能源问题、环境问题、资源开发与利用问题、国家的经济制度到政策问题。

由此可知，工程经济学既为具体的工程项目分析提供科学方法，也为宏观政策的制定提供理论依据。

1.1.3 工程经济学的产生与发展

工程经济学的产生是为了解决从经济角度对技术方案进行选择的问题。1887年，美国土木工程师威灵顿（A. M. Wellington）在其出版的著作《铁路布局的经济理论》（The Economic Theory of Railway Location）中首次将成本分析方法应用于铁路的最佳长度和路线的曲率选择上，并提出了工程资金利息的概念，开创了工程领域的经济评价。

1920 年，戈尔德曼（O. B. Goldman）教授出版了《财务工程学》（Financial Engineering），提出相对价值的复利模型，并将其理论运用到不同方案的经济价值比较中。

1930 年，格兰特（E. L. Grant）教授出版了《工程经济学原理》（Principles of Engineering Economy），从而奠定了经典工程经济学的基础。

1982 年，里格斯（J. L. Riggs）出版了《工程经济学》（Engineering Economics），系统地阐述了工程经济学的内容，将工程经济学的学科水平推进了一大步。

近代工程经济学的发展将经济数学、计算机理论运用于项目的风险性研究及非经济因素的研究，使工程经济学日趋完善。

我国工程经济的研究活动始于 20 世纪 50 年代初期。当时主要的工作是培养建筑经济人才，在一些学校创建建筑经济专业（如同济大学、西安冶金建筑学院），编译国外建筑经济专著（如苏联博士伏·伊·沙斯的专著《建筑经济学》）和编写我国自己的相应建筑经济教材。在《1956—1967 年全国科学技术发展十二年规划》和《1965—1974 年全国科学技术发展十年规划》中，建筑经济研究作为独立的学科列入了规划。初期的研究，是从新材料、新结构、新工艺、新设备的技术经济分析入手的。

20 世纪 60 年代，工程经济以建筑经济为主，相继开辟了设计经济、技术定额、计划管理、劳动管理、施工组织、建筑工业化以及运筹学在建筑业中的应用等方面的课题研究，并着重开展了建筑技术经济效果评价理论与方法的研究，注重联系生产实际，为促进建筑新技术的发展和提高建筑施工的组织管理水平服务。

20 世纪 70 年代初期起，建筑经济研究引进了国外行之有效的企业现代化管理方法和电脑应用技术，如目标管理、行业管理、要素管理以及预测、决策方法等。1979 年年末，中国建筑学会正式成立了建筑经济学术委员会。

20 世纪 80 年代开始，以建筑经济为主的工程经济得到迅猛的发展。其间，不仅继续了建筑经济学科理论研究、建筑工程技术经济研究，同时，还进行了诸如建筑工程招标承包制、建筑产品价格改革、建筑产业政策研究、我国住宅建设技术政策等经济体制改革的理论研究。

20 世纪 90 年代起，我国建筑经济研究人员将其研究领域进一步扩大到土木工程以及其他工程项目领域，既吸收了国外先进的工程项目管理经验，又结合我国工程管理的实际，逐渐形成了一套工程经济理论体系和方法。

进入 21 世纪后，随着社会的发展，人们开始逐渐转变经济增长的方式。建立循环经济和构建环境友好型社会，已成为当今社会可持续发展的重大战略选择。如何更有效地利用现有资源，制定出科学合理的工程技术方案与经济发展策略，将为工程经济学的应用与发展提供更为广阔的空间。

1-1 数字经济背景下工程经济的发展路径

1.2　工程经济的分析原则、方法与步骤

1.2.1　分析原则

1. 经济效益原则

经济效益是经济活动的中心，是工程经济分析的核心和基本依据。所谓经济效益，是指有用的产出与投入的对比关系。经济效益的概念首先强调产出的有用性，即项目实施所产生的产品、服务及其他产出（广义的产品）有利于市场、有利于经济、有利于社会，这是经济效益"质"的规定；其次强调产出与投入的对比关系，即以较少的社会资源投入，获取较多的社会产品，这是经济效益"量"的规定；最后，经济效益概念中的投入，不仅包括消耗的社会资源，还包括项目实施所占用的社会资源，由于资源的稀缺性，所以应力求使资源能发挥最大的效用。

2. 可持续发展原则

工程经济分析必须立足于可持续发展。任何项目的实施都有赖于社会经济资源的投入，所以，在项目分析评价中，应关注资源的合理配置，关注资源的节约、节省，关注资源的循环利用，关注紧缺资源的可替代使用等问题。其次，应注意项目和生态与社会系统的协调和优化，将项目置于生态与社会的大系统中来考察其有效性。全面分析论证项目的投入、产出对生态、环境和社会系统的影响，致力于项目和其赖以存在的生态与社会系统的协调。

3. 资源合理配置和有效使用原则

资源合理配置和有效使用是经济效益原则和可持续发展原则的必然要求。通过工程经济分析，科学、合理地解决工程项目的"资源稀缺性"与人们日益增长的需要之间的矛盾，合理选择方案，努力实现资源的合理配置和有效使用。

4. 技术与经济对立统一原则

经济是技术进步的目的，技术是达到经济目标的手段，但是，技术与经济之间存在着相互制约和相互矛盾的一面。先进技术往往需要有相应的经济条件起支撑作用，需要相应的资源结构相配合。在经济分析中，既要考虑技术的先进性，又要兼顾经济的可支撑性，达到技术与经济的最佳结合。

5. 定量分析和定性分析相结合、定量分析为主的原则

工程经济分析应定量分析和定性分析相结合，以定量分析为重点，力求把效益因素货币化，以增强评价结论的科学性和说服力。但对一些难以量化的因素，也可以采用定性分析方法。

6. 静态评价与动态评价相结合、动态评价为主的原则

静态评价是在不考虑时间因素的前提下，用相关指标考察工程项目经济性的方法。由于静态评价忽略了资金的时间价值，因而评价结论粗略，通常适用于项目初评。动态评价方法是指在考虑资金时间价值的前提下，对方案进行评价，所以更符合工程实际情况。

7. 可比性原则

工程经济分析涉及方案的优选评价，在多方案的评价中必须建立共同的比较基础。

首先，应满足需求可比性。只有各备选方案能满足同样的需求，实现同一经济目标，这样方案之间才有相互替代性，才存在选择问题。

其次，应满足价格可比性。价格是工程经济分析中十分重要的一个参数，它可以综合反映产品的各种信息。在企业财务分析时，一般可采用市场价格作为计价基础，以满足价格可比原则的要求。

最后，应满足时间上的可比性。工程经济分析时应考虑不同方案因资金的时间价值导致的各因素产生的差异，使经济分析更具可靠性。

1.2.2　分析方法

工程经济学常用的分析方法有以下几种。

1. 费用效益分析法

费用效益分析法是工程经济分析的基本方法。通过项目的投入（即费用）和产出（即效益）的对比分析，定量考察工程项目的费用、效益以及经济效益状况，研究工程项目的经济性。

2. 方案比较法

工程经济分析的一个突出特征是进行方案优选，优选的前提就是方案比较。通过对众多备选方案的费用、效益以及经济效益水平进行比较，确定相对较优方案作为建议实施方案。

3. 预测与决策法

工程经济分析主要是针对拟建项目进行的，要科学地预测未来项目的运行情况，在预测的基础上，对方案进行决策。预测与决策是经济分析与评价的重要手段。

4. 价值工程法

价值工程是通过对价值工程对象的功能定义、功能分析、功能评价，全面、系统地认识研究对象的功能结构及内在关系，完善功能设计、降低费用和提高研究对象价值的途径。

5. 风险分析法

风险分析是建设项目经济评价中的重要组成部分，由于项目经济评价采用的数据来自于对未来事件的预测，而预测方法又有一定的局限性，因而，评价所得的预测值与未来的实际值之间可能出现偏差，这种不确定性可能会给投资者带来风险。因此，估计项目可能承担的风险，提出项目的风险预警和风险对策，是提高项目经济效益目标的重要手段。

1.2.3　分析步骤

工程经济的分析步骤如图 1-1 所示。

图 1-1　工程经济分析的一般步骤

（1）目标的确定。工程经济分析首先需要通过市场调查研究，了解市场对拟实施项目的潜在需求，了解项目实施的必要性，确定工作目标。

（2）评价标准制定。项目的目标涉及经济效益、社会效益。依据相关法律法规与技术规范，制定科学、合理的评价标准。

（3）制约因素分析。通过对项目制约因素（关键要素）的分析，找出主要矛盾，采用系统分析方法，预估可行方案目标实现的概率。

（4）拟定备选方案与方案优选。制定项目的备选方案，对不同方案的投入、产出按预定的评价标准进行分析比较，对实施方案进行决策研究。

（5）过程绩效监测。在项目实施过程中，采用动态绩效检测，分析各种风险因素对项目的影响。

（6）结果后评价。项目结束后，对其社会效益、经济效益的效果进行分析评价，为今后提升项目的决策能力和项目实施管理水平提供借鉴。

1.3　工程经济分析人员应具备的能力

随着科学技术的发展，新兴交叉学科不断涌现，科学技术在更高层次上走向综合化和整体化。现代工程项目中的纯技术工作、纯经济工作几乎已不存在。参与项目建设的人员都应具备技术、经济及管理的综合能力。

1-2 新基建对从业人员能力的挑战

在工程项目管理过程中，工程经济分析人员应具备的能力包括：

（1）严格根据国家和有关部门制定的各项政策、法律法规，遵循职业操守，将工程项目管理理论与工程经济学原理紧密结合，保证项目最佳效益目标的实现。

（2）了解社会需求及需求变化的规律，能够通过社会调查，完成工程项目的可行性研究工作。熟悉工程项目的资金筹措方式和合理调整资金结构的技巧。

（3）掌握科学的预测方法，尽可能对未来的发展情况作出准确的估计和推测，提高决策水平。

（4）能够运用经济分析方法，对拟建项目计算期（寿命期）内的投入、产出诸多因素进行分析、研究、计算和论证，并利用资金时间价值概念、价值工程原理、成本—效益分析等技术经济分析方法，进行投资方案与更新方案的比较与选择，在满足产品必要的使用功能的前提下，有效地控制工程项目投资。

（5）掌握工程项目的风险分析方法，通过识别项目的风险大小，制定出规避风险的对策，有效降低风险对项目的影响程度。

（6）掌握工程项目的财务评价方法，了解国民经济评价方法。

（7）具备获得工程信息、资料的能力，并能运用工程信息系统提供的各类技术与经济指标，结合工程项目特点，对已完项目进行后评估。

习　题

1. 工程经济学的研究对象是什么？

2. 简述工程经济学的分析原则。

3. 简述工程经济学分析的一般步骤。

4. 工程经济分析人员应具备哪些基本能力？

本章重要概念与知识点

1. 投资、成本、收入、税费和利润的概念及相互联系

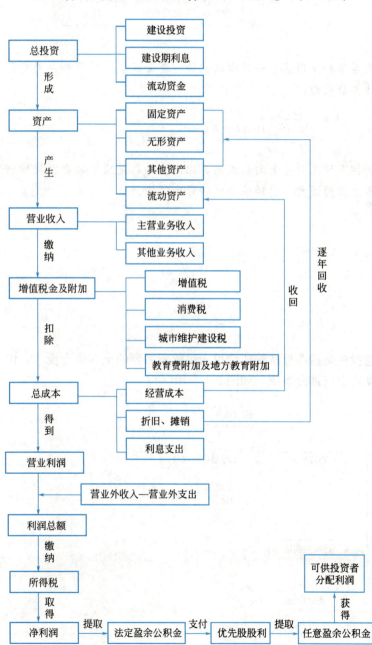

2. 项目资本金及债务资金的筹措方式

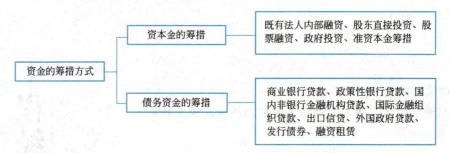

3. 资金成本的概念及计算

资金成本是指项目主体为筹集和使用资金而付出的代价。资金成本包括资金占用费和资金筹集费。资金成本率的计算公式为：

$$K=\frac{D}{P-F}=\frac{D}{P\ (1-f)}$$

4. 资金结构

资金结构是指项目主体所拥有的各种资金的构成及其比例关系，是项目融资决策的核心问题。融资人应综合考虑各方面的因素，选择最合理的资金结构。

2.1　工程经济分析要素

2.1.1　投资

1. 投资的构成

项目评价中的工程项目总投资是指项目从筹建到投入运营所需要的全部资金投入，由建设投资、建设期利息和流动资金三部分组成，如图 2-1 所示。

2-1 四川省信息化项目费用测算标准

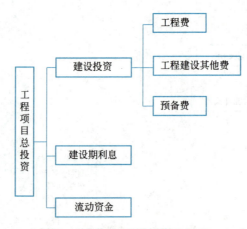

图 2-1　工程项目总投资的构成

2. 建设投资

建设投资由工程费、工程建设其他费和预备费组成，其中工程费又分为设备及工器具购置费和建筑安装工程费。

1）设备及工器具购置费

设备及工器具购置费由设备购置费和工器具、生产家具购置费组成。

设备购置费是指为建设工程购置或自制的达到固定资产标准的设备、工具、器具的费用，一般由原价与运杂费构成。

工器具及生产家具购置费是指新建项目或扩建项目初步设计规定所必须购置的未达到固定资产标准的设备、仪器、工卡模具、器具、生产家具和备品备件的费用。

2）建筑安装工程费

建筑安装工程费由建筑工程费和安装工程费两部分构成。根据现行规定，建筑安装工程费既可按费用构成要素划分，也可按造价形成划分，详见相关资料。

3）工程建设其他费

工程建设其他费是指为保证工程建设顺利完成和交付使用后能够正常发挥效用所必须发生的，而又不包括在工程费、预备费、建设期利息和流动资金中的费用。

工程建设其他费按其内容大体可分为三类，第一类为土地使用费，包括农用土地征用费和国有土地使用费；第二类为与项目建设有关的费用，包括工程监理费、可行性研究费、勘察设计费、工程保险费等；第三类为与项目未来生产和经营活动有关的费用，包括联合试运转费、专利及专有技术使用费、生产准备费、办公和生活家具购置费等。

4）预备费

按我国现行规定，预备费包括基本预备费和价差预备费。

基本预备费是指在项目实施中可能发生的难以预料的支出，又称工程建设不可预见费，主要包括设计变更及施工过程中工程量增加而导致的费用增长。

价差预备费是指项目在建设期内由于材料、设备、人工等价格上涨引起的投资增加，亦称价格变动不可预见费。

3. 建设期利息

建设期利息是指建设期内因使用债务资金产生的计入固定资产的利息。融资过程中发生的手续费、承诺费、管理费、信贷保险费等其他融资费用，原则上按债权人的要求计算，并计入建设期利息。

4. 流动资金

流动资金是指企业在运营期内长期占用并周转使用的营运资金。在企业生产经营时，用流动资金购买原材料、燃料等，投入生产，经过加工制成产品，通过销售回收资金，完成一个生产过程。

$$流动资金＝流动资产－流动负债 \qquad (2-1)$$

$$流动资产＝应收账款＋预付账款＋存货＋现金 \qquad (2-2)$$

$$流动负债＝应付账款＋预收账款 \qquad (2-3)$$

5. 投资形成的资产

项目总投资投入项目建设后，分别形成固定资产、无形资产、其他资产和流动资产。

固定资产由工程费、预备费、建设期利息和工程建设其他费中的第二类费用及联合试运转费形成。无形资产由工程建设其他费中的专利及专有技术使用费等形成。其他资产由工程建设其他费中的生产准备费、办公和生活家具购置费等形成。流动资产由流动资金和流动负债形成。

对于工程建设其他费中的土地使用费，在项目尚未开发前，作为无形资产；开发后，作为固定资产。

在形成的资产中，固定资产、无形资产和其他资产的价值通过逐期从产品营业收入中提取折旧（或摊销）予以回收；流动资产通过当期从产品营业收入中提取经营成本予以收回。

2.1.2　成本

1. 成本费用的构成

成本费用是企业在运营期内为生产产品或提供服务所发生的全部费用。总成本费用通常有生产成本加期间费用法和生产要素法两种划分方式。

1）生产成本加期间费用法

生产成本（营业成本）是企业为生产产品、提供劳务等发生的可归属于产品成本、劳务成本等的费用，一般包括直接材料费、直接工资、其他直接支出（如生产工人的职工福利费）和制造费用（企业各生产单位为组织和管理生产所发生的各项费用）。

期间费用是指企业日常活动发生的不能计入特定核算对象的成本，而应计入发生当期损益的费用，包括管理费用、财务费用和销售费用。

$$
\begin{aligned}
总成本费用 &= 生产成本（营业成本）+期间费用 \\
&= 直接材料费+直接工资+其他直接支出+制造费用 \\
&\quad +管理费用+财务费用+销售费用
\end{aligned} \tag{2-4}
$$

2）生产要素法

按照生产要素来划分，总成本费用由经营成本、折旧费、摊销费和利息支出构成。其中，经营成本作为项目运营期的主要现金流出，其构成如下：

$$
经营成本 = 外购原材料费+外购燃料和动力费+工资及福利费+修理费+其他费用 \tag{2-5}
$$

$$
\begin{aligned}
总成本费用 &= 经营成本+折旧费+摊销费+利息支出 \\
&= 外购原材料费+外购燃料和动力费+工资及福利费+修理费+其他费用 \\
&\quad +折旧费+摊销费+利息支出
\end{aligned} \tag{2-6}
$$

2. 折旧与摊销

1）折旧、摊销的概念

折旧是指固定资产在使用过程中，随着资产损耗而逐渐转移到产品成本费用中的那部分价值，将折旧费计入总成本是企业回收固定资产投资的一种手段。

固定资产每年的折旧额取决于折旧年限和折旧方法。各类固定资产的最低折旧年限依据国家相关规定执行，如房屋等的最低折旧年限为 20 年；机器和其他生产设备等的最低折旧年限为 10 年；与生产经营活动有关的器具、工具等的最低折旧年限为 5 年。

固定资产折旧一般采用年限平均法和工作量法，但对于技术进步、产品更新较快或常年处于强振动、高腐蚀状态的固定资产可采用快速折旧法，即双倍余额递减法和年数总和法。

无形资产和其他资产的原始价值需要在规定的年限内转移到产品成本中，这种从成本费用中逐年提取部分资金补偿无形资产和其他资产价值损失的做法称为摊销。企业通过逐年计提摊销费，回收无形资产和其他资产投资。

无形资产和其他资产摊销采用年限平均法，一般不留残值。使用寿命有限的无形资产应在寿命期内摊销，摊销年限取无形资产法定有效期与合同协议规定受益年限中的最小值；使用寿命不确定的无形资产不予摊销。

2）折旧计算方法

（1）年限平均法

年限平均法亦称直线折旧法，是一种将固定资产耗损值（即固定资产原值－预计净残值）在规定的折旧年限内平均提取的折旧方法。即：

$$年折旧费 = \frac{固定资产原值 - 预计净残值}{折旧年限} = \frac{固定资产原值 \times （1 - 预计净残值率）}{折旧年限} \qquad (2\text{-}7)$$

式中　固定资产原值——项目总投资中的设备及工器具购置费、建筑安装工程费、预备费、建设期利息和形成固定资产的工程建设其他费用之和；

　　　预计净残值——寿命期末从该项资产处置中获得的扣除处置费后的余值；

　　　预计净残值率——固定资产预计净残值与固定资产原值的比率。

（2）工作量法

工作量法是按设备完成的工作量计提折旧的方法，属于年限平均法的派生，适用于各时期使用程度不同的专用大型机械、设备。

① 按行驶里程计算折旧：

$$单位里程折旧费 = \frac{原值 \times （1 - 预计净残值率）}{规定的总行驶里程} \qquad (2\text{-}8)$$

$$年折旧费 = 单位里程折旧费 \times 年行驶里程 \qquad (2\text{-}9)$$

② 按工作小时计算折旧：

$$每小时折旧费 = \frac{原值 \times （1 - 预计净残值率）}{规定的总工作小时} \qquad (2\text{-}10)$$

$$年折旧费 = 每小时折旧费 \times 年工作小时 \qquad (2\text{-}11)$$

（3）双倍余额递减法

双倍余额递减法是一种加速折旧的方法，其年折旧率是年限平均法的两倍，折旧基数为年初固定资产账面价值。

$$年折旧率 = \frac{2}{折旧年限} \times 100\% \qquad (2\text{-}12)$$

$$年折旧费＝年初固定资产账面价值×年折旧率 \quad (2-13)$$

这里需要注意以下两点：

① 双倍余额递减法年折旧的基数是年初固定资产账面价值，即固定资产原值减去本年之前各年累计折旧费，由于折旧的基数逐年减少，因此各年折旧额亦逐年减少；

② 固定资产折旧年限到期前两年的折旧费应采用年限平均法计算，即以此时年初固定资产账面价值扣除预计净残值后，在最后两年平均摊销，以确保折旧年限内累计折旧总额恰好等于固定资产价值损耗额。

（4）年数总和法

年数总和法也是一种加速折旧的方法，其折旧基数为固定资产原值扣除预计净残值后的余额，虽然折旧基础固定不变，但年折旧率逐年递减，所以每年折旧费也逐年递减。

$$年折旧率＝\frac{尚可使用年限}{折旧年限年数总和}＝\frac{折旧年限－已使用年数}{折旧年限×（折旧年限＋1）÷2}×100\%$$

$$(2-14)$$

$$年折旧费＝（固定资产原值－预计净残值）×年折旧率 \quad (2-15)$$

【例 2-1】 某设备资产原值 1500 万元，折旧年限 10 年，预计净残值率 5％，试分别采用年限平均法、双倍余额递减法、年数总和法，计算该设备各年资产账面价值和折旧费。

【解】（1）年限平均法

由公式（2-7）得：

$$年折旧费＝\frac{固定资产原值×（1－预计净残值率）}{折旧年限}＝\frac{1500×（1－5\%）}{10}＝142.50 万元$$

各年年初资产账面价值为设备原值减去该年之前各年累计折旧费，如第 4 年年初资产账面价值为：$1500－142.50×3＝1072.50$ 万元

（2）双倍余额递减法

由公式（2-12）和公式（2-13）得：

$$年折旧费＝\frac{2×年初固定资产账面价值}{折旧年限}$$

则：第 1 年年折旧费＝2×1500/10＝300 万元

第 2 年年初资产账面价值＝1500－300＝1200 万元

第 2 年年折旧费＝2×1200/10＝240 万元

第 3 年年初资产账面价值＝1200－240＝960 万元

第 3 年年折旧费＝2×960/10＝192 万元

……

第 9、10 年折旧费＝（251.66－1500×5％）/2＝88.33 万元

（3）年数总和法

由公式（2-14）和公式（2-15）得：

$$年折旧费＝\frac{固定资产原值×（1－预计净残值率）×2×尚可使用年限}{折旧年限×（折旧年限＋1）}$$

第 1 年年折旧费 $=\dfrac{1500\times(1-5\%)\times2\times10}{10\times(10+1)}=259.09$ 万元

第 2 年年初资产账面价值 $=1500-259.09=1240.91$ 万元

第 2 年年折旧费 $=\dfrac{1500\times(1-5\%)\times2\times9}{10\times(10+1)}=233.18$ 万元

第 3 年年初资产账面价值 $=1240.91-233.18=1007.73$ 万元

第 3 年年折旧费 $=\dfrac{1500\times(1-5\%)\times2\times8}{10\times(10+1)}=207.27$ 万元

第 4 年年初资产账面价值 $=1007.73-207.27=800.46$ 万元

……

三种折旧方法的计算结果见表 2-1。

三种折旧方法的年折旧费、年初资产账面价值　　　　表 2-1

折旧状况		1	2	3	4	5	6	7	8	9	10	期末残值
平均年限法	年初资产账面价值(万元)	1500	1357.50	1215	1072.50	930	787.50	645	502.5	360	217.50	75
	年折旧费(万元)	142.50	142.50	142.50	142.50	142.50	142.50	142.50	142.5	142.50	142.50	—
双倍余额递减法	年初资产账面价值(万元)	1500	1200	960	768	614.40	491.52	393.22	314.58	251.66	163.33	75
	年折旧费(万元)	300	240	192	153.60	122.88	98.30	78.64	62.92	88.33	88.33	—
年数总和法	年初资产账面价值(万元)	1500	1240.91	1007.73	800.46	619.10	463.65	334.10	230.46	152.73	100.91	75
	年折旧费(万元)	259.09	233.18	207.27	181.36	155.45	129.55	103.64	77.73	51.82	25.91	—

从表中可以看出，年限平均法各年折旧费相同，双倍余额递减法和年数总和法前期各年折旧费高，后期各年明显减少。折旧年限 10 年内，三种折旧方法计提的折旧费总额相同，均为固定资产原值减去预计净残值，即固定资产价值损耗额。

3. 经济分析中的有关成本

1）固定成本、变动成本与混合成本

固定成本是指在一定产量范围内，总成本中不随产品产量变化而变化的部分成本。如固定资产折旧费、无形资产和其他资产摊销费、计时工资等。

变动成本是指在相关范围内随着业务量的变动而呈线性变动的部分成本。如原材料和辅助材料费、燃料及动力费、计件工资等。

混合成本是介于固定成本和变动成本之间，既随产品产量变化又不成正比例的部分成本，又被称为半固定和半变动成本。

$$总成本费用＝固定成本＋变动成本＋混合成本 \tag{2-16}$$

2）机会成本

机会成本是指将资金用于特定投资方案时所放弃投资的其他方案可能获取的最大收益，即选择特定投资方案所付出的代价，该代价不是实际发生的支出，故称为机会成本。

3）沉没成本

沉没成本是指以往发生的、与当前决策无关的费用。沉没成本是一种历史成本，对现有决策而言是不可控成本，会很大程度上影响人们的行为方式与决策，因此投资决策时应排除沉没成本的干扰。

$$沉没成本＝设备账面价值－当前市场价值 \tag{2-17}$$

【例 2-2】 某建筑企业两年前花费 60 万元购入一台混凝土搅拌车，目前的账面价值为 40 万元。但由于设备更新和技术进步，该设备现在的市场价值仅 30 万元。问该设备更新分析时，应考虑的沉没成本为多少？

【解】 设备更新分析时，混凝土搅拌车的沉没成本为：

$$40－30＝10 万元$$

以上例题中，10 万元作为过去决策已经发生的、非现在决策能改变的费用，不予考虑。因此，当前设备更新决策分析既不能考虑设备原始成本 60 万元，也不能采用目前的账面价值 40 万元，只能按现在的市场价值 30 万元考虑。

2.1.3　营业收入、税金及附加

1. 营业收入

营业收入是指企业在从事销售商品、提供劳务和让渡资产使用权等日常经营业务过程中所形成的经济利益的总流入，包括主营业务收入和其他业务收入。

除了营业收入外，还有一些与生产经营过程无直接关系，应列入当期利润的营业外收入。营业外收入也是企业财务成果的组成部分，其主要包括债务重组利得、政府补助、企业合并损益、盘盈利得、捐赠利得等。

2. 税金及附加

我国现行税收制度与建设项目相关的税种主要有增值税、消费税、城市维护建设税及教育费附加等。项目具体涉及的税种和税率应根据项目产出的具体情况而定。

1）增值税

增值税是以商品生产和流通中各环节的新增价值和商品附加值作为征税对象的一种流转税。凡在国内销售货物、进口货物以及提供加工、修理修配劳务的单位和个人，均是增值税的纳税人。

当采用一般计税法时，增值税应纳税额的计算公式为：

$$增值税应纳税额＝销项税额－进项税额 \tag{2-18}$$

上式中，销项税额是指纳税人销售货物或提供应税劳务后，按照销售额和增值税率计算并向购买方收取的增值税额，计算公式为：

$$\begin{aligned}销项税额&＝营业收入（不含增值税）×增值税税率\\&＝营业收入（含增值税）÷（1＋增值税税率）×增值税税率\end{aligned} \tag{2-19}$$

进项税额指纳税人购进货物或接受应税劳务所支付或者负担的增值税额，计算公式为：

$$进项税额＝外购原材料、燃料及动力费（不含增值税）×增值税税率$$
$$＝外购原材料、燃料及动力费（含增值税）÷（1＋增值税税率）\qquad (2-20)$$
$$×增值税税率$$

2）消费税

消费税是在对国内销售货物、进口货物以及提供加工、修理修配劳务普遍征收增值税的基础上，根据国家消费政策、产业政策要求，对部分特定消费品征收的税种。征收消费税的消费品中，汽油、柴油产品采用从量定额计征，其他均采用从价定率计征。

$$采用从量定额计征的计算公式为：应纳税额＝应税消费品销售数量×单位税额$$
$$(2-21)$$

采用从价定率计征的计算公式为：

$$应纳税额＝应税消费品营业收入（不含增值税）×适用消费税税率$$
$$＝应税消费品营业收入（含增值税）÷（1＋增值税税率）×适用消费税税率$$
$$(2-22)$$

3）城市维护建设税

城市维护建设税的税款专门用于城市公用事业和公共设施的维护建设，其以纳税人实际缴纳的增值税和消费税之和为计税依据，本质上属于一种附加税，计算公式为：

$$应纳税额＝（增值税＋消费税）的实纳税额×城市维护建设税税率\qquad (2-23)$$

4）教育费附加及地方教育附加

教育费附加与地方教育附加是为扶持或促进教育事业发展而计征，用于教育的政府性基金（或地方政府资金投入），计算公式为：

$$应纳税额＝（增值税＋消费税）的实纳税额×（教育费附加税率＋地方教育附加税率）$$
$$(2-24)$$

2.1.4 利润

1. 利润的计算

利润是企业在一定会计期间的经营活动中获得的各项收入抵减各项支出后的净额。利润反映企业经济活动的效益，是衡量企业经营管理活动水平和经济效益的重要指标。

按现行相关规定，利润分为营业利润、利润总额和净利润三个层次。

$$营业利润＝营业收入－总成本费用－增值税金及附加－资产减值损失＋投资收益$$
$$（损失为负）＋公允价值变动收益（损失为负）＋资产处置收益（损失为负）$$
$$(2-25)$$

$$利润总额＝营业利润＋营业外收入－营业外支出\qquad (2-26)$$

根据税法规定，企业取得的利润须向国家缴纳所得税。则：

$$净利润＝利润总额－所得税\qquad (2-27)$$

式中
$$所得税＝应纳税所得额×所得税税率\qquad (2-28)$$

公式（2-28）中，应纳税所得额为企业每一纳税年度的收入总额扣减不征税收入、免税收入、各项扣除以及弥补以前年度亏损后的余额，其中弥补以前年度亏损的年限不得超过 5 年。

另外，息税前利润（EBIT）是指支付利息和所得税之前的利润，其在项目经济评价分析中发挥着一定的作用。

$$息税前利润（EBIT）＝利润总额＋利息 \qquad (2\text{-}29)$$

2. 利润的分配

利润分配是指企业按照国家的有关规定，对当年实现的净利润和以前年度未分配的利润所进行的分配。在工程项目经济分析中，可按照下列顺序分配：

（1）弥补公司超过 5 年弥补期的亏损余额。按税法规定，过了五年弥补期，仍未弥补完的亏损余额不能再用税前利润弥补，而应在税后利润中弥补。

（2）提取法定盈余公积金。企业当期实现的净利润，加上年初未分配利润（或减去年初未弥补的亏损）和其他转入的余额，为可供分配的利润。法定盈余公积金一般按当期实现净利润的 10％提取，累计金额达到注册资本的 50％后，可以不再提取。

（3）支付优先股股利。从可供分配的利润中提取了法定盈余公积金之后，应优先支付优先股股利。

（4）提取任意盈余公积金。我国最新的《中华人民共和国公司法》规定，在提取法定盈余公积金和支付优先股股利后，经股东会或者股东大会决议，还可以从税后利润中提取任意盈余公积金。

（5）向其他投资者分配利润或股利。可供分配的利润减去应提取的法定盈余公积金、任意盈余公积金及支付优先股股利后，即为可供其他投资者分配的利润。

（6）未分配利润。向其他投资者分配了利润（或股利）之后的剩余部分为未分配利润。企业未分配的利润（或未弥补的亏损）可留待以后年度进行分配，在资产负债表的所有者权益项目中单独反映。

2.2　项目融资

项目融资是项目主体根据其建设活动和资金结构的需要，通过一定的渠道，采取适当的方式获取所需资金活动的总称。

2.2.1　融资主体

项目的融资主体是指进行融资活动并承担融资责任的项目法人单位。建设项目融资主体分为新设法人融资主体和既有法人融资主体。

1. 新设法人融资主体

新设法人融资主体是指为了建设新项目，由项目的发起人及其他投资人出资建立新的独立法人资格的项目公司，由新组建的项目公司进行资金筹措活动，其融资特点是：

（1）新组建的项目公司承担筹资责任和风险。

（2）拟建项目所需资金来源于项目公司的资本金和债务资金。

（3）项目公司的债务资金依靠项目本身的盈利能力来偿还，并以投资项目所形成的资产、未来的收益或权益作为融资担保的基础。

在下列情形下，一般以新设法人为融资主体：

（1）拟建项目规模较大，项目发起人希望拟建项目的生产经营活动独立运营，与既有法人的经营活动关联不大。

（2）既有法人财务状况较差，通过既有法人获得内外资金的可能性不大，需要新设法人募集项目资金。

（3）项目自身具有较强的盈利能力，依靠项目自身未来的收益可以按期偿还债务。

2. 既有法人融资主体

既有法人融资主体是指依托现有法人作为新项目的发起人或投资、融资人，其融资特点是：

（1）由既有法人统一组织拟建项目的资金筹措活动并承担筹资责任和风险。

（2）拟建项目所需资金来源于既有法人内部融资、新增资本金和新增债务资金。

（3）新增债务资金依靠既有法人的整体（包括拟建项目资产）的盈利能力来偿还，并以既有法人整体的资产和信用承担债务担保。

在下列情形下，一般以既有法人为融资主体：

（1）既有法人财务状况良好，资信实力强，具有承担项目融资责任和风险的能力。

（2）项目与既有法人的资产以及经营活动关联性强。

（3）项目盈利能力较差，难以依靠项目自身的收益按期偿还债务，但项目对企业的持续发展具有重要作用。

2.2.2 资金来源

资金来源即获得资金的途径或渠道，其有不同的分类方法，资金可来自国内或国外，也可通过金融机构或其他方式获得，如图 2-2 所示。

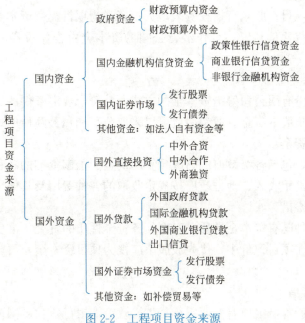

图 2-2　工程项目资金来源

项目投资者根据资金的可得性、供应的保障性及获得资金成本的高低，确定合理的资金来源渠道，是项目决策阶段的重要工作之一。

2.2.3　融资方式及资金筹措

1. 新设法人融资方式及资金筹措

新设法人融资方式包括项目资本金和债务资金，如图 2-3 所示。

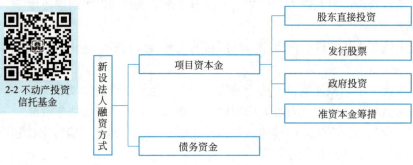

图 2-3　新设法人融资方式

1）资本金筹措

资本金是指在项目总投资中，由投资者认缴的出资额，对项目来说是非债务资金，项目法人不承担这部分资金的任何利息和债务；投资者可按照其出资比例依法享有所有者权益，也可转让其出资，但一般不得以任何形式抽回。项目资本金的出资方式有货币出资和实物、工业产权、非专利技术、土地使用权作价出资两种，我国各行业投资项目资本金的最低比例按现行的资本金相关规定执行。

项目资本金的常见筹措方式如下。

（1）股东直接投资

新设法人融资项目，股东直接投资表现为投资者为项目提供资本金。合资经营公司的资本金由股东按股权比例认缴，合作经营公司的资本金由合作投资方按预先约定的金额投入。

（2）股票融资

股票融资是股份有限公司筹措资本金的方式，凡符合规定条件的企业均可以通过发行股票在资本市场募集股本资金。股票融资可以采取公募和私募两种形式。

（3）政府投资资金

政府投资资金，包括各级政府的财政预算内资金、国家批准的各种专项建设资金、统借国外贷款、土地批租收入、地方政府按规定收取的各种费用及其他预算外资金等。

（4）准资本金筹措

准资本金是一种既有资本金性质，又有债务资金性质的资金，准资本金包括优先股股票和可转换债券。在项目评价中，优先股股票应视为项目资本金，可转换债券应视为项目债务资金。

2）债务资金筹措

债务资金常见的筹措渠道有商业银行贷款、政策性银行贷款、国内非银行金融机构贷款、国际金融组织贷款、出口信贷、外国政府贷款、债券融资、融资租赁等。

（1）商业银行贷款

商业银行贷款是我国建设项目筹集债务资金的重要渠道。具体分为国内商业银行贷款和国际商业银行贷款。

（2）政策性银行贷款

为了支持一些特殊的生产、贸易、基础设施建设项目，国家政策性银行可以提供政策性银行贷款。政策性银行贷款利率通常比商业银行贷款低，且期限较长。我国政策性银行有国家开发银行、中国进出口银行、中国农业发展银行。

（3）国内非银行金融机构贷款

国内非银行金融机构主要有信托投资公司、租赁公司、财务公司和保险公司等。非银行金融机构是以发行股票和债券、接受信用委托、提供保险等形式筹集资金，并将所筹资金运用于长期性投资的金融机构。

（4）国际金融组织贷款

国际金融组织由许多国家政府参加，并向特定的对象国政府提供优惠性贷款。全球性的国际金融组织主要有国际货币基金组织（IMF）、世界银行集团（WBG）、经济合作与发展组织（OECD）；影响较大的区域性国际金融组织包括亚洲开发银行（ADB）、泛美开发银行（IDB）、欧洲复兴开发银行（EBRD）。目前，向我国提供贷款的国际金融组织主要有国际货币基金组织、世界银行、亚洲开发银行和国际农业发展基金组织（IFAD）。

（5）出口信贷

出口信贷是设备出口国政府为了支持和扩大本国的大型机械、成套设备、大型工程项目等的出口，提高国际竞争力，对本国的出口提供利率补贴并提供信贷担保。出口信贷分为卖方信贷和买方信贷两类。

（6）外国政府贷款

外国政府贷款是指一国政府向另一国政府提供的具有一定援助或部分赠予性质的低息优惠贷款。

（7）债券融资

债券是借款单位为筹集资金而发行的一种信用凭证，持券人有权按期取得固定利息并到期回收本金。建设项目债券融资可分为国内企业债券和国际债券。

（8）融资租赁

融资租赁是指出租人在承租人给予一定报酬的条件下，授予承租人在约定的期限内占有和使用财产权利的一种契约性行为。融资租赁与分期付款购入设备相类似，实际上是承租人通过设备租赁公司筹集设备投资的一种方式。融资租赁一般有自营租赁、回租租赁、转租赁三种方式。

2. 既有法人融资方式及资金筹措

既有法人融资方式包括既有法人内部融资、新增资本金和新增债务资金，如图 2-4 所示。

既有法人融资方式中的既有法人内部融资各项构成的含义如下。

1）可用于项目建设的货币资金

可用于项目建设的货币资金包括既有法人的现有货币资金和未来经营活动中可能获得

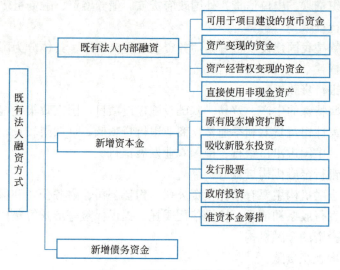

图 2-4　既有法人融资方式

的盈余现金。

2）资产变现的资金

资产变现的资金是指既有法人将现有资产转让变现，用于项目投资。资产变现的方式有单项资产变现、资产组合变现、股权转让变现、对外长期投资变现和证券资产变现等。

3）资产经营权变现的资金

资产经营权的变现是指既有法人可将其所属资产经营权的一部分或全部转让，取得现金用于项目建设。

4）直接使用非现金资产

既有法人的非现金资产（包括实物、工业产权、非专利技术、土地使用权等）用于拟建项目的，经资产评估后，可直接用于项目建设。

新增资本金与新增债务资金的内容与新设法人融资方式相似，此处不再赘述。

2.2.4　资金成本与资金结构

1. 资金成本的概念

资金成本是指项目主体为筹集和使用资金而付出的代价。资金成本包括资金占用费和资金筹集费。

资金占用费是指项目在投资、生产经营过程中，因使用资金而支付的代价，比如向股东支付的股利、向债权人支付的利息等。

资金筹集费是指项目在筹措资金过程中为获取资金而付出的费用，主要包括律师费、咨询评估费、公证费、证券印刷费、发行手续费、担保费、承诺费、银团贷款管理费等。资金筹集费通常是在筹措资金时一次支付，在用资过程中不再发生。

由于项目建设方案不同，筹措的资金总额不同，为了便于比较，资金成本通常用相对数表示，即用资金成本率 K 来表示。

$$K = \frac{D}{P-F} = \frac{D}{P(1-f)} \tag{2-30}$$

式中　　P——筹集资金总额；

　　　　D——资金占用费；

　　　　F——资金筹集费；

　　　　f——筹资费用率（即资金筹集费占筹集资金总额的比率）。

2. 资金成本计算

1）常用资本金成本的计算

（1）优先股资金成本的计算

优先股筹资额应按优先股的发行价格确定，优先股筹资需要支付较高的筹资费用，股利通常是固定的。优先股资金成本率 K_P 可按下式计算：

$$K_P=\frac{D_P}{P_0(1-f)}=\frac{P_0\cdot i}{P_0(1-f)}=\frac{i}{1-f} \tag{2-31}$$

式中　　D_P——优先股每年的股利；

　　　　P_0——优先股发行总额；

　　　　i——股息率；

　　　　f——优先股筹资费用率。

【例 2-3】　某公司发行优先股，票面额按正常市价计算为 800 万元，筹资费用率为 2%，股息年利率为 6%，试计算该股票的资金成本率。

【解】　根据公式（2-31），有：

$$K_P==\frac{i}{1-f}=\frac{6\%}{1-2\%}=6.12\%$$

（2）普通股资金成本的计算

普通股资金成本常采用的计算方法为股利增长模型法和资本资产定价模型法。

① 股利增长模型法

假设普通股股利是按一个固定的比例 G 增长的，资金成本率 K_S 计算公式为：

$$K_S=\frac{D_C}{P_C(1-f)}+G \tag{2-32}$$

式中　　D_C——预期年股利额；

　　　　P_C——普通股发行总额；

　　　　G——现金股利每年预期增长率。

【例 2-4】　某公司拟增发普通股，每股发行价 12 元，筹资费用率为发行价的 8%，预计年股利额为 1.2 元，以后逐年股利增长率为 4%，确定该股票的资金成本率。

【解】　根据公式（2-32），股票资金成本率为：

$$K_S=\frac{1.2}{12\times(1-8\%)}+4\%=14.87\%$$

② 资本资产定价模型法

按资本资产定价模型法，资金成本率 K_S 计算公式为：

$$K_S=R_f+\beta\times(R_m-R_f) \tag{2-33}$$

式中　　R_f——社会无风险投资收益率；

β——项目的投资风险系数；

R_m——市场投资组合预期收益率。

在实际工作中，R_f 通常取政府债券的利率；β 为某公司股票收益率相对于市场投资组合期望收益率的变动幅度。当整个证券市场投资组合的收益率增加 1% 时，如果某公司股票的收益率增加 2%，那么，该公司股票的 β 值为 2。

【例 2-5】 设社会无风险投资收益率为 2%，市场投资组合预期收益率为 5%，某股份公司普通股的项目的投资风险系数为 1.20，确定该股票的资金成本率。

【解】 根据公式（2-33），股票资金成本率为：

$$K_S = 2\% + 1.20 \times (5\% - 2\%) = 5.60\%$$

（3）留存盈余资金成本的计算

留存盈余是指企业从税后利润总额中扣除股利之后保留在企业的剩余盈利，包括盈余公积金和未分配利润。它是企业经营所得净收益的积余，属于股东所有。如果股东将其用于对外投资，则留存盈余资金成本率 K_r 的计算公式为：

$$K_r = R \times (1 - T) \times (1 - f) \tag{2-34}$$

式中　R——向外投资预期利润率；

　　　f——经纪人手续费；

　　　T——所得税税率。

如果股东将留存盈余用于公司，想从中获取投资报酬，因留存盈余也有资金成本，即失去了向外投资的机会成本。此时，留存盈余的资金成本计算与普通股的计算基本相同，只是不考虑筹资费用，资金成本率的计算公式为：

$$K_r = \frac{D_C}{P_C} + G \tag{2-35}$$

式中的其他符号同公式（2-32）。

2）常用债务资金成本的计算

（1）银行借款资金成本的计算

银行借款利息在所得税前支付，筹资费用主要指借款的手续费，一般较低，银行借款资金成本率 K_g 的计算如下：

$$K_g = \frac{I(1-T)}{G-F} = \frac{i(1-T)}{1-f} \tag{2-36}$$

式中　I——贷款年利息；

　　　T——所得税税率；

　　　G——贷款总额；

　　　F——贷款筹资费用；

　　　i——贷款年利率；

　　　f——筹资费用率。

【例 2-6】 某企业获得银行两年长期贷款 2000 万元，年利率为 5%，每年付息一次，两年到期一次还款，贷款筹资率为 0.5%，企业所得税税率为 25%，确定该贷款的资金成本率。

【解】 根据公式（2-36），贷款资金成本率为：

$$K_g = \frac{5\% \times (1-25\%)}{1-0.5\%} = 3.77\%$$

（2）债券资金成本的计算

债券资金成本中的利息在税前支付，具有抵税效应。债券的筹资费用一般较高，这类费用主要包括申请发行债券的手续费、债券注册费、印刷费、上市费以及推销费用等。债券税后资金成本率 K_B 的计算公式为：

$$K_B = \frac{I(1-T)}{B_0(1-f)} \tag{2-37}$$

式中　I——债券的年利息额；

　　　T——项目主体所得税税率；

　　　B_0——债券发行总额；

　　　f——筹资费用率。

【例 2-7】 某公司拟发行面值 1000 元 8 年期的债券，票面利率为 8%，每年结息，筹资费用率为发行价的 4%，公司所得税税率为 25%，分别确定按面值等价发行、按面价的 1.1 倍发行及按面价的 0.9 倍发行时，该债券的资金成本率。

【解】 ① 根据公式（2-37），按面值等价发行债券的资金成本率为：

$$K_{B1} = \frac{1000 \times 8\% \times (1-25\%)}{1000 \times (1-4\%)} = \frac{8\% \times (1-25\%)}{1-4\%} = 6.25\%$$

② 按面值的 1.1 倍发行债券的资金成本率为：

$$K_{B2} = \frac{1000 \times 8\% \times (1-25\%)}{1.1 \times 1000 \times (1-4\%)} = \frac{8\% \times (1-25\%)}{1.1 \times (1-4\%)} = 5.68\%$$

③ 按面值的 0.9 倍发行债券的资金成本率为：

$$K_{B3} = \frac{1000 \times 8\% \times (1-25\%)}{0.9 \times 1000 \times (1-4\%)} = \frac{8\% \times (1-25\%)}{0.9 \times (1-4\%)} = 6.94\%$$

（3）租赁资金成本的计算

企业租用某项资产，获得其使用权，要定期支付租金，并且租金列入企业成本，可以减少应付所得税。租金成本率 K_L 的计算公式为：

$$K_L = \frac{E}{P_L}(1-T) \tag{2-38}$$

式中　P_L——租赁资产价值；

　　　E——年租金额；

　　　T——所得税税率。

3）加权平均资金成本的计算

在实践中，基于对风险以及资金结构优化的考虑，项目主体在融资时通常会从多种来源取得资金，而从不同来源取得的资金，其成本各不相同，风险各异，这样就产生了各种来源资金的组合问题。

加权平均资金成本又称综合资金成本，是指以各种筹资方式的筹资额占总筹资额的比重为权数，对不同来源的资金成本进行加权平均后的资金成本，加权平均资金成本一般用于筹资方案和投资方案的评价与优选。

加权平均资金成本率 K_w 的计算公式为：

$$K_w = \sum_{j=1}^{n} W_j K_j \quad (\text{其中} \sum_{j=1}^{n} W_j = 1)$$ (2-39)

式中　W_j——第 j 类资金在总资金额中所占的比重；

K_j——第 j 类资金的个别资金成本率。

【例 2-8】　某企业为筹集资金，拟决定采取以下三种方式：其中占资金总额 40% 的资金靠发行普通股筹集，资金成本率为 15%，占资金总额 30% 的设备通过融资租赁得到，资金成本率为 10%，最后 30% 的资金向银行贷款，贷款成本率为 8%。求该企业获得全部资金的平均资金成本率为多少？

【解】　$K_w = 15\% \times 40\% + 10\% \times 30\% + 8\% \times 30\% = 11.40\%$

3. 资金结构

2-3 BOOT模式下某水电站项目成功融资案例

资金结构是指项目主体所拥有的各种资金的构成及其比例关系，是项目融资决策的核心问题。融资人应综合考虑各方面的因素，选择最合理的资金结构。若出现资金结构不合理的情况，应通过筹资活动主动调整，使其趋于合理。

对融资人来说，债务利息从税前支付，可减少缴纳所得税的数额，在一定的限度内增加债务比例，就可降低加权平均资金成本。另一方面，无论利润多少，债务的利息通常都是固定不变的，当息税前利润增大时，每单位盈余所负担的固定利息就相应地减少，会给资本金带来更多的收益。因此，在息税前利润较多、增长幅度较大时，适当地利用债务资金，可加大普通股每股利润；但当息税前利润下降时，也会造成普通股每股利润的下降。恰当的资本金与债务资金的比例能有效利用负债来提高资本金收益，规避风险。对债权人来说，资本金比例越高，项目贷款的风险越低。当资本金比例降低到银行不能接受的水平时，银行会拒绝贷款。所以，合理的资本结构需要由各个参与方的利益平衡来决定。

最优资金结构是指在一定条件下使加权平均资金成本最低、企业获得利润最大的资金结构。采用加权平均资金成本比较法可以较为方便地确定项目资金结构的优劣。

【例 2-9】　某企业拟筹资组建一项目公司，投资总额为 2000 万元，有三个筹资方案可供选择，见表 2-2。试分析选择资金结构最优的方案。

筹资方案的资金结构分析表　　　　　　　　　　　表 2-2

筹资方式	A方案 筹资额（万元）	A方案 资金成本率（%）	B方案 筹资额（万元）	B方案 资金成本率（%）	C方案 筹资额（万元）	C方案 资金成本率（%）
长期借款	500	7	800	7	400	7
债券	500	9	400	9	400	9
普通股	1000	15	800	15	1200	15
合计	2000	—	2000	—	2000	—

【解】 A 方案加权平均成本率 $=\dfrac{500}{2000}\times7\%+\dfrac{500}{2000}\times9\%+\dfrac{1000}{2000}\times15\%=11.5\%$

B 方案加权平均成本率 $=\dfrac{800}{2000}\times7\%+\dfrac{400}{2000}\times9\%+\dfrac{800}{2000}\times15\%=10.6\%$

C 方案加权平均成本率 $=\dfrac{400}{2000}\times7\%+\dfrac{400}{2000}\times9\%+\dfrac{1200}{2000}\times15\%=12.2\%$

根据计算结果，B 方案的资金结构最优。

2.2.5 融资风险分析

1. 融资风险的来源

融资方案的实施经常要受到各种风险的影响，常见的风险因素有以下三种。

1）资金供应风险

资金供应风险是指已承诺出资的投资者由于出资能力有限或对拟投资的项目缺乏信心，不能兑现承诺；原定发行股票或债券的机会不能实现；既有法人由于经营状况恶劣，无力按原计划出资等。

2）利率风险

利率风险是指由于利率变动导致资金成本上升的风险，如项目采用浮动利率，当利率上升，项目的资金成本就提高；如采用固定利率，未来利率下降，由于项目的资金成本不能下降，相对的资金成本将提高。因此，无论采用浮动利率还是固定利率，都存在利率风险。

3）汇率风险

汇率风险是指由于汇率变动给项目造成损失的可能性。如因汇率变化，人民币对各种外币币值的变动和各种外币币种之间币值的变动，导致项目成本增加或收益下降。

2. 融资风险的规避

1）现金性融资风险的规避

应注重资金占用与资金来源间的合理搭配，尽可能使借款周期与生产经营周期相匹配。在选择股本投资时，应当选择资金实力强、既往信用好、风险承受能力强的投资者。在借用国内外银行资金时，应对未来利率的走势进行分析，确定应采用的利率方式。

2）收支性融资风险的规避

从总体上优化资金结构，减少收支风险。当企业出现严重的亏损时，应实施债务重组，降低收支性融资风险。

习　　题

一、单选题

1. 下列建设项目总投资的选项中，属于建设投资的是（　　）。

A. 流动资金 B. 工程建设其他费

C. 建设期利息 D. 流动资产

2. 某企业发行长期债券 400 万元，筹资费率为 2%，债券利息率为 5.5%，所得税税率为 25%，则资金成本率为（　　）。

A. 4.13% B. 4.21% C. 5.50% D. 5.61%

3. 建设项目可以采取（　　　）的方式筹集资本金。

A. 银行贷款　　　　　B. 发行股票　　　　　C. 设备租赁　　　　　D. 发行债券

4. 某施工企业某年的经营业绩为：营业收入 3000 万元，营业成本 1800 万元，增值税金及附加 180 万元，期间费用 320 万元，投资收益 8 万元，营业外收入 20 万元。则该企业当年的利润总额为（　　　）万元。

A. 908　　　　　　　B. 728　　　　　　　C. 720　　　　　　　D. 700

5. 在技术方案经济效果评价的相关费用中，应计入经营成本的是（　　　）。

A. 折旧费　　　　　　　　　　　　　B. 修理费

C. 无形资产摊销费　　　　　　　　　D. 利息支出

6. 在不考虑纳税额调增（或调减）时，企业所得税的计算基数是（　　　）。

A. 利润总额　　　　　　　　　　　　B. 利润总额−利息

C. 息税前利润　　　　　　　　　　　D. 净利润

二、多选题

1. 总成本费用包含经营成本和（　　　）。

A. 修理费　　　　　　B. 折旧费　　　　　　C. 摊销费　　　　　　D. 工资及福利费

E. 利息支出

2. 企业负债的筹集方式主要包括（　　　）。

A. 发行股票　　　　　B. 发行债券　　　　　C. 银行贷款　　　　　D. 出口信贷

E. 政府投资资金

3. 以下对新设法人融资主体的融资特点，说法正确的是（　　　）。

A. 新组建的项目公司承担筹资责任和风险

B. 既有法人承担部分筹资连带责任和风险

C. 拟建项目所需资金来源于项目公司的资本金和债务资金

D. 项目公司的债务资金可依靠项目本身的盈利能力来偿还

E. 新增债务资金依靠既有法人的整体盈利能力来偿还

4. 息税前利润等于（　　　）。

A. 净利润　　　　　　　　　　　　　B. 净利润与所得税之和

C. 利润总额　　　　　　　　　　　　D. 利润总额与利息之和

E. 净利润、所得税、利息三项之和

5. 下列选项中属于资金占用费的有（　　　）。

A. 向股东支付的股利　　　　　　　　B. 资金筹措公证费

C. 向债权人支付的利息　　　　　　　D. 债券发行手续费

E. 银团贷款管理费

三、计算题

1. 某固定资产原始价值为 10 万元，预计净残值率为 4%，预计清理费为 1500 元，预计使用 4 年，试用年限平均法、双倍余额递减法和年数总和法分别计提折旧，计算每种折旧方法各年的计提折旧费分别为多少？

2. 某企业发行面值为 100 元的债券，发行价格为 90 元，票面年利率 4.5%，3 年期，每年付息，到期一次还本，发行费率 1%，所得税税率 25%。试计算债券资金成本率。

3. 某企业发行面值 100 元的优先股，发行价格与面值相同，发行费率 2%，固定股息率 5%，该优先股的资金成本率是多少？

4. 已知长期国债利率为 2.5%，社会平均收益率为 8%，该公司投资风险系数 β 为 1.2，利用资本资产定价模型法，计算该公司普通股股票的资金成本率。

四、思考题

某企业年初的资金结构如表 1 所示。

企业资金结构表   表 1

各种资金来源	金额(万元)
长期债券,年利率 9%	600
优先股,年股息率 7%	200
普通股,年股息率 10%,年增长率 5%	600
保留盈余(企业自用)	200
合计	1600

普通股票每股面值 300 元,今年期望股息为 30 元,预计以后每年股息增加 5%,假定所得税税率为 25%。该企业拟增资 600 万元,有 A、B 两个备选方案。

A 方案:发行长期债券 600 万元,年利率 10%,筹资费费率 3%,同时普通股股息增加到 35 元,以后每年还可增加 6%。

B 方案:发行长期债券 300 万元,年利率 10%,筹资费费率 3%,另发行普通股 300 万元,筹资费费率 5%,普通股股息增加到 35 元,以后每年增加 5%。

试比较 A、B 两个方案的资金成本率,并选择方案。

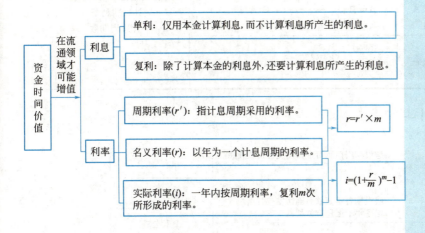

本章重要概念与知识点

1. 现金流量：经济分析中，资金的流入与流出数量称为现金流量。

2. 现金流量图的三要素：现金流量的大小、方向与时点。

3. 资金时间价值

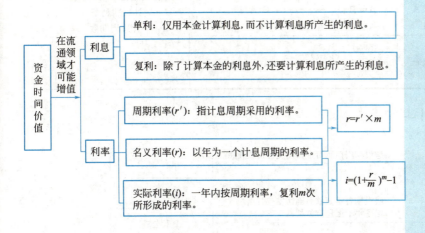

资金时间价值 — 在流通领域才可能增值

利息
- 单利：仅用本金计算利息，而不计算利息所产生的利息。
- 复利：除了计算本金的利息外，还要计算利息所产生的利息。

利率
- 周期利率(r')：指计息周期采用的利率。 → $r=r' \times m$
- 名义利率(r)：以年为一个计息周期的利率。
- 实际利率(i)：一年内按周期利率，复利m次所形成的利率。 → $i=(1+\dfrac{r}{m})^m-1$

第3章

现金流量与资金时间价值计算

4. 常用的复利计息公式

公式名称	条件 （已知 i、n）	公式	备注
一次支付终值公式	由 P 求 F	$F = P(1+i)^n = P(F/P, i, n)$	
一次支付现值公式	由 F 求 P	$P = F(1+i)^{-n} = F(P/F, i, n)$	• P——现值，发生在零点或未来某时点的资金按一定利率折算到零点的价值。
等额年金终值公式	由 A 求 F	$F = A\left[\dfrac{(1+i)^n - 1}{i}\right] = A(F/A, i, n)$	• F——终值，发生在终点或发生在终点以前某时点的资金按一定利率折算到终点的价值。
等额存储偿债基金公式	由 F 求 A	$A = F\left[\dfrac{i}{(1+i)^n - 1}\right] = F(A/F, i, n)$	• A——等值，每个计息期等额发生的资金流入或资金流出。
等额支付资金回收公式	由 P 求 A	$A = P\left[\dfrac{i(1+i)^n}{(1+i)^n - 1}\right] = P(A/P, i, n)$	• i——计息期利率。 • n——计息周期数
等额年金现值公式	由 A 求 P	$P = A\left[\dfrac{(1+i)^n - 1}{i(1+i)^n}\right] = A(P/A, i, n)$	

5. 建设期贷款利息计算

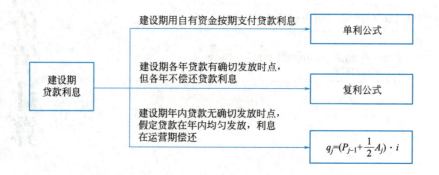

3.1　现金流量

3.1.1　现金流量的概念

在经济分析中，为了计算方案的经济效益，往往把该方案在寿命期内流入与流出的资金称为现金流量，现金流量包括现金流入量（CI，如销售收入、回收固定资产余值、回收流动资金等）、现金流出量（CO，如固定资产投资、经营成本、销售税金及附加等）和净现金流量（NCF，即方案在同一时点的现金流入量与现金流出量的代数和）。

3.1.2　现金流量图

为了简单明了地反映投资经营活动的投资成本、收益情况及资金发生流动的时间，可用现金流量图进行描述，如图 3-1 所示。现金流量图的三要素为现金流量的大小（金额大小）、方向（资金流入或流出）和时点（资金流动发生的时间）。

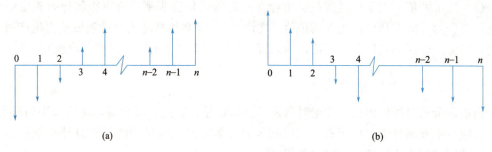

图 3-1　现金流量图

（a）投资人；（b）融资人

使用现金流量图时应注意的要点为：

（1）横轴表示时间序列。每个刻度表示一个计息周期。横轴起点为 0，1 至 n 分别表示各计息周期的终点。第 1 个计息期的终点也就是第 2 个计息期的起点。

（2）横轴上的 0 时点（投资活动的初始起点）发生的资金价值，以及未来某时点的资金按一定利率折算到该点的价值，称为资金的"现值"。各点发生的资金相对于 0 点来说，都称为将来值。

（3）横轴的终点是投资过程时间序列的终点。发生在该时点的资金价值，以及发生在该时点以前某时点的资金按一定利率折算到该点的价值，称为资金的"终值"。

（4）资金的流入（收入）用向上的箭头表示，流出（支出）以向下的箭头表示。箭线的长短与收支大小成比例。

（5）因投融资双方角度不同，现金流量图也有所区别，从图 3-1 可以看出，双方的现金流量的箭线长短相同，但方向相反。

3.2　资金时间价值计算

3.2.1　资金的时间价值

一笔资金存入银行，一定时间后便可获得利息；把资金用于有效的投资活动，便可获得利润。这表明资金的价值随时间的推移发生了增值，由此引出了资金的时间价值概念。

资金的时间价值是商品经济中的普遍现象，资金的时间价值体现为：

3-1 资金时间价值的应用

（1）货币增值。从社会再生产的过程来讲，投资者将其拥有的资金投入生产活动中，形成生产要素，这些生产要素进入有效的生产和流通领域后，通过经济活动使其原有的资金货币形态产生增值，使得资金具有时间价值。

（2）承担风险。从资金流通的角度讲，当资金拥有者将资金存入银行或用于其他投资，即在一定时间内个人失去了对货币的使用权。投资具有风险，投资人也就面临着承担风险。利息、红利等相当于资金使用者向投资人对失去资金使用权并承担其风险所进行的补偿。

（3）货币贬值。正常的经济社会中存在一定的通货膨胀率。通货膨胀导致资金贬值，因此，资金随时间推移而产生新的价值（增值），前提必须是进入流通领域或再生产过程，否则，资金只会因通货膨胀而贬值，所以资金只有运动才具有时间价值（增值）。

3.2.2 利率与计息周期

衡量资金的时间价值可以用绝对数表示，如收益、利息、红利等，也可以用相对数表示，如收益率或利息率。由于资金的时间价值计算方法与常见的银行利息计算方法相似，所以，常以利息来说明资金的时间价值。

由前所述，利息是资金使用者对其占用的资金（本金）所付出的代价。代价的高低可用利息率表述。利息率也称为利率，是单位时间内利息量和本金的比率。记为：

$$i = \frac{I}{P} \times 100\%$$

（3-1）

式中 i——利率；

I——单位时间内的利息；

P——本金。

公式中的"单位时间"称为计息周期，通常为 1 年，但也可以根据投资人和融资人的约定，以半年、季度、月等为计息周期。

利息计算分为单利计算和复利计算两种。

1. 单利计算

单利计算的主要特点是仅用本金计算利息，而不计算利息所生的利息。例如，在个人定期存款中，银行不将第一年所获得的利息转入到后一年的本金中去。

利息发生在计息周期末。如果有 n 个计息周期，则利息的计算公式为：

$$I = P \times i \times n$$

（3-2）

到投资期末，本金与利息之和（本利和）为：

$$F = P(1 + i \times n)$$

（3-3）

式中 I、P、i——含义同式（3-1）；

n——计息周期数；

F——本利和。

【例 3-1】 某人存入银行 100 万元，定期 3 年，年利率 2.4%，问 3 年后本利和为多少？

【解】 $F = P(1 + i \times n) = 100 \times (1 + 0.024 \times 3) = 107.20$ 万元

2. 复利计算

在现代经济管理中，投资决策、资金回收计算、通货膨胀分析等都离不开复利计算。

复利计算法的特点是除了计算本金的利息外还要计算利息所生的利

3-2 复利效应

息。如借方不能按期付息就等于增加了债务本金。采用这种方法，能使企业在使用贷款时更加小心谨慎。因此，复利制对合理利用资金、加快资金周转及加快工程建设都起到了积极的作用。

【例 3-2】 在【例 3-1】中，若采用复利法计算，3 年后的本利和是多少？

【解】 第 1 年年末本利和：$F_1 = 100 \times (1 + 1 \times 0.024) = 102.40$ 万元

第 2 年年末本利和：$F_2 = F_1 (1 + 1 \times 0.024) = 100 \times (1 + 1 \times 0.024)^2 = 104.86$ 万元

第 3 年年末本利和：$F_3 = F_2 (1 + 1 \times 0.024) = 100 \times (1 + 1 \times 0.024)^3 = 107.37$ 万元

与【例 3-1】相比，第 3 年末采用复利计算比采用单利计算的利息多了 1700 元，由此可见，采用复利计息对资金拥有者有利。

3.2.3 资金的时间价值计算公式

1. 资金等值

工程经济分析中，需要对项目寿命期内不同时间点发生的收益与费用进行分析计算。由于资金时间价值的作用，不同时间点上发生的现金流量不能直接进行比较。资金等值是指考虑了时间因素的作用，通过特定的方法，使不同时间点发生的现金流量具有可比性。

2. 资金时间价值计算的基本公式

资金时间价值计算也称资金等值计算。

1）一次支付终值公式

也称一次支付本利和公式，现金流量如图 3-2 所示。

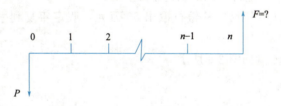

图 3-2 一次支付终值现金流量图

设第 1 年年初投入资金 P，以年利率 i 进行计息，则第 n 年年末的本利和 F 从【例 3-2】计算可以看出：

$$F = P (1+i)^n \tag{3-4}$$

式中 $(1+i)^n$ 称为一次支付终值系数，以符号 $(F/P, i, n)$ 表示，记为：

$$F = P (F/P, i, n) \tag{3-5}$$

常用的终值系数见附录的复利因数表。

【例 3-3】 某企业向银行借款 100 万元，年利率 5%，5 年后应偿还本利和多少？

【解】 此题现金流量如图 3-3 所示。

依据式（3-4）得：$F = 100 (1+0.05)^5 = 127.63$ 万元

此题也可依式（3-5），先在附录中查出 $(F/P, 5\%, 5) = 1.2763$

$$F = 100 \times 1.2763 = 127.63 \text{ 万元}$$

图 3-3　【例 3-3】现金流量图

2）一次支付现值公式

由【例 3-3】可看出，当年利率为 5％时，5 年后的 127.63 万元与现在的 100 万元等值。这种把将来的收入（或支出）换算成现时点价值的方法，称为"折现"。由式（3-4）可知，

$$P = F\,(1+i)^{-n} \tag{3-6}$$

$(1+i)^{-n}$ 称为一次支付现值系数，用符号 $(P/F, i, n)$ 表示，记为：

$$P = F\,(P/F, i, n) \tag{3-7}$$

由式（3-6）可以看出，当 F、i 一定，n 越大，P 越小，说明未来的一笔资金离现在越远，价值越低。这说明，企业应收的钱，越早收回越有利；应付出去的钱，在允许的条件下，越晚付出去越好，这就是经营中的"早收晚付"原则。当 F、n 一定，i 越大，P 越小，这说明如果投资活动的贷款利率越高，就越应尽早收回投资。若在某项投资活动中，n、i 都很大，"早收晚付"原则就越显得重要。

【例 3-4】　某企业两年后拟从银行取出 50 万元，假定年复利率为 2.2％，现在应存多少？

【解】　此题现金流量如图 3-4 所示。

图 3-4　【例 3-4】现金流量图

依据式（3-6），得：
$$P = F\,(1+i)^{-n} = 50 \times (1+0.022)^{-2} = 47.87 \text{ 万元}$$

3）等额年金终值公式

等额年金是指在经济活动期内，每单位时间间隔具有相同的收入与支出（年等值）。设在 n 个时间周期中，每个时间周期末支出（或收入）相同的金额 A，并在投资期末将资金全部收入（或支出）。设年利率为 i，求 n 年年末的本利和为 F，现金流量如图 3-5 所示。

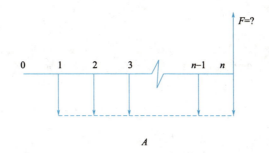

图 3-5　年末等额年金法现金流量图

由图可推得：

$$F=A+A(1+i)+A(1+i)^2+\cdots\cdots+A(1+i)^{n-2}+A(1+i)^{n-1} \quad (3\text{-}8)$$

根据等比数列前 n 项和公式可得：

$$F=A\left[\frac{(1+i)^n-1}{i}\right] \quad (3\text{-}9)$$

系数 $\left[\dfrac{(1+i)^n-1}{i}\right]$ 称为等额年金终值系数，记为 $(F/A,\ i,\ n)$，故

$$F=A(F/A,\ i,\ n) \quad (3\text{-}10)$$

【例 3-5】　某企业连续每年年末投资 100 万元，年利率为 5%，到第 5 年年末可得本利和为多少？

【解】　画出现金流量图，如图 3-6 所示。

图 3-6　【例 3-5】现金流量图

依据式（3-9），得：

$$F=A\left[\frac{(1+i)^n-1}{i}\right]=100\left[\frac{(1+0.05)^5-1}{0.05}\right]=552.56\ 万元$$

若 A 在每个周期初发生，如图 3-7 所示，则：

$$F'=A(F/A,\ i,\ n)(1+i)=F(1+i) \quad (3\text{-}11)$$

【例 3-6】　在【例 3-5】中，若投资发生在年初，则第 5 年年末可获本利为多少？

【解】　此题现金流量如图 3-8 所示。

依据式（3-11），得：

$$F'=F(1+i)=552.56(1+0.05)=580.19\ 万元$$

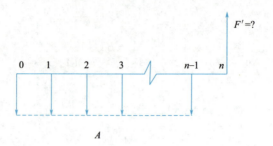

图 3-7　年初等额年金法现金流量图

图 3-8　【例 3-6】现金流量图

4）等额存储偿债基金公式

已知一笔 n 年年末的借款 F，拟在 1 至 n 年年末等额存储一笔资金 A，以便到 n 期末偿还借债 F，现金流量如图 3-9 所示。

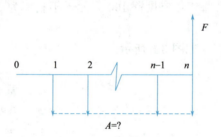

图 3-9　等额存储偿债基金现金流量图

每年年末等额存储的资金 A 由式（3-9）可推得：

$$A = F\left[\frac{i}{(1+i)^n - 1}\right] \tag{3-12}$$

$\left[\dfrac{i}{(1+i)^n - 1}\right]$ 称为偿债资金系数，记为 $(A/F, i, n)$，故

$$A = F\,(A/F, i, n) \tag{3-13}$$

【例 3-7】　某企业要在第 5 年年末获得 552.56 万元的资金，当资金年利率为 3.2% 时，每年年末应存多少？

【解】　此题现金流量如图 3-10 所示。

依据式（3-13），得：

$A = 552.56\,(A/F, 3.2\%, 5) = 552.56 \times 0.1876 = 103.66$ 万元

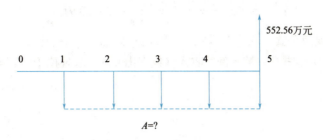

图 3-10 【例 3-7】现金流量图

此题中，若将存款时间改在年初，每年应存入的款额为多少，也是可以计算的。

5）等额支付资金回收公式

现投入资金 P，希望今后 n 年内将本利和在每年年末以等额 A 的方式回收，问 A 值为多少。如图 3-11 所示。

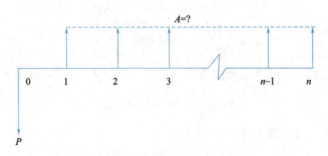

图 3-11 等额支付资金回收系列现金流量图

将式（3-4）代入式（3-12）中，可得：

$$A = P\left[\frac{i\,(1+i)^n}{(1+i)^n-1}\right] \tag{3-14}$$

式中 $\left[\dfrac{i\,(1+i)^n}{(1+i)^n-1}\right]$ 称为资金回收系数，记为 $(A/P，i，n)$，故上式又可记为：

$$A = P\,(A/P，i，n) \tag{3-15}$$

【例 3-8】 现投资 100 万元，预期年收益率为 10%，分 5 年等额回收，每年可回收多少资金？

【解】 画出现金流量图，如图 3-12 所示。

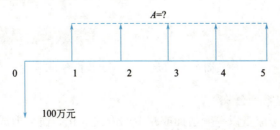

图 3-12 【例 3-8】现金流量图

依据式（3-14），得：$A = 100 \left[\dfrac{0.1 (1+0.1)^5}{(1+0.1)^5 - 1} \right] = 26.38$ 万元

6）等额年金现值公式

已知 n 年内每年年末有一笔等额的收入（或支出）A，求现值 P，其现金流量如图 3-13 所示。

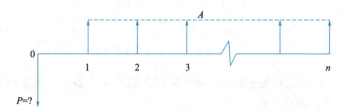

图 3-13　等额年金现值现金流量图

由式（3-14）可推出：

$$P = A \left[\frac{(1+i)^n - 1}{i (1+i)^n} \right] \tag{3-16}$$

式中 $\left[\dfrac{(1+i)^n - 1}{i (1+i)^n} \right]$ 称为等额年金现值系数，记为 $(P/A, i, n)$，故上式又可记为：

$$P = A (P/A, i, n) \tag{3-17}$$

式（3-16）中，当 n 很大时，可近似为：

$$P = \frac{A}{i} \left[\frac{(1+i)^n - 1}{(1+i)^n} \right] = \frac{A}{i} \tag{3-18}$$

【例 3-9】　某公司拟投资一个项目，预计建成后每年获利 10 万元，3 年后收回全部投资的本利和。设年投资回报率为 10%，问该项目总投资为多少？

【解】　此题现金流量如图 3-14 所示。

依式（3-17），查得 $(P/A, 10\%, 3)$ 为 2.4869，故
$$P = 10 \times 2.4869 = 24.87 \text{ 万元}$$

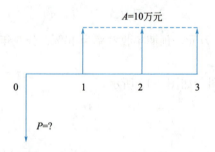

图 3-14　【例 3-9】现金流量图

7）均匀梯度支付系列公式

随时间增长，现金流量以等额增加或减少的方式变化，便会形成一个均匀梯度支付系列。在图 3-15 中，现金流量在 0 时点有一个一次性收入 P，一年后支出 A_1，以后每年较

前一年增加一个等值 G。

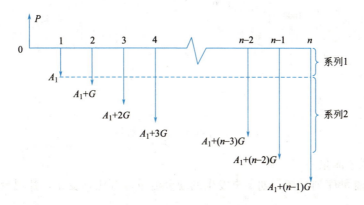

图 3-15 均匀梯度支付系列现金流量图

将该系列分为两个子系列。系列 1 是等额支付系列，系列 2 是由 0，G，$2G$，……，$(n-1)G$ 组成的梯度支付系列，即从第 2 年年末起，每年递增（减）一个 G。如果以下标 1 对应于系列 1，以下标 2 对应于系列 2，则与整个系列对应，有：

$$P=P_1+P_2, \quad F=F_1+F_2, \quad A=A_1+A_2$$

系列 1 的 P_1、F_1 和 A_1 可用前述公式很快计算出来，对于系列 2，则要将其也转变为年末等额支付系列。由式 (3-9)，有：

$$F_2=G\left[\frac{(1+i)^{n-1}-1}{i}+\frac{(1+i)^{n-2}-1}{i}+\cdots\cdots+\frac{(1+i)^2-1}{i}+\frac{(1+i)-1}{i}\right]$$

$$=\frac{G}{i}\{[1+(1+i)+(1+i)^2+\cdots\cdots+i)^{n-2}+(1+i)^{n-1}]-n\}$$

根据等比数列前 n 项和公式，有：

$$F_2=\frac{G}{i}\left[\frac{(1+i)^n-1}{i}-n\right] \tag{3-19}$$

将式 (3-19) 代入式 (3-12)，得：

$$A_2=\frac{G}{i}\left[\frac{(1+i)^n-1}{i}-n\right]\left[\frac{i}{(1+i)^n-1}\right] \tag{3-20}$$

由式 (3-19) 或式 (3-20)，并利用式 (3-6) 或式 (3-16)，便可算出 P_2。

【例 3-10】 某工程项目建设期为 8 年，第 1 年年末贷款 1000 万元，从第 2 年年末每年递增贷款 100 万元，按复利计算，年利率为 5%，问第 8 年年末共需偿还本利和多少？

【解】 现金流量如图 3-16 所示。依式 (3-20)，有：

$$A_2=\frac{100}{0.05}\left[\frac{(1+0.05)^8-1}{0.05}-8\right]\left[\frac{0.05}{(1+0.05)^8-1}\right]=324.38 \text{ 万元}$$

$$A=A_1+A_2=1000+324.38=1324.38 \text{ 万元}$$

$$F=A(F/A,5\%,8)=1324.38\times9.5491=12646.64 \text{ 万元}$$

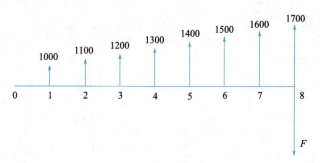

图 3-16 【例 3-10】现金流量图

8）等比现金流量序列公式

等比现金流量序列是指每期期末发生的现金流量成等比 q 变化，其现金流量如图 3-17 所示。

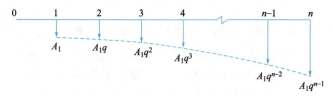

图 3-17 等比现金流量序列的现金流量图

此现金流量序列的复利终值 F 可表示为：

$$F = A_1(1+i)^{n-1} + A_1q(1+i)^{n-2} + A_1q^2(1+i)^{n-3} + \cdots\cdots + A_1q^{n-2}(1+i) + A_1q^{n-1}$$

$$= A_1\sum_{k=1}^{n}(1+i)^{n-1}\left(\frac{q}{1+i}\right)^{k-1}$$

令 $q = 1+s$，则 $F = A_1(1+i)^{n-1}\sum_{k=1}^{n}\left(\frac{1+s}{1+i}\right)^{k-1}$

当 $s=i$ 时，

$$F = A_1(1+i)^{n-1}\sum_{k=1}^{n}1^{k-1} = nA_1(1+i)^{n-1} \tag{3-21}$$

当 $s\neq i$ 时，

$$F = A_1(1+i)^{n-1}\sum_{k=1}^{n}\left(\frac{1+s}{1+i}\right)^{k-1} = A_1(1+i)^{n-1}\frac{1+i}{i-s}\left[1-\left(\frac{1+s}{1+i}\right)^n\right]$$

$$= A_1\left[\frac{(1+i)^n - (1+s)^n}{i-s}\right] \tag{3-22}$$

求得 F 后，再利用公式（3-6）、公式（3-12）便可求出 P 和 A。

3.3 名义利率与实际利率

3.3.1 周期利率

周期利率（r'）也称计息周期有效利率，是指计息周期的利率。

3.3.2　名义利率

名义利率（r）是以年为一个计息周期的利率。若 1 年内计息周期数为 m，则周期利率与名义利率的关系为：

$$r = r' \times m \tag{3-23}$$

3.3.3　实际利率

实际利率（i）也称年有效利率，是在一年内按计息周期利率，复利 m 次所形成的总利率。

若年计息周期次数为 m 次，实际利率与名义利率的关系为：

$$i = \left(1 + \frac{r}{m}\right)^m - 1 \tag{3-24}$$

由式（3-23）、式（3-24）可知，当 $m = 1$ 时，实际利率＝名义利率＝周期利率；当 $m > 1$ 时，实际利率＞名义利率。

需要说明的是，在前面介绍的复利公式中，i 均指周期利率 r'，n 为寿命期的总计息周期数。

【例 3-11】　100 万元的 3 年期存款，名义利率为 3%，问下列情况下第 3 年年末的本利和为多少。①单利；②年复利；③季复利。

【解】　①单利　　　$F = 100 \times (1 + 3 \times 0.03) = 109$ 万元

②年复利　　　$F' = 100 \times (1 + 0.03)^3 = 109.27$ 万元

③季复利　　　季度利率＝3%/4＝0.75%，共 3 × 4 = 12 个周期，故

$F'' = 100 \times (1 + 0.0075)^{12} = 109.38$ 万元

【例 3-12】　一笔 1000 万元的贷款，要求在四年半后一次性还本付息。每半年计息一次，总偿还金额为 1250 万元。求此笔贷款的名义利率与实际利率。

【解】　计息周期为半年，周期数 $n = 4.5 \times 2 = 9$，周期利率为 r'，有：

$$F = 1000 \times (1 + r')^9 = 1250 \text{ 万元}$$
$$(1 + r')^9 = 1.25$$
$$r' = 1.25^{1/9} - 1 = 2.51\%$$

名义利率 $r = 2.51\% \times 2 = 5.02\%$，实际利率 $i = \left(1 + \dfrac{5.02\%}{2}\right)^2 - 1 = 5.08\%$

【例 3-13】　设每年年初和 7 月初分别存入 5 万元，年利率 4%，每年复利两次，共存 10 年，按复利计算，到期后的折现值和未来值分别为多少？

【解】　计息周期为半年，则 $r' = 2\%$，$n = 20$，现金流量如图 3-18 所示。

根据式（3-11），有：

$$F = A\left[\frac{(1+i)^n - 1}{i}\right](1+i) = 5 \times \left[\frac{(1+2\%)^{20} - 1}{2\%}\right] \times (1+2\%) = 123.92 \text{ 万元}$$
$$P = F(1+i)^{-n} = 123.92 \times (1+2\%)^{-20} = 83.39 \text{ 万元}$$

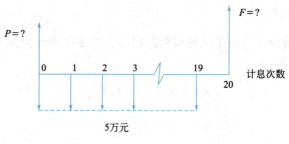

图 3-18　【例 3-13】现金流量图

3.4　建设期贷款利息计算

为了加快资金周转，缩短建设周期，提高投资效果，工程项目贷款的利息一般都采用复利计息。

如果贷款额的发放方式以及企业的还款方式很有规律，则只需运用前述资金时间价值计算公式就能方便地算出工程贷款利息。

【例 3-14】　某房地产开发商向银行借款 8000 万元，期限为 3 年，年利率为 5％，还款方式约定按季度支付利息，期满后一次偿还本金，则该笔贷款的利息总额为多少？如果该笔贷款按年复利计息，3 年后一次支付本利和，则该笔贷款的利息又是多少？

【解】　本例题中的第 1 种情况，由于每个计息期都按时支付了利息，即按单利计算，偿还的利息面值为：

$$I_1 = P \times i \times n = 8000 \times 0.05 \times 3 = 1200 \text{ 万元}$$

第 2 种情况，由于 3 年后一次支付本利和，即为复利，故

$$I_2 = P(1+i)^n - P = 8000(1+0.05)^3 - 8000 = 1261 \text{ 万元}$$

在实际工程建设中，贷款一般在年内不是一次发放，而是按期分额发放。在项目建设期，企业一般无还款付息能力，因此需按复利计算，连本带息到运营期偿还。

为了计算的简化，在计算工程贷款利息时，一般都将贷款看作是年内均匀发放，因此，采用年内贷款平均计息的方法，每一计息期的利息加入本金，在下一计息期一并计息。其计算公式为：

$$q_j = \left(P_{j-1} + \frac{1}{2}A_j\right)i \tag{3-25}$$

式中　q_j——建设期第 j 年应付的利息；

P_{j-1}——建设期第 $j-1$ 年年末贷款余额，它由 $j-1$ 年年末的贷款累计和此时贷款利息累计构成；

A_j——建设期第 j 年支用的贷款；

i——贷款利率。

【例 3-15】　某工业工程项目，建设期 3 年，共贷款 1200 万元，第 1 年贷款额 400 万元，第 2 年 500 万元，第 3 年 300 万元，年利率 5％，计算建设期利息。

【解】　各年利息按式（3-25）计算。

$$q_1 = \frac{1}{2} A_1 i = \frac{1}{2} \times 400 \times 0.05 = 10 \text{ 万元}$$

$$q_2 = \left(P_1 + \frac{1}{2} A_2 \right) i = \left[(400 + 10) + \frac{1}{2} \times 500 \right] \times 0.05 = 33 \text{ 万元}$$

$$q_3 = \left(P_2 + \frac{1}{2} A_3 \right) i = \left[(900 + 10 + 33) + \frac{1}{2} \times 300 \right] \times 0.05 = 54.65 \text{ 万元}$$

3 年累计的建设期利息为：$\sum q_i = 97.65$ 万元

3.5 资金时间价值计算应用案例

3.5.1 现值法

现值法是利用现值系数将不同年度发生的现金流量换算成可比的现值，以便进行方案比较。现值法往往分为费用现值法（PC）和净现值法（NPV）两种。

【例 3-16】 某施工企业欲购一台混凝土构件成型机，现有 3 种型号可供选择，使用期限均为 4 年。设机器 4 年后残值为 0。各机器的价格和工作成本见表 3-1，贷款购买设备的利率为 5%，问购买哪种机器较好？

不同机器的价格与年工作成本 表 3-1

机型		机器 A	机器 B	机器 C
购入价格（万元）		34	32	30
年工作成本（万元）	第一年	1.8	2.0	2.5
	第二年	1.8	2.2	2.5
	第三年	2.0	2.3	2.6
	第四年	2.0	2.4	2.8

【解】 从表 3-1 可看出，机器 C 的购入价格最便宜，但它的年工作成本比 A 和 B 都高，为了选择最佳的投资方案，应对总费用进行分析。

A 机器的综合费用折现值为：

$$PC_A = 34 + 1.8 (P/F, 5\%, 1) + 1.8 (P/F, 5\%, 2)$$
$$+ 2.0 (P/F, 5\%, 3) + 2.0 (P/F, 5\%, 4)$$
$$= 40.72 \text{ 万元}$$

同理可得 $PC_B = 39.86$ 万元，$PC_C = 39.20$ 万元

经过比较，PC_C 最低，故购买机器 C 为最佳投资方案。

【例 3-17】 某企业投入一条生产线，预计第 1 年初投资 1100 万元，寿命期为 6 年。从第 2 年年末开始，生产线每年的运营费为 300 万元，销售收入为 650 万元，第 6 年年末的残值为 200 万元，如图 3-19 所示。企业确定的目标收益率为 12%，试计算该方案的净现值。

【解】 第 2～6 年的净现金为 350 万元，残值发生在第 6 年年末，则：

$$NPV = -1100 + (650 - 300)(P/A, 12\%, 5)(P/F, 12\%, 1) + 200 (P/F, 12\%, 6)$$

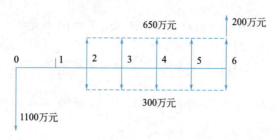

图 3-19　【例 3-17】现金流量图

$$=-1100+1126.55+101.32=127.87 \text{ 万元}$$

3.5.2　终值法

终值法（FV 法）是将各年度发生的费用换成可比的终值，然后进行比较，从中选出最佳投资方案的方法。

【例 3-18】　某建设单位有两个建设方案，建设期限都是 3 年。甲方案总投资为 340 万元，其资金分配方式为：第 1 年年初投资 200 万元，第 2 年年初投资 100 万元，第 3 年初投资 40 万元；乙方案总投资为 350 万元，其资金分配方式为：第 1 年年初投资 50 万元，第 2 年年初投资 100 万元，第 3 年年初投资 200 万元。行业的基准收益率为 10%，试对两投资方案进行经济评价。

【解】　从总投资看，甲方案比乙方案少 10 万元，两方案工期相同，似乎甲方案优于乙方案。但用一次支付终值公式可算出：

$$F_甲 = 200\,(F/P,\ 10\%,\ 3) + 100\,(F/P,\ 10\%,\ 2) + 40\,(F/P,\ 10\%,\ 1)$$
$$= 431.20 \text{ 万元}$$
$$F_乙 = 50\,(F/P,\ 10\%,\ 3) + 100\,(F/P,\ 10\%,\ 2) + 200\,(F/P,\ 10\%,\ 1)$$
$$= 407.55 \text{ 万元}$$

计算结果表明，乙方案的终值小于甲方案的终值，因此乙方案较优。其原因是甲方案在工程前期积压在未完施工上的资金较多，因此，表现出经济效果较差。

当投资者关心项目完成后所投入资金的实际价值时，宜采用终值法进行分析。

用现值法及终值法进行方案择优时，往往要求被比方案的寿命期相同。

3.5.3　年等值法

年等值法是将方案在寿命期内所发生的现金流量折算为每年相等的年值或年成本，并以此评价方案经济效益的方法。年等值法又分为净年值法（NAV）和年成本法（AC）两种。

净年值法是将方案在寿命期内所有的收入和支出都折算为等值的年金并求出代数和，以此评价方案经济效益的方法。方案可行的标准为 $NAV \geqslant 0$，NAV 越大，经济效益越好。

年成本法是将方案在寿命周期内的所有耗费都换算成与其等值的平均年成本，并以此评价方案经济效益的方法。采用年成本法时，年成本 AC 越低，方案的经济效果越好。

当被比方案的寿命期不同时，往往采用年等值法进行方案的择优。

【例 3-19】 设有 A、B 两个投资方案，预期的最小收益率为 12％，现金流量图如图 3-20 所示，问应采取哪个方案？

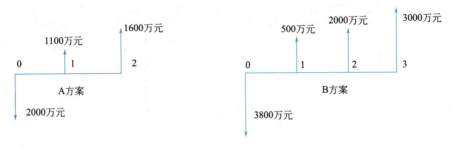

图 3-20　【例 3-19】现金流量图

【解】 如图所示，在计算期内既有收入也有支出，A 方案的净年值为：

$$NAV_A = -2000\,(A/P,\ 12\%,\ 2) + 1100\,(P/F,\ 12\%,\ 1)\,(A/P,\ 12\%,\ 2)$$
$$\qquad + 1600\,(A/F,\ 12\%,\ 2)$$
$$= 152.48\ 万元$$

同理可得 $NAV_B = 156.53$ 万元。可见 B 方案的年净收入高于 A 方案，故 B 为优方案。

【例 3-20】 某企业投资 100 万元购买了一台机械，使用年限为 20 年，每年的运行费用为 7000 元。该机器每 5 年需大修一次，大修费用为每次 2.2 万元，若年利率为 8％，求该机器每年发生的年成本费用。

【解】 本题现金流量如图 3-21 所示。

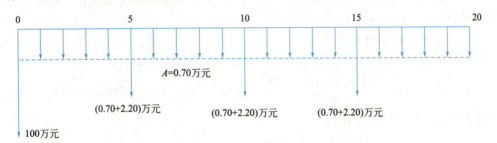

图 3-21　【例 3-20】现金流量图

【解】
$$AC = 0.7 + [100 + 2.2(1+8\%)^{-5} + 2.2(1+8\%)^{-10}$$
$$\qquad + 2.2(1+8\%)^{-15}](A/P,\ 8\%,\ 20)$$
$$= 0.7 + [100 + 2.2 \times (0.6806 + 0.4632 + 0.3152)] \times 0.1019$$
$$= 11.22\ 万元$$

3.5.4　综合应用案例

【例 3-21】 某项目第 1 年年初投资 800 万元，第 2 年年初又投资 100 万元，第 2 年年末获收益 400 万元，从第 3 年开始到第 6 年，每年年末收益较上 1 年年末收益递增 6％，第 7 年至第 9 年每年年末获收益 750 万元，若年利率为 10％，求与该项目现金流量等值的现值和终值。

【解】 按题意，在第 1～9 年内现金流量如图 3-22 所示。

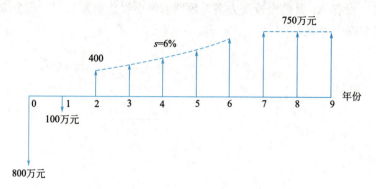

图 3-22 【例 3-21】现金流量图

$$P = -800 - 100 \ (P/F，10\%，1) + 400 \times \frac{(1+10\%)^5 - (1+6\%)^5}{10\%-6\%} \ (P/F，10\%，6)$$
$$+ 750 \ (P/A，10\%，3) \ (P/F，10\%，6)$$
$$= -800 - 100 \times 0.9091 + 400 \times \frac{1.6105-1.3382}{0.04} \times 0.5645 + 750 \times 2.4869 \times 0.5645$$
$$= 1699.11 \ 万元$$

$F = 1699.11 \ (F/P，10\%，9) = 1699.11 \times 2.3579 = 4006.33$ 万元

此题还可以用其他多种方法求解。

【**例 3-22**】　某房地产项目建设期为 3 年，建设期内每年年初贷款 600 万元，贷款年利率为 5%。若在运营期第 1 年年末偿还 1000 万元，拟在运营期第 2 年至第 6 年每年年末等额偿还剩余贷款，则每年应偿还多少万元？

【**解**】　现金流量如图 3-23 所示。

第 4 年年末（运营期第 1 年年末）应偿还的贷款余额为：

$$P' = 600 \times \left[\frac{(1+0.05)^3 - 1}{0.05}\right] \times (1+0.05)^2 - 1000 = 1085.38 \ 万元$$

运营期后 5 年每年应偿还：

$$A = 1085.38 \times \left[\frac{0.05 \ (1+0.05)^5}{(1+0.05)^5 - 1}\right] = 1085.38 \times 0.2310 = 250.70 \ 万元$$

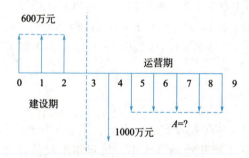

图 3-23 【例 3-22】现金流量图

习　题

一、单选题

1. 某单位向银行借款订购设备。甲银行年利率 6%，每年计一次息；乙银行月利率 5‰，按月计息。建设单位的结论是（　　）。

　　A. 甲银行实际利率高于乙银行　　　　　　B. 乙银行实际利率高于甲银行

　　C. 两银行的实际利率相同　　　　　　　　D. 两银行的实际利率相同，但偿还利息次数不同

2. 实际利率是指在名义利率包含的单位时间内，按（　　）复利计息所形成的总利率。

　　A. 月利率　　　　　　B. 周期利率　　　　　　C. 年利率　　　　　　D. 季利率

3. 若名义利率为 r，1 年中计息周期数为 m，周期利率为 r/m，则实际利率为（　　）。

　　A. $\left(1+\dfrac{r}{m}\right)^m-1$　　　　　　　　　　B. $\left(1+\dfrac{r}{m}\right)^m+1$

　　C. $\left(1+\dfrac{r}{m}\right)^{mr}-1$　　　　　　　　　D. $\left(1+\dfrac{r}{m}\right)^r-1$

4. 若名义利率一定，则实际利率与 1 年中计息周期数 m 的关系是（　　）。

　　A. 计息周期数增加，实际利率不变　　　　B. 计息周期数减少，实际利率不变

　　C. 计息周期数增加，实际利率减少　　　　D. 计息周期数减少，实际利率减少

5. 某施工企业每年年末存入银行 100 万元，用于 3 年后的技术改造。已知银行存款年利率为 3%，按年复利计息，则到第 3 年年末可用于技术改造的资金总额为（　　）万元。

　　A. 309.09　　　　　　B. 312.16　　　　　　C. 315.25　　　　　　D. 318.36

二、多选题

1. 现金流量图的三要素包括（　　）。

　　A. 现金流大小　　　　B. 时点　　　　　　C. 利率　　　　　　D. 时间长短

　　E. 现金流方向

2. 关于资金时间价值计算中，说法正确的是（　　）。

　　A. 当 F、i 一定，n 越大，P 越小　　　　B. 当 F、i 一定，n 越大，P 越大

　　C. 当 F、n 一定，i 越大，P 越小　　　　D. 当 F、n 一定，i 越大，P 越大

　　E. 由 F 求 P 的公式中，当 i、n 越大，投资风险较大

3. 关于利率高低影响因素的说法，正确的有（　　）。

　　A. 利率的高低首先取决于社会平均利润率的高低，并随之变动

　　B. 借出资本所承担的风险越大，利率越低

　　C. 资本借出期间的不可预见因素越多，利率越高

　　D. 借出资本期限越长，利率越高

　　E. 社会平均利润率不变的情况下，借贷资本供过于求会导致利率上升

4. 关于复利计算公式中的相关系数，以下表述正确的有（　　）。

　　A. 一次支付终值系数与等额年金现值系数互为倒数

　　B. 一次支付现值系数与等额年金终值系数互为倒数

　　C. 等额年金终值系数与偿债资金系数互为倒数

　　D. 资金回收系数与偿债资金系数互为倒数

　　E. 一次支付终值系数与一次支付现值系数互为倒数

5. 单利计息与复利计息的区别在于（　　）。

　　A. 是否考虑资金的时间价值　　　　　　　B. 是否考虑本金的大小

　　C. 是否考虑利息产生的利息　　　　　　　D. 是否考虑利率高低

E. 是否考虑一年内的计息次数

三、计算题

1. 某项目建设期为 3 年，建设期内每年年初贷款分别为 100 万、200 万和 400 万元，年利率为 6%。若在运营期第 4 年年末一次性偿还贷款，则应偿还的本利和为多少元？

2. 某建设项目建设期为 3 年，在建设期第一年贷款 100 万元，第二年贷款 400 万元，贷款利率为 5%，用复利法计息时，建设期中第 3 年年末的贷款利息应为多少？建设期建设利息共为多少？

3. 某项目各年现金流量如图 1 所示，年收益率为 8%，求 F 为多少？

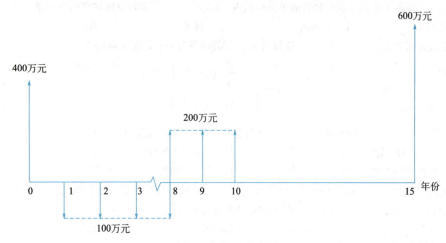

图 1　各年现金流量

4. 某企业向银行借款购买设备，年利率为 5%，半年复利一次。设备价格为 120 万元，签订设备购买合同时支付 40 万元，第 1 年年末又付了 20 万元，从第 2 年到第 5 年，每半年等额还本付息 1 次。问每半年还本付息额为多少？

5. 某投资者 5 年前以 200 万元的价格购买一房产，在 1～5 年内每年年末获得净收益 15 万元，现在房产能以 300 万元出售。若投资者要求的年收益率为 10%，此项投资能否达到要求的收益水平？

四、思考题

某建设项目，建设期 2 年。企业向银行借款，贷款利率为 6%，计息期为半年（即半年计息一次），复利计算，计息期内的收付款利息按单利计算。借款的现金流如表 1 所示。

(1) 求建设期末借款本利和为多少？

(2) 项目从第 3 年起，每年年末有 80 万元收入可用于偿还债务，问投产后多少年可以还清银行贷款的本利和？

现金流量表（万元） 表 1

月份	1	2	3	4	5	6	7	8	9	10	11	12
现金流	100	30	—	50	—	200	—	180	—	20	70	—

本章重要概念与知识点

1. 经济评价指标体系

1) 根据是否考虑资金时间价值分类

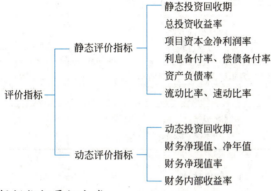

2) 根据指标量纲分类

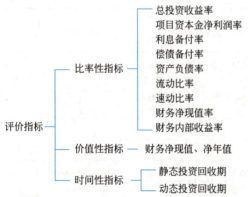

3) 根据指标性质分类

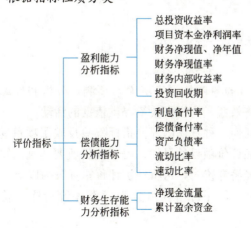

2. 常用的静态评价指标、计算公式和评价标准

指标名称	计算公式	评价标准
总投资收益率(ROI)	$ROI = \dfrac{\text{正常年份息税前利润}}{\text{总投资}} \times 100\%$	$ROI \geqslant$ 同行业的收益率参考值
项目资本金净利润率(ROE)	$ROE = \dfrac{\text{正常年份净利润}}{\text{项目资本金}} \times 100\%$	$ROE \geqslant$ 同行业的净利润率参考值
静态投资回收期(P_t)	$P_t = \left[\begin{array}{c} \text{累计净现金流量开始} \\ \text{出现正值的年份数} \end{array} \right] - 1 + \dfrac{\|\text{上年累计净现金流量}\|}{\text{当年净现金流量}}$	$P_t \leqslant P_c$
利息备付率	$ICR = \dfrac{\text{年息税前利润}}{\text{当期应付利息}}$	$ICR > 1$ 并满足债权人要求
偿债备付率	$DSCR = \dfrac{\text{各年可用于还本付息资金}}{\text{当期应还本付息金额}}$	$DSCR > 1$ 并满足债权人要求
资产负债率	$LOAR = \dfrac{\text{期末负债总额}}{\text{期末资产总额}}$	—

3. 常用的动态评价指标、计算公式和评价标准

指标名称	计算公式	评价标准
财务净现值	$FNPV = \sum\limits_{t=1}^{n}(CI-CO)_t(1+i_c)^{-t}$	$FNPV \geqslant 0$
净年值	$NAV = NPV(A/P, i, n)$	$NAV \geqslant 0$
财务净现值率	$FNPVR = \dfrac{FNPV}{I_P} \times 100\%$	$FNPVR \geqslant 0$
财务内部收益率	$FIRR = i_1 + \dfrac{FNPV_1(i_2-i_1)}{FNPV_1 + \|FNPV_2\|}$	$FIRR \geqslant i_c$
动态投资回收期	$P_t' = \left[\begin{array}{c} \text{累计净现金流量折现值} \\ \text{开始出现正值的年份数} \end{array} \right] - 1 + \dfrac{\|\text{上年累计净现金流量折现值}\|}{\text{当年净现金流量折现值}}$	$P_t' \leqslant P_c'$

4.1 工程项目经济评价指标体系

工程项目经济评价是指在对影响项目的各项技术经济因素预测、分析和计算的基础上，评价项目的直接经济效益和间接经济效益，为投资决策提供依据的活动。

由于经济效益是一个综合性指标，任何一种具体的评价指标都只反映了项目的某一侧面。因此，凭某个单一指标难以达到全面评价项目的目的。由于项目所要达到的目标不尽相同，需要采用不同的指标予以反映。经济评价时，可将经济评价指标分为以下三大类：

（1）根据是否考虑资金时间价值分类，评价指标可分为静态评价指标和动态评价指标。

（2）根据指标量纲分类，评价指标可分为比率性指标、价值性指标和时间性指标。

（3）根据指标性质分类，评价指标可分为盈利能力指标、偿债能力指标和财务生存能力指标。

本章依据国家发展改革委与住房和城乡建设部联合发布的《建设项目经济评价方法与参数》（第三版）内容，按第一种分类方法对工程项目的经济评价指标进行介绍。

4.2　工程项目静态评价指标与评价方法

4.2.1　静态评价方法及适用范围

静态评价方法是指在评价和选择方案时，不考虑资金时间价值因素对投资效果产生影响的一种分析方法。其优点是简捷、方便，能较快得出评价结论，但由于未考虑时间价值因素带来的资金价值变化，不能反映项目寿命期的全面情况，所以只适合于一些工期很短或属于政府专项预算拨款的工程项目的经济评价，结论的精确度也较差。

4.2.2　静态评价指标计算与评价标准

1. 静态投资回收期（P_t）

静态投资回收期是指以项目净收益回收项目投资所需要的时间，一般以年为单位。其理论表达式为：

$$\sum_{t=1}^{P_t}(CI-CO)_t=0 \tag{4-1}$$

式中　CI——现金流入量；

　　　CO——现金流出量；

$(CI-CO)_t$——第 t 年净现金流量。

静态投资回收期可借助项目投资现金流量表计算。项目投资现金流量表中累计净现金流量由负值变为零的时点，即为项目的投资回收期。静态投资回收期的计算公式为：

$$P_t=\left[\begin{array}{c}\text{累计净现金流量开始}\\\text{出现正值的年份数}\end{array}\right]-1+\frac{|\text{上年累计净现金流量}|}{\text{当年净现金流量}} \tag{4-2}$$

当求出项目的静态投资回收期以后，应与行业的标准静态投资回收期（P_c）比较，若 $P_t \leqslant P_c$，则认为项目投资可在规定时间内收回，项目方案在财务经济上可以接受。

静态投资回收期宜从项目建设开始年算起，若从项目投产（或运营）年计算，应予以注明。

静态投资回收期是一个传统且应用广泛的评价指标，但由于其只考察了投资回收期之前的方案盈利能力，不能反映投资方案整个计算寿命周期内的盈利情况，也没有考虑资金的时间价值，所以 P_t 一般只能作为重要的辅助性经济分析指标，不能直接作为方案唯一的取舍标准。

【例 4-1】　某工程项目的现金流量如表 4-1 所示，该项目的行业标准静态投资回收期 P_c 为 6 年，根据该项目的静态投资回收期，判断该项目是否可行。

现金流量表（万元） 表 4-1

年次	1	2	3	4	5	6	7	8	9	10
建设投资	300	7500	1500							
经营成本				4500	6750	6750	6750	6750	6750	6750
营业收入				6750	10500	10500	10500	10500	10500	10500

【解】 在表 4-1 的基础上，计算各年净现金流量和累计值，计算结果见表 4-2。

现金流量计算表（万元） 表 4-2

年次	1	2	3	4	5	6	7	8	9	10
建设投资	300	7500	1500							
经营成本				4500	6750	6750	6750	6750	6750	6750
营业收入				6750	10500	10500	10500	10500	10500	10500
净现金流量	−300	−7500	−1500	2250	3750	3750	3750	3750	3750	3750
累计净现金流量	−300	−7800	−9300	−7050	−3300	450	4200	7950	11700	15450

根据式（4-2），有：

$$P_t = 6 - 1 + \frac{|-3300|}{3750} = 5.88 \text{ 年} < 6 \text{ 年，方案可行。}$$

2. 总投资收益率（ROI）

总投资收益率是指项目达到设计能力后正常年份的年息税前利润或运营期内年平均息税前利润（EBIT）与项目总投资（TI）的比率，它反映了项目总投资的盈利水平。总投资收益率的计算公式为：

$$ROI = \frac{EBIT}{TI} \times 100\% \tag{4-3}$$

式中　EBIT——项目正常年份的年息税前利润或运营期内年平均息税前利润；

　　　TI——项目总投资（建设投资＋建设期利息＋流动资金）。

总投资收益率可根据利润与利润分配表中的有关数据计算求得。在财务评价中，总投资收益率高于同行业收益率参考值，表明用总投资收益率表示的盈利能力满足要求。

3. 项目资本金净利润率（ROE）

项目资本金净利润率是指项目达到设计能力后正常年份的年净利润或运营期内年平均净利润（NP）与项目资本金（EC）的比率。其计算公式为：

$$ROE = \frac{NP}{EC} \times 100\% \tag{4-4}$$

式中　NP——项目正常年份的年净利润或运营期内年平均净利润；

　　　EC——项目资本金。

项目资本金净利润率表示项目资本金的盈利水平，项目资本金净利润率高于同行业的净利润率参考值，表明用项目资本金净利润率表示的盈利能力满足要求。

【例 4-2】 某公司注册资本金为 3300 万元，投资 5600 万元兴建一工厂，该项目达到设计生产能力后的某正常年份的年末利润与利润分配表见表 4-3。已知同类企业总投资收益率和项目资本金净利润率的平均水平分别为 25％和 30％，试评价该项目的获利能力水平。

利润与利润分配表（万元） 表 4-3

序号	项目	本年累计数
1	销售收入	8400
2	总成本费用	6141
3	税金及附加	520
4	利润总额(①－②－③)	1739
5	所得税	573.8
6	净利润(④－⑤)	1165.2
7	提取法定盈余公积金(⑥×10％)	116.6
8	可供分配利润(⑥－⑦)	1048.6
9	息税前利润	1818.4

【解】$ROI = \dfrac{1818.4}{5600} \times 100\% = 32.47\% > 25\%$

$ROE = \dfrac{1165.2}{3300} \times 100\% = 35.31\% > 30\%$

由于该项目的总投资收益率和项目资本金净利润率均分别高于行业平均水平，可认为该项目具有较强的获利能力。

4. 利息备付率（ICR）

利息备付率是指项目在借款偿还期内，各年可用于支付利息的税息前利润（EBIT）与当期应付利息（PI）的比值，其计算公式为：

$$ICR = \frac{EBIT}{PI}$$ (4-5)

式中　$EBIT$——年税息前利润；

PI——当期应付利息（计入总成本费用的全部利息）。

利息备付率应分年计算。利息备付率表示用项目的利润偿付债务利息的保障程度，利息备付率越高，说明利息偿付的保障度越大。利息备付率应大于 1，并满足债权人要求。根据我国企业历史数据统计，一般情况下，利息备付率不宜低于 2。

5. 偿债备付率（DSCR）

偿债备付率是指项目在借款偿还期内，各年可用于还本付息的资金（$EBITDA - T_{AX}$）与当期应还本付息金额（FD）的比值，其计算公式为：

$$DSCR = \frac{EBITDA - T_{AX}}{FD}$$ (4-6)

式中　$EBITDA$——年息税前利润加折旧和摊销；

T_{AX}——企业所得税；

FD——当期应还本付息金额，包括还本金额和计入总成本费用的全部利息。

偿债备付率应分年计算。偿债备付率表示可用于还本付息的资金偿还借款本息的保障程度。偿债备付率在正常情况应当大于1（一般不低于1.3，并满足债权人的要求），当指标小于1时，表示当年资金来源不足以偿付当期债务，需要通过短期借款偿付已到期债务。

在计算利息备付率和偿债备付率时，如果能够得知或根据经验设定所要求的借款偿还期，可以直接计算利息备付率和偿债备付率指标；如果难以设定借款偿还期，也可以先大致估算出借款偿还期，再采用适宜的方法计算出每年需要还本付息的金额，代入公式计算利息备付率和偿债备付率指标。借款偿还期的估算公式为：

$$借款偿还期 = （偿清债务年份数 - 1）+ \frac{偿清债务当年应付本息}{当年可用于还款收益额} \tag{4-7}$$

需注意的是，借款偿还期只是为了估算利息备付率和偿债备付率指标所用，不应与利息备付率和偿债备付率指标并用。

6. 资产负债率（*LOAR*）

资产负债率是指各期末负债总额（TL）同资产总额（TA）的比率，计算公式为：

$$LOAR = \frac{TL}{TA} \times 100\% \tag{4-8}$$

式中　TL——期末负债总额；

　　　TA——期末资产总额。

资产负债率用以反映债权人所提供的资金占企业总资产的百分比，从债务比重上说明债权人所得到的保障程度。适度的资产负债率表明企业经营安全、稳健，有较强的筹资能力，也表明企业和债权人的风险较小。对该指标的分析，应结合国家宏观经济状况、行业发展趋势、企业所处竞争环境等具体条件判定。项目财务分析中，在长期债务还清后，可不再计算资产负债率。

7. 流动比率

流动比率是衡量项目清偿短期负债能力的指标。其计算公式为：

$$流动比率 = \frac{流动资产}{流动负债} \tag{4-9}$$

流动比率可用来分析企业资产流动性的大小，判断偿债企业用现金或预期在该期中能变为现金的资产偿还短期债务的能力。

8. 速动比率

流动比率是一个很粗略的指标，以其判断短期偿债能力的可靠性差，因为流动资产中的存货很难按期顺利变现。为此可引入速动比率来衡量企业偿付短期债务的能力，它是反映项目快速清偿流动负债能力的指标。其计算公式为：

$$速动比率 = \frac{速动资产}{流动负债} \tag{4-10}$$

式中　速动资产 = 流动资产 - 存货。

流动比率及速动比率过高或过低都不理想，比率过高，表明项目持有较多闲置（不能盈利）的现金；比率过低，则表明项目可能不具备及时清偿短期债务的能力。

对于比率性指标，一般无统一的判断标准，在财务评价中应根据企业的资金需求量和行业特点综合分析，确定合理的率值。

4-1 偿债能力指标
的分析与思考

【例 4-3】　某企业建设期某年年末的资产负债表见表 4-4。根据企业财务状况，设理想的资产负债率为 50%，流动比率为 1.5，速动比率为 1.2。试计算该年年末企业的资产负债率、流动比率和速动比率，并分析该企业的偿债能力。

资产负债表（万元）　　　　　　　　　　　　　表 4-4

序号	项目	本年累计数
1	资产	721500
1.1	流动资产总额	166500
1.1.1	货币资金	21000
1.1.2	应收账款	48750
1.1.3	存货	96750
1.2	固定资产净值	555000
2	负债及所有者权益（2.3+2.4）	721500
2.1	流动负债总额	106914
2.1.1	短期借款	50038.5
2.1.2	应付账款	56875.5
2.2	建设投资借款	207000
2.3	负债小计（2.1+2.2）	313914
2.4	所有者权益	407586
2.4.1	资本金	360000
2.4.2	累计未分配利润	47586

【解】　　　　$资产负债率 = \dfrac{313914}{721500} \times 100\% = 43.51\%$

$流动比率 = \dfrac{166500}{106914} = 1.56，速动比率 = \dfrac{166500 - 96750}{106914} = 0.65$

三个指标计算结果表明，企业整体偿债能力较强，但快速清偿流动负债的能力欠佳。

4.3　工程项目动态评价指标与评价方法

4.3.1　动态评价方法及适用范围

在工程实施过程中，由于时间和利率的影响，同样的货币面值在不同的时间会有不同的价值。在工程项目经济评价中，应考虑每笔现金流量的时间价值。这种对工程项目的一切资金流都考虑它所发生的时点及其时间价值，用以进行经济评价的方法称为动态评价法。该方法能够比较全面地反映项目整个寿命期的经济效果，因而得到广泛应用。

4.3.2 动态评价指标计算与评价标准

1. 动态投资回收期（P'_t）

动态投资回收期是在考虑资金时间价值的条件下，以项目净收益抵偿项目全部投资所需的时间。其理论表达式为：

$$\sum_{t=1}^{P'_t}(CI-CO)_t \times (1+i_c)^{-t}=0 \tag{4-11}$$

式中 i_c——行业基准折现率。

动态投资回收期可通过项目财务现金流量表求得，计算公式如下：

$$P'_t=\left[\begin{array}{c}\text{累计净现金流量折现值}\\\text{开始出现正值的年份数}\end{array}\right]-1+\frac{|\text{上年累计净现金流量折现值}|}{\text{当年净现金流量折现值}} \tag{4-12}$$

当求出项目的动态投资回收期后，应与行业的标准动态投资回收期（P'_c）比较，当$P'_t \leqslant P'_c$时，认为项目可行。

与静态投资回收期相比，动态投资回收期的优点是考虑了资金的时间价值，但计算却较复杂。在投资回收期不长和基准收益率不大的情况下，两种投资回收期的差别不大，不至于影响方案的选择。因此，动态投资回收期指标不常用，只有在建设期较长和基准收益率较大的情况下，才需计算动态投资回收期。

2. 财务净现值（$FNPV$）

净现值（NPV）是指将项目整个计算期内各年的净现金流量（或净效益费用流量），按某个给定的折现率，折算到计算期期初的现值代数和。

当净现值用于项目财务评价时，用财务净现值（$FNPV$）表示，当净现值用于国民经济评价时，用经济净现值（$ENPV$）表示。

财务净现值的计算公式为：

$$FNPV=\sum_{t=1}^{n}(CI-CO)_t(1+i_c)^{-t} \tag{4-13}$$

式中 $(CI-CO)_t$——第t年的净现金流量；

　　　　i_c——给定的折现率，即基准收益率；

　　　　n——方案的计算期。

财务净现值是评价技术方案盈利能力的绝对指标，当$FNPV \geqslant 0$时，说明满足基准收益率要求，方案可行；当$FNPV < 0$时，说明方案不可行。

当使用净现值进行方案比选时，前提条件是要求被比方案的计算期（或寿命期）相同，对计算期（或寿命期）不同的方案进行比选，应采取净年值方法。

3. 净年值（NAV）

净年值是指项目计算期内各年净现金流量的年度等额。常用在具有不同计算期的方案经济比较中，计算公式为：

$$NAV=NPV(A/P, i, n) \tag{4-14}$$

单一方案经济评价时，$NAV \geq 0$，则方案可行，其结论与用财务净现值法进行评价的结论一致，此时两个指标等效。

寿命期不相同的多个方案进行优选时，NAV 较大者为优方案。

4. 财务净现值率（FNPVR）

财务净现值率又称为财务净现值指数，在多方案比较时，如果几个方案的 $FNPV$ 值都大于零但投资规模相差较大，可以进一步用财务净现值率作为财务净现值的辅助指标。财务净现值率是指项目的财务净现值与投资现值之比，即单位投资现值所带来的财务净现值。计算公式为：

$$FNPVR = \frac{FNPV}{I_P} \times 100\% \qquad (4-15)$$

式中 I_P——方案总投资现值。

单一方案经济评价时，$FNPVR \geq 0$，则方案可行。

【例 4-4】 计算【例 4-1】中项目的动态投资回收期、财务净现值、净年值和财务净现值指数（已知基准收益率 $i_c = 10\%$）。

【解】 计算各年净现金流量的折现值并逐年累计求和，计算结果如表 4-5 所示。

现金流量计算表（万元）　　　　　　　　　　　　　表 4-5

年次	1	2	3	4	5	6	7	8	9	10
建设投资	300	7500	1500							
经营成本				4500	6750	6750	6750	6750	6750	6750
营业收入				6750	10500	10500	10500	10500	10500	10500
净现金流量	−300	−7500	−1500	2250	3750	3750	3750	3750	3750	3750
累计净现金流量	−300	−7800	−9300	−7050	−3300	450	4200	7950	11700	15450
现值系数（$i_c=10\%$）	0.9091	0.8264	0.7513	0.683	0.6209	0.5645	0.5132	0.4665	0.4241	0.3855
折现净现金流量	−272.73	−6198.00	−1126.95	1536.75	2328.38	2116.88	1924.50	1749.38	1590.38	1445.63
累计折现净现金流量	−272.73	−6470.73	−7597.68	−6060.93	−3732.55	−1615.67	308.83	2058.21	3648.59	5094.22

将表 4-5 的有关数据代入式（4-12）得：$P_t' = 7 - 1 + \dfrac{|-1615.67|}{1924.50} = 6.84$ 年

根据式（4-13）可得：$FNPV = \sum\limits_{t=1}^{n}(CI - CO)_t(1 + i_c)^{-t} = 5094.22$ 万元

根据式（4-14）可得：$NAV = NPV(A/P, 10\%, 10) = 5094.22 \times 0.1627 = 828.83$ 万元

根据式（4-15）可得：

$$FNPVR = \frac{FNPV}{I_P} \times 100\%$$

$$= \frac{5094.22}{300 \times (1+10\%)^{-1} + 7500 \times (1+10\%)^{-2} + 1500 \times (1+10\%)^{-3}}$$

$$= 67.05\%$$

5. 财务内部收益率（FIRR）

4-2 光伏电站投资项目内部收益率参考值

内部收益率（IRR）是一个同净现值一样被广泛使用的项目经济评价指标，是指项目的净现值为零（或收益现值等于费用现值）时的折现率。由于它所反映的是项目投资所能达到的收益率水平，其大小完全取决于方案本身，因而称为内部收益率。与净现值相似，内部收益率用于项目财务评价时，用财务内部收益率（FIRR）表示，用于国民经济评价时，用经济内部收益率（EIRR）表示。

财务内部收益率的计算公式为：

$$\sum_{t=1}^{n} (CI-CO)_t (1+FIRR)^{-t} = 0 \qquad (4-16)$$

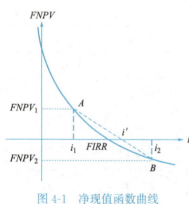

图 4-1　净现值函数曲线

内部收益率是一个未知的折现率，求上式中的折现率较困难。对于常规投资项目而言，其 FNPV 与折现率 i 的函数呈单调递减，如图 4-1 所示。当图中 i_1 和 i_2 间距足够小时，AB 两点间的曲线与直线趋近，FIRR 与 i' 相近。根据插值试算法，求出 FNPV＝0 时的 i'，令 $i'＝FIRR$，由此得到项目的内部收益率。

插值试算法的步骤为：

（1）粗略估计 FIRR。为减少试算的次数，可先令 $FIRR＝i_c$；

（2）以 i_c 为基础，找出 i_1 和 i_2，要求 i_1 和 i_2 对应的净现值一个为正，一个为负；

（3）根据相似三角形的对应关系，采用插值试算法计算 FIRR，其公式如下：

$$FIRR = i_1 + \frac{FNPV_1(i_2 - i_1)}{FNPV_1 + |FNPV_2|} \qquad (4-17)$$

式中　i_1——净现值为正数时的折现率；

　　　i_2——净现值为负数时的折现率；

　$FNPV_1$——折现率为 i_1 时的净现值；

　$FNPV_2$——折现率为 i_2 时的净现值。

由于上式中 FIRR 的计算误差与 (i_2-i_1) 的大小有关，i_2 与 i_1 相差越大，误差也越大，为控制误差，通常要求 $(i_2-i_1) \leqslant 2\%$，一般不应超过 5%。

评价标准为：设基准收益率为 i_c，若 $FIRR \geqslant i_c$，则 $FNPV \geqslant 0$，方案可行；若 $FIRR < i_c$，则 $FNPV < 0$，方案不可行。

【例 4-5】　某项目利用银行贷款投资生产。银行贷款利率为 5% 时，该项目的净现值为 33.82 万元；银行贷款利率为 6% 时，该项目的净现值为 −16.64 万元。求在此情况下，企业能够接受的最高银行贷款利率为多少？

【解】根据式（4-17），可以求出 FIRR。为了简单起见，也可采用线段比的方法求解，如图 4-2 所示。

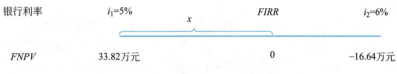

| 银行利率 | $i_1 = 5\%$ | | $FIRR$ | $i_2 = 6\%$ |

图 4-2　银行利率与财务净现值关系图

$$(6-5) : (-16.64-33.82) = x : (0-33.82)$$

$$x = \frac{1 \times 33.82}{16.64+33.82} = 0.67 \qquad FIRR = 5\% + 0.67\% = 5.67\%$$

由图 4-2 可以看出，当银行贷款利率小于 5.67% 时，净现值为正，企业盈利；银行贷款利率大于 5.67% 时，净现值为负，企业亏损；银行贷款利率等于 5.67% 时，净现值为 0，企业不亏不盈。因此企业能够接受的银行贷款利率最高为 5.67%。

【例 4-6】　公司从银行贷款 2300 万元投入到某项目，该项目的净现金流量如表 4-6 所示。已知银行的贷款利率为 5%，根据财务内部收益率分析项目是否可行。

现金流量表（万元）　　　　　　　　　　　　　　　表 4-6

年次	1	2	3	4	5	6
净现金流量	−2300	450	550	650	700	800

【解】据式（4-16）有：

$-2300 (P/F, FIRR, 1) + 450 (P/F, FIRR, 2) + 550 (P/F, FIRR, 3) + 650 (P/F, FIRR, 4) + 700 (P/F, FIRR, 5) + 800 (P/F, FIRR, 6) = 0$

查表并试算，先取 $i_1 = 10\%$，有：

$$\begin{aligned} FNPV_1 &= -2300 (P/F, 10\%, 1) + 450 (P/F, 10\%, 2) + 550 (P/F, 10\%, 3) \\ &\quad + 650 (P/F, 10\%, 4) + 700 (P/F, 10\%, 5) + 800 (P/F, 10\%, 6) \\ &= -2300 \times 0.9091 + 450 \times 0.8264 + 550 \times 0.7513 + 650 \times 0.6830 \\ &\quad + 700 \times 0.6209 + 800 \times 0.5645 = 24.35 \text{ 万元} \end{aligned}$$

由于 $FNPV_1 > 0$，故提高折现率，令 $i_2 = 12\%$，有：

$$\begin{aligned} FNPV_2 &= -2300 (P/F, 12\%, 1) + 450 (P/F, 12\%, 2) + 550 (P/F, 12\%, 3) \\ &\quad + 650 (P/F, 12\%, 4) + 700 (P/F, 12\%, 5) + 800 (P/F, 12\%, 6) \\ &= -2300 \times 0.8929 + 450 \times 0.7972 + 550 \times 0.7118 + 650 \times 0.6355 \\ &\quad + 700 \times 0.5674 + 800 \times 0.5066 = -87.91 \text{ 万元} \end{aligned}$$

依式（4-17）有：

$$FIRR = i_1 + \frac{FNPV_1 (i_2 - i_1)}{FNPV_1 + |FNPV_2|}$$

$$=10\%+\frac{26.78}{26.78+|-98.30|}\times(12\%-10\%)=10.43\%$$

$FIRR>5\%$，即方案的财务内部收益率高于银行贷款利率，因此方案可行。

习 题

一、单选题

1. 由于资金时间价值的存在，发生在前的资金价值（　　）发生在后的资金价值。

A. 等于　　　　　　　B. 低于　　　　　　　C. 高于　　　　　　　D. 近似等于

2. 下列经济评价指标中，（　　）计算结果越大，表明其盈利能力越强。

A. 财务净现值　　　　B. 投资回收期　　　　C. 盈亏平衡点　　　　D. 借款偿还期

3. 财务净现值大于零，则说明内部收益率（　　）行业基准收益率。

A. 大于等于　　　　　B. 小于等于　　　　　C. 大于　　　　　　　D. 小于

4. 在建设项目财务评价中，当 $FNPV$（　　）时，项目可行。

A. ≤ 0　　　　　　　　　　　　　　　B. ≥ 0

C. <行业基准 $FNPV$　　　　　　　　　　D. >行业基准 $FNPV$

5. 项目在计算期内净现值为零时的折现率为（　　）。

A. 静态收益率　　　　B. 动态收益率　　　　C. 内部收益率　　　　D. 基准收益率

二、多选题

1. 保证项目可行的条件是（　　）。

A. $FNPV\geq 0$　　　　B. $FNPV<0$　　　　C. $FIRR\geq i_c$　　　　D. $FIRR<i_c$

E. $P_t\geq P_c$

2. 下列指标中，属于静态评价指标的有（　　）。

A. 财务净现值　　　　B. 总投资收益率　　　　C. 财务内部收益率　　　　D. 利息备付率

E. 资产负债率

3. 偿债备付率（　　）。

A. 指借款偿还期内各年可用于支付利息的税息前利润与当期应付利息费用的比值

B. 是指借款偿还期内，各年可用于还本付息的资金与当期应还本付息金额的比值

C. 在正常情况下应大于1

D. 在正常情况下应小于1

E. 应满足债权人的要求

4. 静态投资回收期（　　）。

A. 指从项目建设期初起，用各年的净收入将全部投资回收所需的时间

B. 在技术进步较快时能反映项目风险的大小

C. 可以对不同方案的比较作出正确的判断

D. 能较全面地反映项目在寿命期内的真实效益

E. 部分考虑了回收期后的收入与支出

5. 下列指标中，能够反映企业偿还短期债务能力的指标有（　　）。

A. 利息备付率　　　　B. 资产负债率　　　　C. 偿债备付率　　　　D. 流动比率

E. 速动比率

三、计算题

1. 某项目前5年的财务净现值为50万元，第6、7、8年年末净现金流量分别为40万元、40万元、30万元，若基准收益率为8%，试求该项目在8年中形成的财务净现值。

2. 已知某拟建项目财务净现金流量如表 1 所示，该行业的基准投资回收为 8 年，试求该项目的静态投资回收期和动态投资回收期（折现率为 10%）。

某拟建项目财务净现金流量表（万元）　　　　　　表 1

年次	1	2	3	4	5	6	7	8	9
净现金流量	−1200	−1000	300	300	600	600	600	600	600

3. 某建设项目，银行利率为 $i=5\%$ 时，$FNPV=200$ 万元；银行利率为 $i=6\%$ 时，$FNPV=-100$ 万元。用插值法求财务内部收益率。

四、思考题

某公司拟上一个新项目，建设期为 2 年，生产期为 8 年。建设项目投资的现金流量数据如表 2 所示，各年现金流量均发生在年末。生产期第一年和最后一年的总成本均为 2800 万元，其余各年总成本为 3500 万元。已知基准收益率为 12%。请计算项目的所得税前静态投资回收期、动态投资回收期、财务净现值和财务内部收益率（根据现金流量表，企业预估内部收益率在 18% 左右），判断项目的可行性。

建设项目投资现金流量表（万元）　　　　　　表 2

序号	项目	计算期									
		1	2	3	4	5	6	7	8	9	10
1	现金流入										
1.1	销售收入			2500	4200	4200	4200	4200	4200	4200	2500
1.2	固定资产残值回收										500
1.3	流动资金回收										1000
2	现金流出										
2.1	建设投资	2100	1400								
2.2	流动资金			600	400						
2.3	经营成本			1600	2500	2500	2500	2500	2500	2500	2500
2.4	增值税金及附加			197.50	427	427	427	427	427	427	197.50

本章重要概念与知识点

1. 方案的分类：独立方案、互斥方案、混合方案、相关方案、互补方案。

2. 独立方案的选择

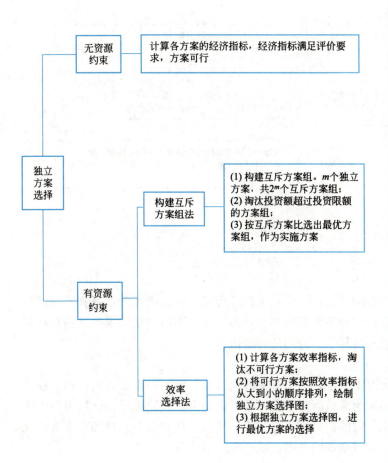

3. 互斥方案的选择

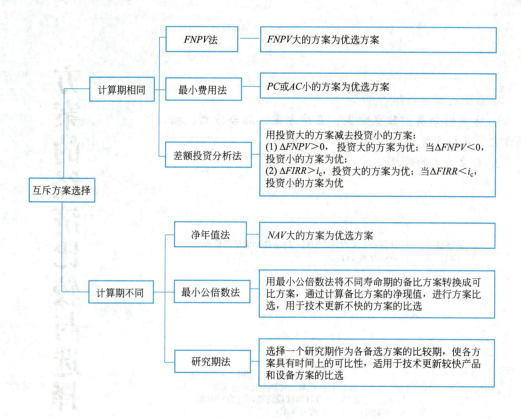

5.1　评价方案类型

要正确地评价建设项目方案的经济性，仅对项目进行经济评价指标的计算和判断往往是不全面的。实际工作中，首先应分清方案的类型，再根据方案的类型确定合适的经济指标进行评判，才能为投资决策提供科学、合理的判断依据。

1. 独立方案

独立方案是指方案间彼此互不干扰，一个方案的执行不影响另一个方案的执行，在选择方案时可以任意组合。如国家为实施西部开发，需要建设天然气输配项目、城市引水工程项目等，在项目功能不存在矛盾的前提下，这些项目可视为独立方案。在独立方案的比选中，可以接受其中一个或几个或全部的方案，也可全部不接受。

2. 互斥方案

互斥方案是指方案间彼此排斥，接受其中一个方案就必然排斥其他方案。例如，某建筑物的地基，可以采用桩基础、带形基础方案，这两个方案就是互斥的，因为取其中任何一个必然抛弃其他方案。

3. 混合方案

实际工作中常常有互相独立、互相排斥的方案混合在一起的情况，即混合方案，例如某施工企业接受了三项功能不同的施工任务（独立方案），各任务又分别有不同的施工方法可供选择（互斥方案），这就是混合方案的问题。

4. 相关方案

相关方案是指各投资方案间现金流量存在影响的一组方案。根据影响结果，相关方案分为正相关与负相关方案。当一个方案的执行使另一个方案的净现金流量减少时，此时方案间具有负相关关系；当一个方案的执行使另一个方案的净现金流量增加时，方案之间具有正相关关系。例如，商业区建一个中式餐厅和一个西式餐厅，任一个餐厅的建设都会影响到另一个餐厅的收入现金流，两餐厅的建设方案即为相关方案。

5. 互补方案

如果不同方案间，某一个方案的实施要以另一个或另几个方案的实施为条件，那么这些方案间就是互补关系。如要在某地开发一个旅游项目，就需要有交通、旅店等项目与之配套。在进行方案评价时，通常将互补方案作为一个项目群整体评价。

5.2 互斥方案选择

进行互斥方案比选，必须遵循可比原则，以保证分析、论证能全面、正确地反映实际情况，有助于正确决策。方案的可比表现在满足需要的可比性，满足消耗费用的可比性，满足价格的可比性以及时间的可比性。

5.2.1 寿命期相同的互斥方案选择

对于寿命期相同的互斥方案，在满足需要、消耗费用、价格的可比性的前提下，由于时间是可比的，因此，可以直接按照经济评价指标值进行比选，常用的比选方法有净现值比较法、最小费用法和差额投资分析法等，其中差额投资分析法又分为差额净现值法、差额内部收益率法、差额投资收益率法等。需要特别注意的是，互斥方案的比选不能直接采用内部收益率指标进行评价，须采用差额内部收益率法才能得出正确的结论。

1. 财务净现值比较法

计算各备选方案的财务净现值，选取财务净现值大的方案为优选方案。

2. 最小费用法

最小费用法实质上是净现值比较法不考虑收益时的一种特例。在互斥方案比选中，假设各方案收益相同，仅对备选方案的费用进行比较。最小费用法通常先计算备选方案的费用现值（PC）或费用年值（AC），以其最低的方案作为最优方案。

5-1 某污水管网改造方案经济比选

3. 差额投资分析法

差额投资分析法是用投资大的方案减去投资小的方案，得到差额投资现金流量，然后通过计算差额投资现金流量的经济评价指标，如差额投资财务净现值、差额投资财务内部收益率等来进行方案比选。

1）差额投资财务净现值（$\Delta FNPV$）

差额投资财务净现值法的评价步骤为：

（1）将备选方案按投资额从小到大的顺序排列。

（2）增设 0 方案，0 方案又称不投资方案。在互斥方案比选中增设 0 方案可避免选择一个经济上并不可行的方案作为最优方案。

（3）将排序第一的方案与 0 方案进行比较，当 $\Delta FNPV>0$ 时，投资大的方案为优，$\Delta FNPV<0$ 时，投资小的方案为优。两者中优者方案作为当前最优方案。

（4）将排列第二的方案再与当前最优方案以 $\Delta FNPV$ 指标进行比较，方法同上。

（5）依次对下一方案与前一比选中的最优方案进行比选，直至比选完所有备选方案，最后确定的最优方案作为入选方案。

2）差额投资内部收益率（$\Delta FIRR$）

差额投资内部收益率法的评价思路基本同上，当 $\Delta FIRR>i_c$ 时，投资大的方案为优，当 $\Delta FIRR<i_c$ 时，投资小的方案为优。

3）差额投资收益率

差额投资收益率是两方案投资差额与利润差额之比。若差额投资收益率大于基准投资收益率，则投资大的方案为优，反之则投资小的方案为优。

【例 5-1】 某项目有 3 个互斥方案，寿命期均为 8 年，$i_c=8\%$，各方案的初始投资和年现金流量见表 5-1，试分别用财务净现值比较法、差额投资财务净现值法和差额投资内部收益率法进行方案比选。

互斥方案数据表（万元） 表 5-1

方案	A	B	C
投资额	5000	8000	10000
年现金流入	2400	3100	4000
年现金流出	1000	1200	1500

【解】（1）财务净现值比较法

$FNPV_A=-5000+(2400-1000)(P/A,8\%,8)=3045.24$ 万元

$FNPV_B=-8000+(3100-1200)(P/A,8\%,8)=2918.54$ 万元

$FNPV_C=-10000+(4000-1500)(P/A,8\%,8)=4366.50$ 万元

$FNPV_C$ 最大，故 C 方案最优。

（2）差额投资财务净现值法

① 将备选方案按投资额大小，从小到大的顺序排列：A、B、C。

② 分别计算出 A、B、C 的年净现金流量：1400 万元、1900 万元和 2500 万元。

③ 将 A 方案与 0 方案进行比较，有：

$\Delta FNPV_{A-0}=FNPV_A=3045.24$ 万元>0

A 方案为优。

④ 将 B 方案与 A 方案进行比较，有：

$\Delta FNPV_{B-A}=-(8000-5000)+(1900-1400)(P/A,8\%,8)=-126.70$ 万元<0

A 方案为优。

⑤ 将 C 方案与 A 方案进行比较，有：

$\Delta FNPV_{C-A}=-(10000-5000)+(2500-1400)(P/A,8\%,8)=1321.26$ 万元>0

故 C 方案最优。

（3）差额投资内部收益率法

① 将备选方案按投资额大小，从小到大的顺序排列：A，B，C。

② 将 A 方案与 0 方案进行比较，有：

$-5000+1400（P/A，\Delta FIRR_{A-0}，8）=0$

$（P/A，\Delta FIRR_{A-0}，8）=3.5714$

通过查表，由插值法可得 $\Delta FIRR_{A-0}=22.48\%>i_c$

A 方案为优方案。

③ 将 B 方案与 A 方案进行比较，有：

$-（8000-5000）+（1900-1400）（P/A，\Delta FIRR_{B-A}，8）=0$

$（P/A，\Delta FIRR_{B-A}，8）=6.0000$

通过查表，由插值法可得 $\Delta FIRR_{B-A}=6.91\%<i_c$

A 方案为优方案。

④ 将 C 方案与 A 方案进行比较，有：

$-（10000-5000）+（2500-1400）（P/A，\Delta FIRR_{C-A}，8）=0$

$（P/A，\Delta FIRR_{C-A}，8）=4.5455$

通过查表，由插值法可得 $\Delta FIRR_{C-A}=14.63\%>i_c$

故 C 方案为最优方案。

5.2.2 寿命期不同的互斥方案选择

当备选方案具有不同的寿命期时，不能直接采用净现值法、差额投资分析法进行方案比选。这时需使备选方案在时间上具有可比性，常用的比选方法有净年值法、最小公倍数法和研究期法。

1. 净年值法（NAV 法）

净年值法已在 4.3.2 节介绍，在寿命期不同的互斥方案中，这种方法是最为简便的方法，当备选方案较多时，此方法的优点显得更为突出，NAV 大的方案为最优方案。

2. 最小公倍数法

最小公倍数法是以各备选方案计算期的最小公倍数为比较期，假定在比较期内各方案可重复实施，现金流量重复发生，直至比较期结束。这种方法使各备选方案具备了时间上的可比性，然后可按寿命期相同的互斥方案的比选方法进行评价决策。

【例 5-2】 某项目有 A、B 两个备选方案，各方案相关数据见表 5-2，试用净年值法和最小公倍数法进行方案比选。

互斥方案数据表 表 5-2

方案	投资(万元)	年收益值(万元)	年支出值(万元)	寿命期(年)	i_c(%)
A	3500	1900	645	4	15
B	5000	2500	1383	8	15

【解】绘出两方案的现金流量图，如图 5-1 所示。

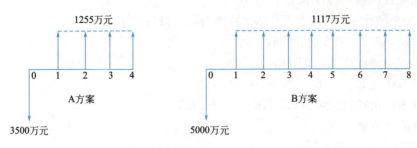

图 5-1　现金流量图

（1）净年值法的方案比选

$NAV_A = -3500 \ (A/P, \ 15\%, \ 4) + 1255 = 28.95$ 万元

$NAV_B = -5000 \ (A/P, \ 15\%, \ 8) + 1117 = 2.50$ 万元

$NAV_A > NAV_B$，由此可得：A 方案为优。

（2）最小公倍数法的方案比选

A、B 方案的最小公倍数为 8，模拟 A 方案最小公倍数寿命期的现金流量如图 5-2 所示。

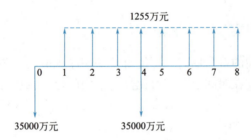

图 5-2　A 方案的最小公倍数寿命期现金流量图

$FNPV_A = -3500 \ [1 + \ (P/F, \ 15\%, \ 4)] + 1255 \ (P/A, \ 15\%, \ 8) = 130.26$ 万元

$FNPV_B = -5000 + 1117 \ (P/A, \ 15\%, \ 8) = 12.31$ 万元

$NPV_A > NPV_B$，由此可得：A 方案为优。

对于某些不可再生资源开发项目，方案可重复实施的假定本身就不成立，另外，当各方案形成的最小公倍数很大时，比较期会变得很长，此时假定比较期内各方案现金流量重复发生就严重脱离实际了。因此，最小公倍数法往往只用于可重复实施的，技术更新不快的方案比选。

3. 研究期法

研究期法是选择一个研究期作为各备选方案的比较期，在比较期内，直接采用方案本身的现金流量，或假定现金流量重复；在比较期末，应采用合理的作价和均摊方法计入计算期末结束方案的余值，保证余值的合理性及准确性。这样，计算期不同的备选方案转变为计算期相同的备选方案，便可按计算期相同互斥方案的比较方法进行方案选择。

一般可选择互斥方案中年限最短或最长方案的计算期作为互斥方案评价的共同研究

期。当然，也可取所期望的计算期为共同研究期。通过比较各个方案在该研究期内的净现值来对方案进行比选，以净现值最大的方案为最佳方案。

研究期法可弥补最小公倍数法的不足，适用于技术更新较快产品和设备方案的比选。

5.3 独立方案选择

独立方案根据企业可利用的资金是否充足，可分为无资源约束的独立方案和有资源约束的独立方案两类。

5.3.1 无资源约束的独立方案选择

企业资源（如资金、人力、物力、时间、生产能力、空间等）充足，可以满足全部项目的资金要求时，独立方案的取舍只决定于本方案的经济价值，而不必考虑其他方面因素的影响，只要各方案的盈利能力指标满足要求，则认为方案可行。

5.3.2 有资源约束的独立方案选择

在大多数情况下，企业的资源是有限的，如何最大限度地发挥有限资源的经济效益便显得十分重要。常见资金约束条件下的独立方案选择方法有构建互斥方案组法和效率选择法。

1. 构建互斥方案组法

构建互斥方案组法是工程经济分析的传统方法，它是将相互独立的方案组合成总投资额不超过资金限额的互斥方案组，各个方案组之间相互排斥，然后利用互斥方案比较方法，比较选择出最优的方案组。

具体做法步骤为：

（1）构建互斥方案组。对于 m 个独立方案，列出全部相互排斥的方案组合，共 2^m 个。

（2）方案筛选。淘汰投资额超过投资限额的组合方案，以减少方案选择的工作量。

（3）方案选择。对满足资金限额的互斥方案组，按互斥方案选择方法选出最优方案组合，作为实施方案。可计算各方案组的财务净现值，以净现值最大者作为最优方案组合，也可采用净年值法或差额投资分析法选择最优方案组合。

【例 5-3】 某企业面临 A、B、C 三个独立方案，现金流量如表 5-3 所示，可利用资金限额 5000 万元，基准收益率 $i_c = 12\%$，试进行方案选择。

A、B、C 三方案的现金流量数据表   表 5-3

计算期（年）	净现金流量（万元）		
	A	B	C
0	−1500	−3500	−5000
1～3	800	1750	2000

【解】（1）构建互斥方案组。对 A、B、C 三个方案进行组合，形成 8 个互斥方案组，

具体见表 5-4。表中方案组合形式，"1"表示该方案入选；"0"表示该方案不入选。

三个独立方案构建的互斥方案组　　　　　　　　　表 5-4

互斥方案组	组合形式			需要的初始投资（万元）	现金流量（万元，年末）		财务净现值（万元）
	A	B	C		0	1~3	
1	0	0	0	0	0	0	0
2	1	0	0	1500	−1500	800	421.44
3	0	1	0	3500	−3500	1750	703.15
4	0	0	1	5000	−5000	2000	−196.4
5	1	1	0	5000	−5000	2550	1124.59
6	1	0	1	6500			
7	0	1	1	8500			
8	1	1	1	10000			

（2）方案筛选。淘汰投资额超过资金限额的组合方案，表中互斥方案组 6、7、8 投资分别为 6500 万元、8000 万元和 9000 万元，超过投资限额 5000 万元，予以淘汰。4、5 方案投资额均为 5000 万元，但 5 方案 1~3 年的现金流入大于 4 方案，因此 4、5 方案中 5 方案明显优于 4 方案，4 方案予以淘汰。

（3）方案选择。对满足资金限额的互斥方案组，计算其财务净现值，结果如表 5-4 所示。由净现值法知，互斥方案组 5 财务净现值最高，为最优方案组合，应同时实施方案 A 和方案 B。

由上述分析过程可以看出，构建互斥方案组法穷举了所有可能方案，故在各种情况下，均能保证获得最优的方案组合。但本方法也存在明显缺点，当方案个数较多时，组合方案数急剧增加（如有 10 个独立方案时，会形成 $2^{10}=1024$ 个组合方案），计算处理相当麻烦。

2. 效率选择法

当有资源约束的独立方案个数较多时，常常使用单位关键资源的贡献大小（即效率）进行方案择优。

$$效率 = \frac{收益}{制约资源的数量} \tag{5-1}$$

公式（5-1）中，"制约资源"可以是资金，也可以是时间、空间、面积等。

在工程项目经济评价指标中，可作为效率尺度指标的有投资收益率、内部收益率、净现值率等，效率选择法的一般步骤如下：

（1）计算各方案效率指标，淘汰不可行方案。

（2）将可行方案按照效率指标从大到小的顺序排列，绘制独立方案选择图。当多方案效率指标排列顺序为 A、B、C 时，其独立方案选择图如图 5-3 所示。

（3）根据独立方案选择图，进行最优方案的选择。

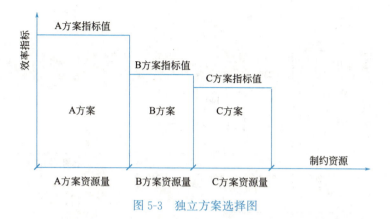

图 5-3　独立方案选择图

【例 5-4】　某企业使用大型成型机制作多种产品，可将产品分为 A、B、C、D 四类。产品之间互相独立，各类产品生产销售状况如表 5-5 所示，该成型机每月有效加工时间最多为 500h，固定费用为 8 万元，问应如何制定月生产计划？

构件厂产品生产销售状况表　　　　　　　　　　表 5-5

项目	A	B	C	D
销售价格（元/件）	8.60	11.40	12.00	18.00
成本费（元/件）	4.00	6.00	8.50	11.00
生产所需时间（h/件）	0.02	0.06	0.01	0.05
销售数量上限（件/每月）	10000	4000	20000	5000

【解】　若四种产品都按销售上限生产且全部售出，该企业可获得最好的效益。但全部产品都以上限生产时，则需生产时间为：

$$t = 10000 \times 0.02 + 4000 \times 0.06 + 20000 \times 0.01 + 5000 \times 0.05 = 890h$$

由题意知，用于生产的时间最多为 500h，故不能都按上限生产。由于产品是独立的，问题便在于如何有效地利用每月的生产时间（资源限额），使其利润最大。

（1）计算各方案效率指标

选择单位时间贡献利润率（单位产品贡献利润除以生产时间）为效率指标，计算结果见表 5-6。

单位时间贡献利润率（元/h）　　　　　　　　　　表 5-6

项目	A	B	C	D
单位时间贡献利润率	230	90	350	140

（2）绘制独立方案选择图

以横轴为加工时间（限制资源），纵轴为单位时间利润贡献率，按单位时间利润贡献率大小依次排列，如图 5-4 所示。

（3）方案选择

由图 5-4 可知，在有限的 500h 加工时间中，应该尽量生产单位时间贡献利润率高

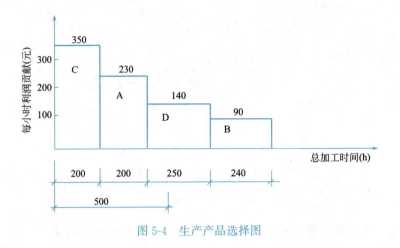

图 5-4　生产产品选择图

的产品，即用 200h 生产 C 产品，200h 生产 A 产品，100h 生产 D 产品，此时每月纯利润为：

$$200 \times 350 + 200 \times 230 + 100 \times 140 - 80000 = 50000 \text{ 元}$$

【例 5-5】* 某企业的 6 个方案的投资额和年净收入见表 5-7，项目寿命期为 4 年，资金成本为 8%，如果 6 个方案全部实施，需要资金 38500 万元，但企业可使用资金只有 30000 万元，问采用内部收益率排序法应选择哪种组合方案？

独立型方案数据表（万元）　　　　　　　　　　　　　　　　表 5-7

方案	A	B	C	D	E	F
投资额	6000	5500	4500	8000	7500	7000
年净收入	2900	1600	2400	3500	5000	2600

【解】（1）计算各方案内部收益率

先计算 A 方案的内部收益率：$-6000 + 2900 (P/A, FIRR_A, 4) = 0$

用插值法求得：$FIRR_A = 32.8\%$

同理可求得：

$FIRR_B = 6.4\%$，$FIRR_C = 39.1\%$，$FIRR_D = 26.9\%$，

$FIRR_E = 55.2\%$，$FIRR_F = 18.0\%$

（2）绘制内部收益率方案选择图

将内部收益率按由大到小的顺序绘制方案选图，如图 5-5 所示。

（3）方案选择

参照以上投资方案内部收益率选择图，若选 E、C、A、D，四个方案，共用资金 26000 万元，此时年净收入为 13800 万元，但仍有 4000 万元的资金未利用；若选 E、A、D、F，共用去资金 28500 万元，年净收入为 14000 万元，剩余 1500 万元的资金未利用。根据两种组合方案年净收入的大小来判断，选后者方案组合较有利。

由【例 5-5】可知，当可使用资金总额不变时，应在满足内部收益率大于资金成本率的前提下，选择能最大限度地利用资金，且投资收益大的方案组合。

图 5-5　投资方案内部收益率选择图

5.4　其他方案选择

1. 混合方案选择

混合方案决策问题实际上是多方案投资决策问题，其投资特点是：

（1）它可以在并不互斥的方面投资，然而在每一个投资方面都存在着几个相互排斥的方案，即在每一个投资方面只能选一个方案。例如，某施工企业承担了商店、住宅、工厂三项施工任务（独立方案），各任务又分别有不同的施工方法可供选择（互斥方案）。

（2）当企业的资金有限时，它必须将资金用于那些投资收益率高的方案。

混合方案既包括了独立方案的选择，又包括了互斥方案的选择，而最后的方案又可能是好几个方案的组合。

当企业资源足够时，则只要按互斥方案择优的方法，并结合方案的经济指标是否满足评价要求作出方案的选择即可。

当企业资源有约束时，如果方案较少，可以先简单组合出所有可能的方案组合，将混合方案互斥化，然后按照互斥方案选择的方法进行方案组优选；如果方案较多，可采用差额投资收益率（或差额投资内部收益率）排序法进行方案的选择。其具体步骤为：

（1）在各组互斥方案中，淘汰 $FNPV<0$（或 $FIRR<i_c$）的无资格方案。

（2）混合方案独立化：

将各组有资格互斥方案转化为独立方案。如 A_1、A_2、A_3 为互斥方案，构建 A_1-A_0、A_2-A_1、A_3-A_2 三个独立的增量方案予以替代，其中 A_0 为不投资方案。

（3）按独立方案选择的差额投资收益率（或差额投资内部收益率）排序法进行方案选择。这样选出的符合条件的方案组合，即为混合方案选择的最优方案组合。

【例 5-6】　某企业对 A、B 两车间实行更新改造以增加收益，预估的经济数据见表 5-8，两车间更新改造后的使用寿命期均为 8 年，更新资金的贷款利率为 7%，A、B 两车间投资的效果互不影响，A_i、B_i 为 A、B 车间的互斥方案，A_0、B_0 为不更新改造的方案。问该企业更新改造金额分别为 300 万元和 400 万元时，应如何进行投资决策？

两车间更新改造方案收支表   表 5-8

向 A 车间投资				向 B 车间投资			
方案	投资额（万元）	利润额（万元）	内部收益率（%）	方案	投资额（万元）	利润额（万元）	内部收益率（%）
A_0	0	0	0	B_0	0	0	0
A_1	100	22	14.62	B_1	100	20	11.82
A_2	200	40	11.82	B_2	200	39	11.13
A_3	300	48	5.84	B_3	300	54	8.93

【解】（1）在各组互斥方案中，淘汰无资格方案。

各组互斥方案中 $FIRR < 7\%$ 的方案为无资格方案，根据表 5-8 中的数据，淘汰 A_3 方案。

（2）混合方案独立化：

将各方案增量投资部分看成是独立方案，将各组有资格互斥方案独立化，构成的增量独立方案为：$A_{1\text{-}0}$、$A_{2\text{-}1}$、$B_{1\text{-}0}$、$B_{2\text{-}1}$、$B_{3\text{-}2}$，其中 $A_{1\text{-}0}$、$A_{2\text{-}1}$ 等分别表示向 A_0 方案追加投资而得的 A_1 方案、向 A_1 方案追加投资而得的 A_2 方案等。

根据公式（4-17）采用插值试算法，以方案 $A_{2\text{-}1}$ 为例计算差额投资内部收益率，计算过程如下：

当 $i_1 = 8\%$ 时，$FNPV_1 = -(200-100) + (40-22) \times (P/A, 8\%, 8) = -100 + 18 \times 5.7466 = 3.44$ 万元

当 $i_2 = 10\%$ 时，$FNPV_2 = -(200-100) + (40-22) \times (P/A, 10\%, 8) = -100 + 18 \times 5.3349 = -3.97$ 万元

$$FIRR(A_{2\text{-}1}) = i_1 + \frac{FNPV_1}{FNPV_1 + |FNPV_2|}(i_2 - i_1) = 8\% + \frac{3.44}{3.44 + |-3.97|} \times 2\%$$
$$= 8.93\%$$

其他各增量独立方案的差额投资内部收益率的计算方法与 $A_{2\text{-}1}$ 类似，计算结果见表 5-9。

两车间的差额投资内部收益率值   表 5-9

A 车间		B 车间	
增量方案	差额投资内部收益率（%）	增量方案	差额投资内部收益率（%）
$A_{1\text{-}0}$	14.62	$B_{1\text{-}0}$	11.82
$A_{2\text{-}1}$	8.93	$B_{2\text{-}1}$	10.39
		$B_{3\text{-}2}$	4.24

将表 5-9 中的各增量独立方案，按差额投资内部收益率由大到小的顺序排列，并绘制混合方案选择图，如图 5-6 所示。画出此图之后即可由左至右选择，直至达到资金限额。当资金限额为 300 万元时，方案应选：

$$A_{1\text{-}0} + B_{1\text{-}0} + B_{2\text{-}1} = (A_1 - A_0) + (B_1 - B_0) + (B_2 - B_1) = A_1 + B_2$$

即应选择 A_1 和 B_2 方案组合投资更新改造。

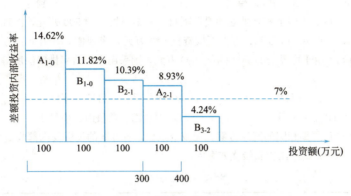

图 5-6　混合方案选择图

当资金限额为 400 万元时,方案应选:

$$A_{1-0}+B_{1-0}+B_{2-1}+A_{2-1}=(A_1-A_0)+(B_1-B_0)+(B_2-B_1)+(A_2-A_1)$$
$$=A_2+B_2$$

即应选择 A_2 和 B_2 方案组合投资更新改造。

与独立方案遇到的问题类似,当资金的限额不是恰巧在两增量方案的界线处时,只要适当将方案前后位置调整一下,最大限度地利用资金就行了。

2. 相关方案选择

对于现金流量相关方案,不能简单地按照独立方案或互斥方案的评价方法来分析,而应首先确定各方案之间的相关性,对其现金流量之间的相互影响作出准确的估计,然后根据方案之间的关系,把方案组合成互斥方案,最后按照互斥方案的评价方法对组合方案进行比选。例如,E 与 F 两方案现金流量相关,可以通过构建 E、F 和(E+F)三个互斥方案组来进行方案选择,此时在(E+F)方案中应注意现金流量间的正影响和负影响。

5-2 相关方案
经济比选案例

3. 互补方案选择

对于完全互补的互补方案,两个方案 A 与 B 互为前提条件,此时应将两个方案作为一个综合体(A+B)参与方案选择;对于不完全互补的互补方案,可以转化为两个互斥方案进行比选。例如,对于办公楼 A 方案与空调 B 方案,B 方案(空调)以 A 方案(办公楼)的存在为前提条件,因此可将问题转化为配空调办公楼(A+B)与无空调办公楼(A)两个互斥方案间的比较。

习　题

一、单选题

1. 某企业有四个独立的投资方案 A、B、C、D,可以构成(　　)个互斥方案。

A. 8　　　　　　　　B. 12　　　　　　　　C. 16　　　　　　　　D. 32

2. 在进行投资方案的比较和选择时,首先应确定(　　)。

A. 评价指标　　　　B. 方案类型　　　　　C. 评价标准　　　　　D. 评价机构

3. 方案间彼此排斥是指方案具有(　　)关系,彼此互不干扰是指方案具有(　　)关系。

A. 相关，独立 B. 互斥，相关 C. 互斥，独立 D. 独立，相关

4. 现有甲、乙、丙、丁四个相互独立的投资项目，方案甲投资额 500 万元，净现值 239 万元；方案乙投资额 550 万元，净现值 246 万元；方案丙投资额 600 万元，净现值 320 万元；方案丁投资额 650 万元，净现值 412 万元。由于可投资的资金只有 1800 万元，则采用净现值率排序法所得的最佳投资组合方案为（ ）。

A. 项目甲、项目乙、项目丙   B. 项目甲、项目乙、项目丁

C. 项目甲、项目丙、项目丁   D. 项目乙、项目丙、项目丁

5. 某项目有 4 个计算期相同的互斥方案，无投资限额，各方案的投资及内部收益率相关指标见表 1。若基准收益率 $i_c = 18\%$，则经比较后最优方案为（ ）。

方案投资指标数据表   表 1

方案	投资额（万元）	IRR（%）	ΔIRR（%）
A	250	20	—
B	350	22	$\Delta IRR_{(B-A)} = 20$
C	400	18	$\Delta IRR_{(C-B)} = 13$
D	500	23	$\Delta IRR_{(D-B)} = 15$

A. 方案 A   B. 方案 B   C. 方案 C   D. 方案 D

二、多选题

1. 下列关于各方案类型的描述，正确的是（ ）。

A. 独立方案间彼此互不干扰，在选择方案时可以任意组合

B. 独立方案有资源约束下的方案比选，可用构建互斥方案组法进行方案择优

C. 混合方案是指方案中既包括独立方案也包括互斥方案

D. 如果某一个方案的实施要以另一个方案的实施为条件，则方案间是相关关系

E. 对于不完全互补的互补方案，可将两个方案作为一个综合体来参与方案选择

2. 对寿命期不同的互斥方案择优，可采用（ ）。

A. 效率选择法 B. 最小公倍数法 C. 最小费用法 D. 净年值法

E. 差额投资分析法

3. 对有资源约束的独立方案选择，可采用（ ）。

A. 构建互斥方案法 B. 投资收益率排序法 C. 内部收益率排序法 D. 净现值率排序法

E. 经济指标直接比较法

4. 关于寿命期相同的互斥方案的比选方法，下列说法中正确的有（ ）。

A. 备选方案的净现值大者为优

B. 备选方案的内部收益率大者为优

C. 采用差额投资分析法时，$\Delta FNPV > 0$，投资小的方案为优

D. 采用差额投资分析法时，$\Delta FIRR < i_c$，投资小的方案为优

E. 备选方案收益相同时，费用年值越小方案越优

5. 下列关于互斥型多方案比选的表述中，正确的是（ ）。

A. 净现值可适用于各类互斥型方案比选

B. 最小公倍数法仅适用于某些不可再生资源开发型项目

C. 最小公倍数法适用于技术更新不快的方案的比选

D. 研究期法适用于技术更新较快的方案的比选

E. 采用净年值法可以使寿命期不等的互斥型多方案具有可比性

三、计算题

1. 某企业拟从具有同一功能的设备 A、B 中选择一个予以投资，使用期皆为 7 年。初期投资 A 为 10 万元，B 为 14 万元。年作业费 A 为 2 万元，B 为 0.9 万元（假定发生于年末）。贷款利率为 6%。

(1) 试用费用现值法、费用年值法判定哪个方案有利。

(2) 设备使用年限为多少年以上 B 方案较 A 有利？

(3) 当使用期为 7 年，贷款利率为多少时，A 方案较 B 方案有利？

2. A、B 为两个互斥方案，各年的现金流量如表 2 所示，基准收益率为 10%，试用最小公倍数法比选方案。

各方案现金流量表（万元）　　　　　　　　　　　　　　　表 2

方案	投资	年净收入	残值	寿命期(年)
A	10	3	1.5	6
B	15	4	2	9

3. 某项目有 6 个可供选择的独立方案，各方案初始投资及 1～10 年每年净收益见表 3，当资金预算为 2700 万元时按净现值率排序法，对方案作出选择（$i_c=12\%$，单位：万元）。

各方案现金流量表（万元）　　　　　　　　　　　　　　　表 3

方案	A	B	C	D	E	F
投资	600	640	700	750	720	680
年净收益	250	280	310	285	245	210

四、思考题

1. 两个互斥投资方案 A 与 B，现金流量如表 4 所示，$\Delta IRR_{(B-A)}=8.57\%$，试问：

(1) 讨论基准折现率在什么范围内选择 A 方案，在什么范围内选择 B 方案？

(2) 分析 IRR 作为方案必选指标的局限性，是否有改进方法？

各方案现金流量表（万元）　　　　　　　　　　　　　　　表 4

方案	0	1	2	3	4	$IRR(\%)$
A	−1200	100	350	800	850	20
B	−1200	1000	300	300	300	29.27

2. 现有 4 个投资方案，不同首字母的方案是独立方案，首字母相同但脚标不同的方案是互斥方案，各方案的投资金额见表 5。

各方案投资金额　　　　　　　　　　　　　　　　　　　表 5

投资方案	投资金额(万元)
A_1	9
A_2	12
B_1	8
B_2	10

表 6 为各组合方案的差额内部收益率，表中数据代表纵向某方案（或方案组合）与横向某方案（或方案组合）进行比较后得到的差额内部收益率。所有方案均为可行方案，投资总限额为 20 万元，项目的行业基准收益率为 15%。

各组合方案的差额内部收益率　　　　表 6

$\Delta FIRR$		方案							
		A_1	A_2	B_1	B_2	A_1+B_1	A_1+B_2	A_2+B_1	A_2+B_2
方案	A_1	—							
	A_2	16%	—						
	B_1	40%	20%	—					
	B_2	30%	8%	35%	—				
	A_1+B_1	13%	10%	17%	9%	—			
	A_1+B_2	18%	18%	24%	17%	35%	—		
	A_2+B_1	14%	13%	16%	14%	16%	4%	—	
	A_2+B_2	17%	17%	22%	16%	22%	22%	35%	—

对选择最优方案有两种不同意见：

第一种意见认为：先从有相同首字母的互斥方案中选出最优方案 A_2、B_2，然后在满足投资限额的情况下组合方案，选出最优方案。

第二种意见认为：先在满足投资限额的情况下组合方案，然后选出最优方案。

(1) 试分析哪种意见合理，说明理由。

(2) 确定出最优方案。

3. 有 7 个互相独立的投资方案 A、B、C、……、G，投资额及年内的收益见表 7，资金的条件分别为以下几种情况时，资金存款利率为 3%，试确定最适宜的组合。

(1) 贷款数量没有限制，但贷款利率 i 有以下三种可能：5%、7% 和 9%；

(2) 投资的贷款利率是 5% 时，可利用的资金总额为 1600 万元（设贷款总额不能变动）；

(3) 贷款金额为 1000 万元时，利率为 5%，以后每增 1000 万元，利率增 2%，最多可筹措 4000 万元资金。

7 个方案的投资额与收益率值　　　　表 7

指标	方案						
	A	B	C	D	E	F	G
投资额(万元)	200	300	400	450	500	600	700
年净收益值(万元)	30	90	140	90	40	270	200
年收益率(%)	15	30	35	20	8	45	29

本章重要概念与知识点

1. 预测的特点：科学性、局限性。

2. 预测的类型

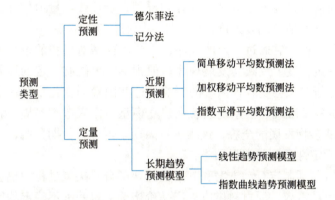

3. 线性趋势预测模型公式

$$\hat{x}=a+bt \quad b=\frac{n\sum tx-\sum t\sum x}{n\sum t^2-(\sum t)^2} \quad a=\frac{\sum x-b\sum t}{n}=\overline{x}-b\overline{t}$$

4. 决策的类型

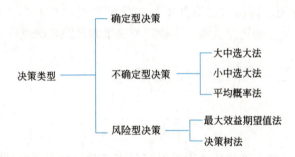

5. 决策树的绘制

□ 表示决策点，从它引出的分枝叫作决策分枝，分枝数目反映了可能的方案数。

○ 表示方案节点。在节点上的数字为此方案的损益期望值。从它引出的分枝叫作概率分枝。所有概率分枝上的概率之和应为1。

△ 表示结果点，它后面所标的数字为损益值。

根据节点上损益期望值大小进行方案的决策。

6. 转折概率：用来确定方案优劣变化的转折点。

6.1　概述

工程项目要顺利实施，首先进行的一项重要工作，就是通过调查研究，了解和掌握与项目相关的资料和信息，如国家经济发展政策、国家及本地区的建设投资情况、国际经济动向、市场行情、行业竞争、技术发展、金融市场和资源条件等，在此基础上对各种情况的未来趋势作出科学的预测。

6-1 比亚迪在电动车市场的超前预测与发展决策

所谓预测，就是根据调查所得到的资料，通过科学方法和逻辑推理，对分析对象的未来发展趋势进行预计和推测，定性或定量地估计其发展规律，并对这种估计加以评价，以指导人们的行动。

预测具有科学性，它通过一定的程序、方法和模型对事物的未来进行估计，可在一定程度上反映其发展规律；但预测又可能有一定的局限性，其原因是分析对象会受各种因素的影响，这些因素的变化带有一定的随机性，若资料不准确、不系统或者在建立模型时因素考虑不周，就会导致预测的结果不能准确地反映事物发展的全貌。预测按时间期限可分为长期预测、中期预测和短期预测；按性质可分为定性预测与定量预测。

预测是决策的基础。决策通常包括制定行动方案和方案优选两部分。决策过程中也会遇到一些不确定因素，如气候、市场需求、原材料供应、产品价格等。每一种不确定的因素又存在着若干不以人们的意志为转移的客观可能状态，称为自然状态。例如，在施工过程中，存在着"气候"这个不确定因素，它可能是"晴""雨""雪"等自然状态，很难准确预料哪种状态会出现。对于不同的自然状态所采取的相应措施，称为行动方案。决策的目的就是从这些可供选择的行动方案中，取其预期收益最大或预期亏损最小的方案。在选择最优方案时，容许采取妥协性行为，即所取方案并不是在任何自然状态下都是最优方案。决策问题按所知条件不同，可分为确定型决策、不确定型决策和风险型决策等。

6.2　工程项目的预测技术

6.2.1　定性预测

定性预测是在数据资料不足或事物发展变化过程难以定量描述时，利用直观材料，依靠个人经验和主观判断，对未来状况作出估计的方法。德尔菲法和记分法是两种比较常用的方法。

1. 德尔菲法（Delphi）

德尔菲法首先向参加预测的专家发调查表，然后将收集到的意见加以综合，并匿名反馈给专家们再次提出预测意见。经多次反复循环，使意见趋向一致，并作为预测的结果。此法的优点是参加预测的人不见面，而且匿名，可以使专家充分发表个人见解，而不会因面对面讨论或互相了解而产生心理上的影响。

2. 记分法

依靠专家对各种方案进行择优预测时，可用记分法从中选择较好的方案，以平均得分值最高者为最优方案。平均得分值 M 为：

$$M = \frac{\sum\limits_{i=1}^{n} x_i}{n} \qquad (6\text{-}1)$$

式中　n——参加预测的专家人数；

　　　x_i——专家 i 给方案的评分值。

6.2.2　定量预测

定量预测是通过建立与求解数学模型，对事物进行定量分析，并根据分析结果对事物的未来发展趋势的数量变化作出预测和判断。常用的模型及求解方法有移动平均数法、指数平滑法及回归分析法。这些方法在不同的预测问题中有各自的应用范围。

1. 近期预测

1）移动平均数预测法

（1）简单移动平均数预测法。此法是在某个经济变量的时间序列中选出离预测期最近的若干时期的数值，计算其算术平均数，并把它作为这个经济变量在下一个时期的预测值。通常在采用这种方法进行预测时，先要确定计算时期长度，其值 n 为正整数。n 个时期的移动平均数预测公式为：

$$\hat{x}_{t+1} = \frac{x_t + x_{t-1} + x_{t-2} + \cdots\cdots + x_{t-n+1}}{n} = \frac{\sum\limits_{s=0}^{n-1} x_{t-s}}{n} \qquad (6\text{-}2)$$

式中　$\hat{x}_{t+1}$——经济变量在 $t+1$ 时期的预测值；

　　　x_t——经济变量在 t 时期的实际值。

【例 6-1】　某地区 1～7 月份的商品房销售额资料见表 6-1，试预测该地区 8 月份的商品房销售额。

1～7 月份的商品房销售资料及 8 月份预测表（万元）　　　　表 6-1

月份	销售额	三期移动平均数 （预测值）	四期移动平均数 （预测值）
1	154	—	—
2	148	—	—
3	142	—	—
4	151	148	—
5	145	147	149
6	154	146	147
7	157	150	148
8	—	152	152

【解】　令 $n=3$，根据式（6-2），8 月份预测值需要根据前三期预测值得到，因此依次计算各个时期的移动平均数，以 4 月份为例，其他月份类推。

$$\hat{x}_4 = \frac{x_3 + x_2 + x_1}{3} = \frac{142 + 148 + 154}{3} = 148 \text{ 万元}$$

其他月份预测值见表 6-1 中第三列。可见，当 $n=3$ 时，8 月份预测销售额为 152 万元。

时期长度 n 的确定取决于各个经济变量的具体情况，也取决于过去的预测经验。如果某个经济变量预测期数值与最近几个时期的数值关系很密切，时期长度可取得短些，反之则取得长些。表 6-1 中第四列是取 $n=4$ 时的预测值。

（2）加权移动平均数预测法。经济变量各时期数值与预测时期数值的关系密切程度有所不同。一般说来，近期数值关系会更密切些。进行预测时，可以对不同时期的数值赋以不同的权数，然后利用加权移动平均数进行预测，公式为：

$$\hat{x}_{t+1} = \frac{x_t w_t + x_{t-1} w_{t-1} + \cdots + x_{t-n+1} w_{t-n+1}}{w_t + w_{t-1} + \cdots + w_{t-n+1}} = \frac{\sum\limits_{s=0}^{n-1} x_{t-s} w_{t-s}}{\sum\limits_{s=0}^{n-1} w_{t-s}} \tag{6-3}$$

式中　w——权数。

权数的大小系人为确定的，近期大，远期小，可以是绝对数，也可以是总和为 1 的小数。例如，某三期加权平均数的权数设计见表 6-2。

三期加权平均数的权数设计　　　　　　表 6-2

	第一种	第二种	第三种	第四种
$t-2$	0.20	0.30	0.25	0.10
$t-1$	0.30	0.30	0.25	0.30
t	0.50	0.40	0.50	0.60

现以第一种权数方案对【例 6-1】作三期加权移动平均数预测，见表 6-3。

商品房销售三期加权移动平均数计算表（万元）　　　　　　表 6-3

月份	销售额	三期加权移动平均数（预测值）
1	154	—
2	148	—
3	142	—
4	151	$154 \times 0.20 + 148 \times 0.30 + 142 \times 0.50 = 146.20$
5	145	$148 \times 0.20 + 142 \times 0.30 + 151 \times 0.50 = 147.70$
6	154	$142 \times 0.20 + 151 \times 0.30 + 145 \times 0.50 = 146.20$
7	157	$151 \times 0.20 + 145 \times 0.30 + 154 \times 0.50 = 150.70$
8	—	$145 \times 0.20 + 154 \times 0.30 + 157 \times 0.50 = 153.70$

用三期加权移动平均数预测 8 月份商品房销售额为 153.70 万元。

同理，可以人为选定权数对四期、五期的加权移动平均数进行预测。

2）指数平滑平均数预测法

指数平滑平均数预测法是从移动平均数发展形成的一种指数加权移动平均数法。它利用本期预测值和实际值资料，以平滑系数 α 为加权因子来计算。指数平滑平均数预测，就是以此平滑平均数作为下期的预测值。其公式为：

$$\hat{x}_{t+1}=\alpha x_t+（1-\alpha）\hat{x}_t \tag{6-4}$$

α 值是一个经验数据，取值范围在 $0\sim1$ 之间，其大小体现了不同时期数值在预测中所起的不同作用。α 取值越大，表明预测值受近期变化趋势影响越大；α 取值越小，表明预测值受长期数值的影响较大。α 一般的取值规律是：若重视近期数值的作用，可取 $0.7\sim0.9$；若重视长期平滑趋势，可取 $0.1\sim0.3$，有时也可取 $0.1\sim0.5$。

这种方法面临的问题是：为了启动这种预测程序，必须有一个初始值。可以采用 $\hat{x}_1=x_1$ 的方法，但这难免带有偶然性。改进的方法是，将各期观察值中最早几期的算术平均数作为初始值，如令 $\hat{x}_3=\dfrac{x_1+x_2+x_3}{3}$，具体选前几期由实际情况确定。

现仍以【例6-1】为例，用指数平滑法进行预测，期数取 4，有：

$$\hat{x}_4=\frac{x_1+x_2+x_3+x_4}{4}=\frac{154+148+142+151}{4}=148.75 \text{万元}$$

α 分别取 0.2 和 0.8，将两种 α 值的预测计算结果列入表 6-4 中的第 3、4 列。

采用指数平滑平均数预测，当平滑系数 α 取 0.2 时，8 月份商品房销售额为 150.99 万元；当 α 取 0.8 时，销售额为 156.08 万元。

商品房销售指数平滑平均数预测表（万元）　　　　　表 6-4

月份	销售额	指数平滑平均数(预测值)$\hat{x}$	
		$\alpha=0.2$	$\alpha=0.8$
1	154		
2	148		
3	142		
4	151	148.75	148.75
5	145	$0.2\times151+(1-0.2)\times148.75=149.20$	$0.8\times151+(1-0.8)\times148.75=150.55$
6	154	$0.2\times145+(1-0.2)\times149.20=148.36$	$0.8\times145+(1-0.8)\times150.55=146.11$
7	157	$0.2\times154+(1-0.2)\times148.36=149.49$	$0.8\times154+(1-0.8)\times146.11=152.42$
8	—	$0.2\times157+(1-0.2)\times149.49=150.99$	$0.8\times157+(1-0.8)\times152.42=156.08$

由表可知，α 取 0.2 时，销售额预测值数列波动不大，反映了销售额的长期变化趋势；α 取值较大时，销售额预测值数列波动相对较大，反映了销售额的近期趋势。

2. 长期趋势预测模型

长期趋势是指事物受某些因素的影响，在较长时间内，持续增加或减少的发展总趋势。一个经济变量所形成的时间数列，往往存在着某种类型的长期趋势，用适当的方法测定这个趋势，给它配置一条趋势线作

6-2 Excel操作
在定量预测中
的应用

为依据，进行外推预测，这就是长期趋势模型预测。长期趋势模型包括线性趋势模型和非线性趋势模型两类。预测长期趋势一般采用年度资料。

1）线性趋势预测模型

如果某事物在时间数列每期大体上按同等数量增减变动，则可认为该变化趋势是直线型的，可利用描述时间数列的线性趋势模型进行外推预测。

当时间数列的长期趋势模型属直线型时，可用直线方程描述 t 时期经济变量的预测值 $\hat{x}$：

$$\hat{x} = a + bt \tag{6-5}$$

式中　t——时期数；

　　a、b——模型参数。

上式中的模型参数可以利用最小二乘法求得。其基本思路是使式（6-5）进行预测时所造成的误差最小，为防止正负抵消，取误差的平方和最小，即

$$Q = \sum (x_i - \hat{x}_i)^2 = 最小值$$

即　　　　　　　　　　$\sum (x_i - a - bt_i)^2 = 最小值$

使函数 Q 达到最小值的必要条件是它对 a 和 b 的一阶偏导数为 0，即

$$\frac{\partial Q}{\partial a} = -2 \sum (x_i - a - bt_i) = 0 \tag{6-6}$$

$$\frac{\partial Q}{\partial b} = -2 \sum (x_i - a - bt_i) t_i = 0 \tag{6-7}$$

联立求解式（6-6）和式（6-7），得到参数 a、b 的计算公式：

$$b = \frac{n \sum tx - \sum t \sum x}{n \sum t^2 - (\sum t)^2} \tag{6-8}$$

$$a = \frac{\sum x - b \sum t}{n} = \bar{x} - b\bar{t} \tag{6-9}$$

式中　　　　　　　$\bar{x} = \frac{\sum x}{n}, \ \bar{t} = \frac{\sum t}{n} \tag{6-10}$

【例6-2】　某地区 2014～2019 年间的住宅竣工面积情况见表 6-5 所示。按照最小二乘法建立住宅竣工面积直线趋势模型，并以此模型预测 2020 年和 2022 年的住宅竣工面积。

某地区住宅竣工面积资料　　　　　　　　　　　　表 6-5

年份	时期序号 t	竣工面积 x（万 m^2）
2014 年	1	730
2015 年	2	800
2016 年	3	880
2017 年	4	890
2018 年	5	905
2019 年	6	938

【解】对表 6-5 的数据进行计算，见表 6-6。

最小二乘法确定模型参数计算表　　　　　　　　　　表 6-6

年份	时期序号 t	竣工面积 x(万 m²)	tx(万 m²)	t^2
2014 年	1	730	730	1
2015 年	2	800	1600	4
2016 年	3	880	2640	9
2017 年	4	890	3560	16
2018 年	5	905	4525	25
2019 年	6	938	5628	36
Σ	21	5143	18683	91

由表 6-6 得：$n=6$，$\sum t=21$，$\sum x=5143$，$\sum tx=18683$，$\sum t^2=91$

$$b=\frac{n\sum tx-\sum t\sum x}{n\sum t^2-(\sum t)^2}=\frac{6\times18683-21\times5143}{6\times91-21^2}=\frac{4095}{105}=39$$

$$a=\frac{\sum x-b\sum t}{n}=\frac{5143-39\times21}{6}=720.67$$

$$\hat{x}=720.67+39t$$

预测 2020 年和 2022 年的住宅竣工面积，t 分别取值为 7 和 9，由预测模型可得：

$$\hat{x}_{2020}=720.67+39\times7=993.67 \text{ 万 m}^2$$

$$\hat{x}_{2022}=720.67+39\times9=1071.67 \text{ 万 m}^2$$

2）指数曲线趋势预测模型

如果某事物在时间数列上各期数值与上期数值之比大致相同时，可按指数曲线建立趋势模型并进行外推预测。

指数曲线趋势预测模型公式为：

$$\hat{x}=ab^t \tag{6-11}$$

式中各参数含义同式（6-5）。

利用线性趋势预测模型思路求解指数曲线趋势预测模型，对式（6-11）两边取对数，有

$$\lg\hat{x}=\lg a+t\lg b \tag{6-12}$$

根据式（6-8）、式（6-9）有：

$$\lg b=\frac{n\sum(t\lg x)-\sum t\sum\lg x}{n\sum t^2-(\sum t)^2}$$

$$\lg a=\frac{\sum\lg x-\lg b\sum t}{n} \tag{6-13}$$

再用反对数求出 a 和 b，从而完成相应的预测值计算。

【例 6-3】 已知某地区 2013～2019 年房地产投资额的长期趋势属于指数曲线型，见表 6-7，试用最小二乘法确定预测模型，并预测 2020 年和 2023 年的房地产投资额。

最小二乘法确定模型参数计算表 表 6-7

年份	时期序号 t	投资额 x（亿元）	$\lg x$	$t\lg x$	t^2
2013 年	1	8.80	0.94	0.94	1
2014 年	2	10.20	1.01	2.02	4
2015 年	3	11.75	1.07	3.21	9
2016 年	4	13.85	1.14	4.56	16
2017 年	5	16.00	1.20	6.00	25
2018 年	6	18.75	1.27	7.62	36
2019 年	7	21.50	1.33	9.31	49
$\sum$	28	100.85	7.96	33.66	140

【解】根据表 6-7 数据和式（6-12）、式（6-13）得：

$$n=7, \sum t=28, \sum (t\lg x) =33.66, \sum \lg x=7.96, \sum t^2=140$$

$$\lg b=\frac{7\times33.66-28\times7.96}{7\times140-28^2}=0.065, \ b=1.161$$

$$\lg a=\frac{7.96-0.065\times28}{7}=0.877, \ a=7.534$$

$$\hat{x}=7.534\times1.161^t$$

以上式预测该地区 2020 年和 2023 年的房地产投资额，取 t 为 8 和 11，有：

$$\hat{x}_{2020}=7.534\times1.161^8=24.87 \ 亿元$$

$$\hat{x}_{2023}=7.534\times1.161^{11}=38.92 \ 亿元$$

6.3　工程项目的决策技术

6.3.1　确定型决策的方法

确定型决策，是指方案有确定结果的决策。例如，某工程队进行桥梁施工，施工过程中可能遇到好天气，也可能因遇到暴雨等恶劣天气给施工造成影响，开工与否的损益值见表 6-8。显然，对施工企业来讲，任何天气状态开工都比停工所获效果佳。因此，应选择"开工"方案。

某工程队施工、停工损益表（元） 表 6-8

方案	损益值	
	不下雨	下雨
开工	25800	−7800
停工	−12000	−12000

6.3.2　不确定型决策的方法

不确定型决策，是指决策问题中的不确定因素存在着两个或更多的自然状态，这些自然状态以及各方案在不同自然状态下的损益都已知，但决策者无法对未来自然状态出现的概率进行预测，此时决策往往取决于决策者对待风险所持的态度。

1. 大中选大法

大中选大法又称冒险型决策方法，决策者性格乐观，在决策时，假设各方案在自然状态下出现好效果的概率均为 1。决策的步骤是：从各方案的最好效果（即最大效益值）中选取最大值，其所属方案即为决策方案。

【例 6-4】 为适应市场需求，某企业要对新建水泥厂的规模作出决策。根据预测，水泥的市场年需求量有三种可能：50 万 t、100 万 t 和 150 万 t。相应地也有三个建厂方案，即新建水泥厂的规模分别为年产量 50 万 t、100 万 t 和 150 万 t。根据技术资料以及有关原材料价格的核算，水泥厂建成后可能获得的损益值见表 6-9，试进行方案优选。

【解】 用"大中选大"法进行决策。从表 6-9 中可看出，建设年产 150 万 t 的水泥厂可能得到最大的收益。如果决策者是一个敢于冒险的人，便会据此作出建设年产 150 万 t 的水泥厂的决策。

水泥厂规模决策表（一）（万元）　　　　　　　　　　　　　　表 6-9

方案	不同需求量的年损益值			最大效益值
	年需求量 50 万 t	年需求量 100 万 t	年需求量 150 万 t	
50 万 t	15000	15000	15000	15000
100 万 t	8400	30000	30000	30000
150 万 t	−2700	24000	45000	45000

max{最大效益}＝max{15000,30000,45000}＝45000

优选的决策方案：年产量 150 万 t

2. 小中选大法

小中选大法又称保险型决策方法。决策者性格保守（或悲观），以有把握获得收益为准则，假设各方案在自然状态下出现坏效果的概率均为 1。其决策步骤是：从各种方案的最坏效果中选择最有利的方案作为决策方案。

用这种方法对上例进行决策，结果见表 6-10。从表 6-10 可以看出，建设年产水泥 50 万 t 的厂，可避免损失而得到有把握的最大的效益。如果决策者是一个保守型人物，就会据此作出建设年产 50 万 t 的水泥厂的决策。

水泥厂规模决策表（二）（万元）　　　　　　　　　　　　　　表 6-10

方案	不同需求量的年损益值			最小效益值
	年需求量 50 万 t	年需求量 100 万 t	年需求量 150 万 t	
50 万 t	15000	15000	15000	15000
100 万 t	8400	30000	30000	8400
150 万 t	−2700	24000	45000	−2700

max{最小效益}＝max{15000,8400,−2700}＝15000

优选的决策方案：建设规模 50 万 t

3. 平均概率法

此法介于前两种方法之间，其前提是假定方案出现各种自然状态的概率相等，如有 M 种自然状态，则每种自然状态可能出现的概率为 $1/M$。决策步骤是：用这个概率求出各方案的期望值，以最大期望值选择最有利的方案。仍用水泥厂建设规模为例说明此决策方法。

建设规模 50 万 t 的期望值 $=15000 \times \dfrac{1}{3} + 15000 \times \dfrac{1}{3} + 15000 \times \dfrac{1}{3} = 15000$ 万元

建设规模 100 万 t 的期望值 $=8400 \times \dfrac{1}{3} + 30000 \times \dfrac{1}{3} + 30000 \times \dfrac{1}{3} = 22800$ 万元

建设规模 150 万 t 的期望值 $=-2700 \times \dfrac{1}{3} + 24000 \times \dfrac{1}{3} + 45000 \times \dfrac{1}{3} = 22100$ 万元

将结果填入表 6-11 中，比较三种方案的期望值，以建设年产 100 万 t 的水泥厂方案的期望值为最大，即为最优的决策方案。

水泥厂规模决策表（三）（万元）　　　　　　表 6-11

方案	不同需求量的年损益值			平均效益值
	年需求量 50 万 t	年需求量 100 万 t	年需求量 150 万 t	
50 万 t	15000	15000	15000	15000
100 万 t	8400	30000	30000	22800
150 万 t	−2700	24000	45000	22100
平均概率	1/3	1/3	1/3	——
max{平均效益值}=max{15000,22800,22100}=22800				
优选的决策方案：建设规模 100 万 t				

不确定型决策方法简单，但由于不知道自然状态出现的概率，不论采取以上哪种方法，都存在着一定的盲目性。

6.3.3　风险型决策的方法

风险型决策是随机决策，决策者除了要研究可能出现的自然状态外，还要估计自然状态可能出现的概率，这是与不确定型决策的区别。风险型决策问题应具备以下条件：

（1）在决策问题中要有两个或两个以上的方案可供选择；

（2）自然状态至少要有两个，且其发生的概率可估计出来；

（3）各种情况的损益值可以计算出来；

（4）存在着决策者希望达到的目标。

1. 最大效益期望值法

设决策中方案为 A_i，$i=1，2，\cdots\cdots，n$，自然状态数 $j=1，2，\cdots\cdots，m$，A_i 方案在自然状态 θ_{ij} 出现的概率为 $p(\theta_{ij})$，对应的损益值为 L_{ij}，则方案 A_i 的损益期望值为：

$$E(A_i) = \sum_{j=1}^{m} L_{ij} p(\theta_{ij}) \tag{6-14}$$

决策时，根据已知的概率及损益值计算出各方案的损益期望值，取其中最大值所属的方案为优选的决策方案。

【例 6-5】 某混凝土构件厂现生产能力过剩，可以再增加产品品种，计划可考虑的品种有三个，一种是 A_1，它在销路好、中、差的情况下的概率分别是 $p(\theta_{11})=0.3$，$p(\theta_{12})=0.5$，$p(\theta_{13})=0.2$，效益值分别是 $L_{11}=50$ 万元，$L_{12}=30$ 万元，$L_{13}=20$ 万元。其余产品 A_2 和 A_3 的情况如表 6-12 所示。

各期望值分别如下：
$$E(A_1)=50\times0.3+30\times0.5+20\times0.2=34.0 \text{ 万元}$$
同理，$E(A_2)=37.5$ 万元，$E(A_3)=33.5$ 万元

比较可知新增产品 A_2 可获得最大效益期望值，因此 A_2 为优选方案。

某建材厂产品决策表（万元）　　　　　　　表 6-12

| 方案 | 不同状态下的损益值 | | | | | | 平均效益值 |
| | 销路好 | | 销路中 | | 销路差 | | |
	概率	损益值	概率	损益值	概率	损益值	
A_1	0.3	50	0.5	30	0.2	20	34.0
A_2	0.4	45	0.3	40	0.3	25	37.5
A_3	0.3	35	0.4	35	0.3	30	33.5

2. 决策树法

当决策者从一组方案中选择方案时，用上述方法较方便，但是当决策问题复杂，决策者需要在一系列、多层次的方案中决策时，上述方法就较为麻烦，而决策树则较为方便。

用决策树法进行决策分析，首先要画出决策树。绘图的符号定义如下：

□：表示决策点，从它引出的分枝叫做决策分枝，分枝数目反映了可能的方案数。决策点上面的数字表示优选后决策方案所对应的期望值。

○：表示方案节点。在节点上的数字为此方案的损益期望值。从它引出的分枝叫作概率分枝。分枝数目反映了可能发生的自然状态数，在概率分枝上应标明自然状态及其概率。

△：表示结果点，反映每一行动方案在相应的自然状态下可能得到的损益，它后面所标的数字为损益值。

在决策分枝上划两道线代表删剪符号。在若干决策分枝中，将损益值小的分枝用此符号删去，只留下期望值最大的决策分枝，并将它的数值转移到决策点上面去。

1）单级决策

从一组平行的方案中选择一个决策方案，叫作单级决策。

【例 6-6】 某厂的生产线面临扩建、新建和改建三种选择：该企业生产的产品由于市场价格变动，利润也不相同。根据市场预测，五年内产品价格高、中、低的可能性分别是 0.3、0.5、0.2，五年内的效益值计算见表 6-13，问应采取哪一种方案决策？

方案的概率与损益值　　　　　　　　　　　　　　表 6-13

方案	价格(万元)		
	高(0.3)	中(0.5)	低(0.2)
扩建	60	35	−30
新建	75	40	−45
改建	70	40	−30

【解】绘出决策树，如图 6-1 所示。

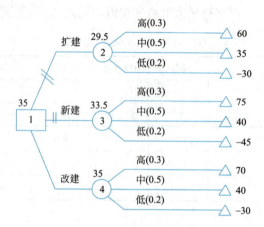

图 6-1　方案的决策树

计算各点的期望值，并将各期望值填在对应的节点上。

点②：60×0.3＋35×0.5＋（−30）×0.2＝29.5 万元

点③：75×0.3＋40×0.5＋（−45）×0.2＝33.5 万元

点④：70×0.3＋40×0.5＋（−30）×0.2＝35.0 万元

比较②、③、④点上的期望值，由于 max {29.5，33.5，35.0} ＝35.0，留下期望值最大的点④一枝即为优选的决策方案。因此，合理的决策应该是改建生产线。

2）多级决策

多级决策的决策树实际上是单级决策树的复合，即将第一级决策树的某一个"末梢"作为下一级决策树的"根"，再从此"根"上"分梢"，形成多层的"大树"。多级决策树的效益期望值计算，要分级进行，从右至左逐级计算。

【例 6-7】某企业由于设备陈旧，性能指标达不到要求，造成产品质量下降，拟进行技术改造。改造方案一是自行研制，根据现有条件，成功的可能性是 60%；另一方案是买专利，成功的可能性是 80%。不管哪种方案，成功后工厂都可选择产量不变或产量增加。若两者都失败，则仍按原工艺生产，产量不变。另外，过去的产品在价格下跌时工厂会亏损，价格中等时无盈利，只有在价格上涨时才会有微薄的利润。从今后 5 年的情况看，预计价格下跌、中等与上涨的可能性分别是 10%、50% 和 40%。通过预测分析，各种情况下的损益值见表 6-14，工厂应如何作出决策？

某厂技术改造方案盈亏表（万元）　　　　　　　表 6-14

价格状态（概率）	自行研制			买专利		
	研制失败（40%）按原工艺生产	自行研制成功(60%)		引进成功(80%)		引进失败(20%)按原工艺生产
		产量不变	产量增加	产量不变	产量增加	
价格高(0.4)	110	200	600	150	250	110
价格中(0.5)	0	10	－250	50	50	0
价格低(0.1)	－110	－220	－300	－220	－300	－110

【解】绘制决策树，如图 6-2 所示。

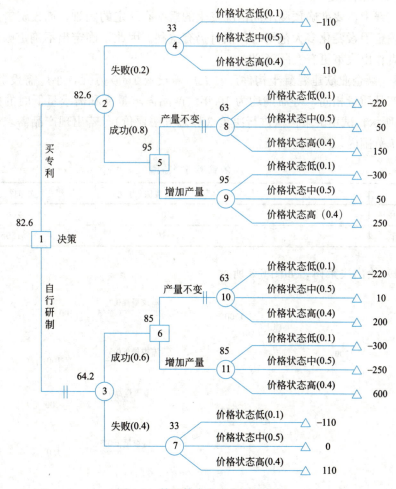

图 6-2　某厂技术改造方案决策树

计算图中各节点的期望值：

点④的期望值：(－110)×0.1＋0×0.5＋110×0.4＝33 万元

点⑧的期望值：(－220)×0.1＋50×0.5＋150×0.4＝63 万元

点⑨的期望值：(－300)×0.1＋50×0.5＋250×0.4＝95 万元

点⑩的期望值：（−220）×0.1+10×0.5+200×0.4=63 万元

点⑪的期望值：（−300）×0.1+（−250）×0.5+600×0.4=85 万元

点⑦的期望值同点④。

在点⑤与点⑥两个决策点上，取期望值大者，故将点⑧与点⑩的枝剪掉，并将点⑨与点⑪处的期望值分别移到点⑤与点⑥处，然后再计算点②与点③处的期望值。

点②的期望值：33×0.2+95×0.8=82.6 万元

点③的期望值：85×0.6+33×0.4=64.2 万元

比较点②与点③处的期望值后，将决策点后的点③枝剪掉，选取点②，即采用引进专利增加产量的方案为决策方案。

3）转折概率的确定

在工程实践中，要准确预测不同情况发生的概率有一定的困难，而投资者也往往更注重项目在不确定因素变化多大范围时，项目仍有盈利。因此，确定出不确定因素变化的幅度，对投资者作出决策更有实际意义。

【例 6-8】　某企业欲建混凝土构件厂，大厂需投资 1500 万元，小厂需投资 700 万元，设两方案的产品质量相同，寿命期均为 10 年。产品需求量高和需求量低时的概率与损益值如表 6-15 所示，试用决策树法进行决策（静态方法评价）。若出现产品需求量高的概率在 0.55～0.7 范围内，应如何决策？

方案的概率与损益值　　　　　　　　　　　　表 6-15

自然状态	概率	建大厂年损益值(万元)	建小厂年损益值(万元)
产品需求量高	0.7	500	200
产品需求量低	0.3	−100	150

【解】（1）绘出决策树，如图 6-3 所示。

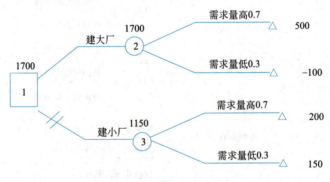

图 6-3　构件厂建设决策树

计算各点的期望值：

②=[0.7×500+0.3×（−100）]×10−1500=1700 万元

③=（0.7×200+0.3×150）×10−700=1150 万元

将各期望值填在对应的节点上。

比较点②与点③的期望值，点②的期望值大于点③的期望值，留下期望值大的"建大厂"方案作为优选方案。

（2）根据以上计算方法，分别选择概率为 0.7、0.65 和 0.55 时的损益值，见表 6-16。

产品需求量高的概率	0.7	0.65	0.55
建大厂损益值（万元）	1700	1400	800
建小厂损益值（万元）	1150	1125	1075

从表 6-16 可以看出，产品需求量大的概率从 0.65 变到 0.55 时，最优方案由建大厂变为建小厂。由此可知，在 0.55～0.65 之间，必有一概率，两方案损益值相同，此时的概率称为转折概率。设出现需求量高状态下的概率为 P，当两方案等效时，有：

$$[P \times 500 + (1-P) \times (-100)] \times 10 - 1500 = [P \times 200 + (1-P) \times 150] \times 10 - 700$$

求得：$P = 0.6$

即：$P > 0.6$，建大厂优；$P < 0.6$，建小厂优；$P = 0.6$，两者效果相同。

4）决策树应用实例

【例 6-9】 某施工企业决定参加某工程的投标。经估算，该工程的成本为 1500 万元，其中材料费占 60%，预测高、中、低三个报价方案的利润率分别为成本的 10%、7%、4%。根据以往经验，相应的中标概率分别为 0.3、0.6 和 0.9。编制标书的费用为 5 万元，据估计，施工中材料涨价的概率为 0.4，涨价幅度为原材料费的 3%。问投标单位应按哪个方案投标？

【解】 投高标不涨价的净利润 = 1500 × 10% − 5 = 145 万元

材料涨价导致成本的增加 = 1500 × 60% × 3% = 27 万元

投高标涨价的净利润 = 145 − 27 = 118 万元

投中标不涨价的净利润 = 1500 × 7% − 5 = 100 万元

投中标涨价的净利润 = 100 − 27 = 73 万元

投低标不涨价的净利润 = 1500 × 4% − 5 = 55 万元

投低标涨价的净利润 = 55 − 27 = 28 万元

不同市场状态下扣除编制标书费用的预测损益值见表 6-17。

方案	市场状态	概率	损益值（万元）
投高标	不涨价	0.6	145
	涨价	0.4	118
投中标	不涨价	0.6	100
	涨价	0.4	73
投低标	不涨价	0.6	55
	涨价	0.4	28

绘出决策树，如图 6-4 所示。

计算各节点的期望值：

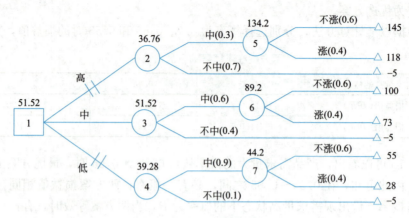

图 6-4   投标方案决策树

⑤＝145×0.6＋118×0.4＝134.2 万元
②＝134.2×0.3－5×0.7＝36.76 万元
⑥＝100×0.6＋73×0.4＝89.2 万元
③＝89.2×0.6－5×0.4＝51.52 万元
⑦＝55×0.6＋28×0.4＝44.2 万元
④＝44.2×0.9－5×0.1＝39.28 万元

由于③点期望值最大，故应以报中等价格的投标方案进行投标。

【例 6-10】   某企业生产的产品在市场上供不应求，因此企业决定投资扩建生产线。考虑该产品 10 年后将被淘汰。经分析研究，得出三个扩建方案供选择。

（1）大规模扩建方案：投资 3 亿元。据估计，该产品销路好时，每年的净现金流量为 9000 万元；销路差时，每年的净现金流量为 3000 万元。

（2）小规模扩建方案：投资 1.4 亿元。据估计，该产品销路好时，每年的净现金流量为 4000 万元；销路差时，每年的净现金流量为 3000 万元。

（3）分段扩建方案：先按小规模扩建方案实施，使用 3 年后：

① 若该产品销路好，可考虑是否再次扩建。若再次扩建，需投资 1.5 亿元，达到大规模扩建的生产能力，销路好与销路差的净现金流量与大规模扩建方案相同；若不扩建，与小规模扩建方案的销路好时的净现金流量相同。

② 若该产品销路差，则保持原状态生产，净现金流量仍为 3000 万元。

据预测，在今后 10 年内，该产品销路好的概率为 0.7，销路差的概率为 0.3。基准收益率 $i_c＝10\%$。绘制二级决策树并选择扩建方案。

【解】   绘出二级决策树，如图 6-5 所示。考虑资金的时间价值，通过对比不同方案的净现值，进行方案择优。

点①期望值：$(9000×0.7＋3000×0.3)(P/A，10\%，10)－30000＝14241.12$ 万元

点②期望值：$(4000×0.7＋3000×0.3)(P/A，10\%，10)－14000＝8735.02$ 万元

点④期望值：$9000×0.7(P/A，10\%，7)＋3000×0.3(P/A，10\%，7)－15000$
$\qquad ＝20052.48$ 万元

点⑤期望值：$4000×(P/A，10\%，7)＝19473.60$ 万元

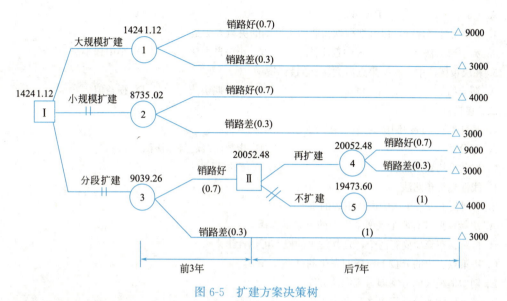

图 6-5　扩建方案决策树

　　节点④期望值大于节点⑤的期望值，故对决策点Ⅱ，应采用 3 年后再扩建的方案。

　　点③期望值分为 3 年和 7 年两个时间段计算：

　　[4000（P/A，10%，3）×0.7+20052.48×0.7（P/F，10%，3）]＋[3000×0.3（P/A，10%，3）+3000×1（P/A，10%，7）（P/F，10%，3）×0.3]－14000＝9039.17 万元

　　对比三个节点的期望值，节点①的期望值最大，故应采用大规模扩建方案。

习　题

一、单选题

1. 下列方法中，特别适用于缺少历史资料的市场预测的方法是（　　）。

A. 相关回归方程预测法　　　　　　　B. 定性预测法

C. 时间序列预测法　　　　　　　　　D. 定量预测法

2. 某项目在雨期施工，施工管理人员需要决定下个月是否开工。如果开工后天气好，则可为企业创收 4 万元；若开工后天气持续下雨，将给企业造成 1 万元损失；不开工企业则损失 1000 元。根据过去的统计资料，下个月天气好的概率是 0.3，天气坏的概率是 0.7。则开工方案节点的期望值为（　　）万元。

A. −0.37　　　　　B. −0.1　　　　　C. 0.5　　　　　D. 1.13

3. 某生产企业拟引进一条生产线，现有进口设备和国产设备两个方案，购买进口设备需投资 3000 万元，购买国产设备需投资 1400 万元。设两方案的产品质量相同，寿命期均为 10 年。产品需求量高和需求量低时的概率与损益值见表 1。设需求量高的概率为 P，则该方案的转折概率为（　　）。

方案的概率与损益值　　　　　　　　　　　　　　　　　　表 1

自然状态	概率	购买进口设备年损益值(万元)	购买国产设备年损益值(万元)
产品需求量高	0.8	1000	400
产品需求量低	0.2	−200	300

A. 0.6　　　　　　　B. 0.65　　　　　　　C. 0.7　　　　　　　D. 0.75

4. 决策者性格保守，以有把握获得收益为准则的决策方法是（　　　）。

A. 大中选大法　　　　B. 大中选小法　　　　C. 小中选大法　　　　D. 小中选小法

5. 在决策树法中，在结果点后面所标的数字表示（　　　）。

A. 期望值　　　　　　B. 概率　　　　　　　C. 损益期望值　　　　D. 损益值

二、多选题

1. 下列属于定量预测法的是（　　　）。

A. 记分法

B. 指数曲线趋势预测法

C. 移动平均数预测法

D. 德尔菲法

E. 线性趋势预测法

2. 下列关于决策树法的说法正确的有（　　　）。

A. 决策树要求有两个或两个以上的方案供选择

B. 自然状态至少要有两个，且其发生的概率可估计出来

C. 决策点引出的分枝上应标明发生的概率

D. 期望值最大的方案即为应淘汰方案

E. 节点后的各分枝概率之和必为 1

3. 对指数平滑系数 α 的表述，说法正确的有（　　　）。

A. 取值范围在 0～1 之间

B. 其大小体现了不同时期数值在预测中所起的不同作用

C. α 取值越大，表明预测值受近期变化趋势影响越大

D. α 取值越小，表明预测值受近期变化趋势影响越大

E. 若要求反映事物的长期趋势，α 可取 0.7～0.9

4. 下列决策方法中，适用于不确定型决策的是（　　　）。

A. 平均概率法　　　　B. 小中选大法　　　　C. 大中选大法　　　　D. 决策树法

E. 最大效益期望值法

5. 风险型决策问题应具备的条件有（　　　）。

A. 在决策问题中要有两个或两个以上的方案可供选择

B. 自然状态的数量要与可选方案的数量一致

C. 各种状态下的损益值可以计算出来

D. 存在着决策者希望达到的目标

E. 每种自然状态发生的概率可估计出来

三、计算题

1. 某建材企业准备生产一种新型建筑制品，由于缺乏资料，对此产品的市场需求量只能估计成高、一般、差，而每种自然状态出现的概率无法预测。工厂考虑了三种方案 Q_1、Q_2 和 Q_3，其损益值如表 2 所示。试用大中取大、小中取大和平均概率法进行决策。

生产方案损益表（万元）　　　　　　　　　　　　　　　　　　表 2

方案	销路好	一般	差
Q_1（大批量生产）	24	16	10
Q_2（中批量生产）	20	20	15
Q_3（小批量生产）	16	16	16

2. 某企业 2013～2019 年生产的某产品产量见表 3。

产品年度产量表 表 3

年份	2013 年	2014 年	2015 年	2016 年	2017 年	2018 年	2019 年
产量(万 t)	40	47	56	65	73	80	88

试用最小二乘法建立直线趋势预测模型，预测 2020 年和 2022 年的产量。

3. 某建筑公司要决定某项工程下月是否开工，如果开工后天气好，能按时完工，可得利润 550 万元；如果开工后天气恶劣，将对在建工程造成 100 万元的损失。假如不开工，则无论天气好坏都要付出窝工损失 50 万元。根据以往资料，预计下月天气好的概率为 0.3，而天气恶劣的概率为 0.7，试用决策树法进行决策。

4. 某企业引入一种新产品，预测了销路有三种可能的自然状态及相应的概率。每种状态又可能处于有竞争（概率为 0.9）或无竞争（概率为 0.1）的市场状态。各资料见表 4。现面临设备选择，可选用Ⅰ设备或Ⅱ设备，投资额分别为 2000 万元和 100 万元。寿命期均为 5 年，试用决策树法对设备选用进行决策。当寿命期为多少年时，选Ⅰ设备有利？

两种方案的投资与不同状态下的损益表（万元） 表 4

方案	Ⅰ设备(2000 万元)			Ⅱ设备(100 万元)		
状态	畅销	一般	差	畅销	一般	差
概率	0.6	0.2	0.2	0.6	0.2	0.2
有竞争	700	120	−200	110	20	−100
无竞争	1000	200	−200	300	50	−100

四、思考题

某房地产开发公司对某一地块有两种开发方案。

A 方案：一次性开发多层住宅 45000m² 建筑面积，需投入总成本（包括开发成本、建造成本和销售成本，下同）31500 万元，开发时间为 18 个月（包括准备建造、销售时间，下同）。

B 方案：将该地块分为东、西两区分两期开发，每期开发时间均为 15 个月。一期在东区先开发高层住宅 36000m² 建筑面积，需投入总成本费用 28800 万元，二期开发时，如果一期销路好，则在西区继续投入 28800 万元，开发同等面积的高层住宅。预计二期销售率可达 100%，售价与销量与第一期相同。如果一期销路差，或暂停开发，或在西区改为开发多层住宅 22000m² 建筑面积，需投入总成本费用15400 万元。

两方案销路好和差的售价和销量情况见表 5。根据经验，多层住宅销路好的概率为 0.7，高层住宅销路好的概率为 0.6。暂停开发每季度损失 20 万元。季利率为 2%。

【问题】

（1）分期计算两方案在销路好和销路差情况下的季平均销售收入为多少万元？（销售收入取期内平均值）

（2）绘制二级决策的决策树，并决定采用哪个开发方案。

两开发方案财务数据表 表 5

开发方案		建筑面积（万 m²）	销路好		销路差	
			售价（元/m²）	销售率（%）	售价（元/m²）	销售率（%）
A 方案	多层住宅	4.5	9600	100	8600	80

续表

开发方案			建筑面积 （万 m²）	销路好		销路差	
				售价 （元/m²）	销售率 （%）	售价 （元/m²）	销售率 （%）
B方案	一期	高层住宅	3.6	11000	100	10000	70
	二期	一期销路好　高层住宅	3.6	11000	100	—	—
		一期销路差　多层住宅	2.2	9600	100	8600	80
		停建	—	—	—	—	—

本章重要概念与知识点

1. 价值工程的应用

分析对象的选择、方案评价（择优）、成本控制。

2. 分析对象选择方法

经验分析法、百分比法、ABC分析法、价值指数法、强制确定法。

3. 强制确定法选择价值工程分析对象的步骤

（1）用01评分法或04评分法对方案各功能（或部件）进行评分。

（2）计算功能评价系数 $F_i = \dfrac{某功能（或部件）得分值}{方案各功能（或部件）总得分值}$

（3）计算成本系数 $C_i = \dfrac{某功能（或部件）成本}{方案各功能（或部件）总成本}$

（4）计算价值系数 $V_i = \dfrac{功能评价系数 F_i}{成本系数 C_i}$

（5）价值系数较小者一般作为价值工程分析对象，若价值系数过大，则应视情况而定。

4. 成本控制步骤

（1）确定方案的目标成本；

（2）确定方案各功能的目前成本；

（3）确定方案各功能的目标成本：

某功能的目标成本＝方案目标成本×该功能的功能评价系数；

（4）确定各功能的成本调整值：

某功能成本调整值＝某功能目前成本－某功能目标成本；

（5）根据功能成本调整值的大小确定成本控制顺序。

5. 方案评价（择优）方法

满足功能的前提下，价值系数大者为优方案。价值系数中的功能评价系数计算方法有：

（1）已知各方案的功能得分时，可按选择价值工程分析对象的方法进行功能评价系数的计算；

（2）若方案各功能的功能重要性比重（φ_j）与方案对功能的满足程度得分（S_{ij}）分别给出时，功能评价系数的计算公式为：

$$F_i = \frac{\sum\limits_j \varphi_j S_{ij}}{\sum\limits_i \sum\limits_j \varphi_j S_{ij}}$$

7.1 价值工程基本原理

7.1.1 价值工程的基本概念

1. 价值

价值工程中的"价值"是指产品（或对象）所具有的功能与获得该功能的全部费用之比，它是一种相对价值，对象的功能越大，成本越低，价值就越大。

2. 功能

功能是指"对象能够满足某种需求的一种属性"。就用户而言，表面上用户需求某种产品，实质是需求它所提供的某种功能。比如，人们需要购买住宅，实质是需求购买住宅"提供居住空间"的功能。

3. 寿命周期成本

寿命周期成本是指从产品构思到建成投入使用直至报废全过程所发生的全部费用。

7-1 探索工程建设创新加快发展新质生产力

4. 价值工程

价值工程通过各相关领域的协作，对所研究对象的功能与费用进行系统分析，通过对产品进行功能分析和方案创造，力图用最低的寿命周期成本可靠地实现用户所要求的功能，做到物有所值。价值的定义式为：

$$V = \frac{F}{C} \tag{7-1}$$

式中　V——产品价值；

　　　F——产品功能；

　　　C——产品寿命周期成本。

7.1.2 价值工程的特点

1）价值工程的目标是以最低的寿命周期成本，使产品具备必须的功能水平。寿命周期成本、建设成本、使用成本与功能水平的关系如图 7-1 所示。从图可知，当功能水平（F_0）适当时，对应的寿命周期成本最低。

2）价值工程的核心是对产品进行功能分析。功能可以从不同的角度分为以下几类：

（1）从功能重要程度的角度分类，可分为基本功能和辅助功能；

（2）从功能性质的角度分类，可以分为使用功能和美学功能；

（3）从功能标准化的角度分类，可分为过剩功能和不足功能；

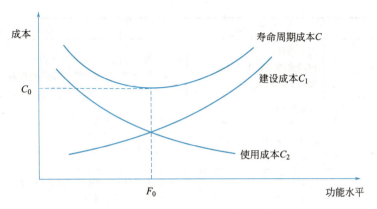

图 7-1　寿命周期成本与功能的关系

（4）从用户的角度分类，可分为必要功能和不必要功能。

通过功能分析，可以区分产品的各项功能，保证必要功能，取消不必要功能，严格按用户的需求来设计产品。

3）价值工程将产品价值、功能和成本作为一个整体来考虑，兼顾生产者和用户的利益，创造出总体价值最高的产品。

4）价值工程强调不断改革和创新。

5）价值工程要求将功能转化为能够与成本直接相比的量化值。

6）价值工程分析是以集体的智慧开展的有计划、有组织的管理活动。

7.1.3　提高价值的途径

7-2 价值工程在深中通道中的应用

从价值工程的定义可知，价值的高低，取决于功能与成本比值的大小。因此，要提高某一产品的价值，必须从功能与成本两方面来考虑。提高价值有以下五种途径：

（1）功能保持相同的前提下，尽量降低成本；

（2）成本保持相同的前提下，尽量提高功能；

（3）功能和成本同时提高，功能提高大于成本提高；

（4）功能和成本同时降低，功能降低小于成本降低；

（5）既提高功能又降低成本。

其中，（3）、（4）两种途径的使用是有限制条件的，即保证功能满足要求，成本不超限额的前提下，这两种途径才可行。

7.2　价值工程工作程序与内容

7.2.1　工作程序

价值工程的工作程序一般可分为准备、分析、创新、实施与评价四个阶段。其工作步骤实质上就是针对产品功能和成本提出问题、分析问题和解决问题的过程，见表 7-1。

价值工程工作程序 　　　　　　　　　　　　　　　　　　　表 7-1

工作阶段	工作步骤	对应问题
准备阶段	对象选择 组成价值工程工作小组 制订工作计划	(1)价值工程的研究对象是什么？ (2)围绕价值工程对象需要做哪些准备工作？
分析阶段	收集整理资料 功能定义 功能整理 功能评价	(3)价值工程对象的功能是什么？ (4)价值工程对象的成本是什么？ (5)价值工程对象的价值是什么？
创新阶段	方案创造 方案评价 提案编写	(6)有无其他方法可以实现同样功能？ (7)新方案的成本是什么？ (8)新方案能满足要求吗？
实施与评价阶段	方案审批 方案实施 成果评价	(9)如何保证新方案的实施？ (10)价值工程活动的效果如何？

7.2.2　工作内容

根据价值工程的工作程序，其对应的工作内容主要包括以下几方面。

1. 确定价值工程的分析对象

把工程活动中有待改善的产品、部件或工艺选择出来作为价值工程的分析对象。

2. 情报收集

情报收集首先要明确价值工程研究对象的内容与范围，并以充分的信息作为基础与依据，创造性地运用各种有效手段，正确地进行对象选择、功能分析和方案创新。

不同价值工程对象所需搜集的信息资料内容不尽相同，一般包括市场信息、用户信息、竞争对手信息、设计技术方面的信息、经济方面的信息、国家和社会方面的信息等。

3. 功能分析

对选定的对象进行功能分析是价值工程分析的重要内容。功能分析是通过对选定的对象进行定义，确定对象及各组成部分具有的功能、各组成部分彼此之间的相互关系。在此基础上对功能进行分类和整理。

4. 功能评价

功能评价是根据功能系统图（图 7-2），在方案的同一级各功能之间，计算并比较各功能价值的大小，从而寻找功能和成本在量上不匹配的具体部位进行改进。

5. 方案创造

针对分析对象存在的问题，制订各种具体的改进方案。

6. 方案评价

从众多的备选方案中选出价值系数最高的方案进行评价。方案评价可分为概略评价和详细评价，均包括技术评价、经济评价和社会评价等方面的内容。将这三个方面联系起来进行权衡，则称为综合评价。根据评价结论进行筛选，从中选择最优方案。

7. 试验研究

对最优方案进行技术上的试验，进一步论证技术上的可行性和经济上的合理性。

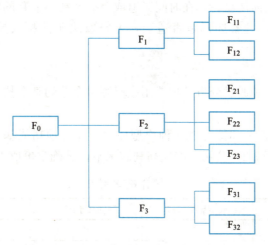

图 7-2　功能系统图的一般形式

8. 提案审批

有侧重地撰写出具有充分说服力的提案书，报决策部门审查批准。

9. 实施与检查

实施所选的方案，进一步从技术、经济和社会效果等方面进行跟踪检查。

10. 成果鉴定

对实施方案的效果进行总结，从而对价值工程的成果进行全面评价。

7.3　价值工程分析对象的选择

7.3.1　选择原则

价值工程研究的对象可以是实物，也可以是工作。价值工程分析对象的选择原则是，优先选择对企业生产经营有重要影响或对国计民生有重大影响的产品或项目，或在改善价值上有较大潜力、可取得较大经济效益的产品或项目。通常，选择的产品或构配件为：

（1）结构复杂的产品或构配件。

（2）成本高、对经济效益影响大的产品或构配件。

（3）量大面广的产品或构配件。

（4）质量差、用户意见大的产品或构配件。

（5）关键部位的构配件。

（6）寿命周期较长的产品或构配件。

（7）技术经济指标较差的产品或构配件。

7.3.2　选择方法

1. 经验分析法

经验分析法也称因素分析法。这种方法是根据经验，运用集体智慧对各种影响因素进行综合分析，区分主次与轻重，充分考虑所选对象的必要性和可能性，准确地选择出价值工程改善对象。该方法简便易行，在时间紧迫或企业资料不完善的情况下，效果明显。但此方法缺乏定量分析，对象选择是否适当，主要取决于分析人员的经验、知识面和责任心。

2. 百分比分析法

百分比分析法是一种通过分析某种费用或资源对企业的某个技术经济指标的影响来选择价值工程对象的方法。

【例 7-1】 某房地产公司拟开发 5 种户型住房，在各项功能基本相同的前提下，其成本比重与利润比重见表 7-2，公司急需提高利润水平，试确定价值工程的分析对象。

产品成本比重及利润比重 表 7-2

产品	成本比重（%）	利润比重（%）	价值工程对象选择
A	35	20	√
B	20	30	
C	25	10	√
D	12	25	
E	8	15	
合计	100	100	

【解】 从表 7-2 可知，A、C 两种户型的利润比重小于成本比重，可以确定 A、C 两产品为价值工程的分析对象，研究降低其成本的途径。

3. ABC 分析法

ABC 分析法是根据研究对象对某项技术经济指标的影响程度，通过研究对象的成本和数量比例，把拟研究对象划分成主次有别的 A、B、C 三类，将举足轻重的划为 A 类，作为价值工程的研究对象。通过这种划分，明确关键的少数，准确地选择价值工程改善对象。ABC 分类的参考标准见表 7-3。

ABC 分类的参考标准 表 7-3

	分类累计成本比重	数量比重
A 类	70%	10%
B 类	20%	20%
C 类	10%	70%

需注意的是，运用上述标准时，成本（经济）标准是主要标准，数量标准仅作为参考。

ABC 分析法的步骤如下：

（1）确定每一对象的成本。

（2）计算每一对象的成本与占总成本的百分比，即成本比重，并依大小顺序排列编表。

（3）按顺序累计研究对象的成本比重，当成本比重累计到 70% 左右时，视为 A 类；成本比重累计介于 70%～90% 之间时，除掉 A 类以后的为 B 类，其余则为 C 类。

【例 7-2】　某土建工程共需购买 10 种混凝土构配件，总成本为 189.8 万元，各构配件成本（由高到低排列）与数量见表 7-4。用 ABC 分析法选择价值工程对象。

构配件成本与数量表　　　　　　　　　　　　　　　表 7-4

编号	1	2	3	4	5	6	7	8	9	10	Σ
成本(万元)	80	60	15	12	8	5	3	2.5	2.2	2.1	189.8
构配件数量	1	1	2	1	2	4	3	2	3	2	21

【解】

① 将 10 种混凝土构配件按成本比重大小依次排列填入表 7-5 序号 1。

② 计算出各混凝土构配件的累计成本比重，填入表 7-5 的序号 2。

③ 计算出各混凝土构配件的数量比重，填入表 7-5 的序号 3。

④ 计算出各混凝土构配件的累计数量比重，填入表 7-5 的序号 4。

⑤ 分类累计成本比重归并和分类累计数量比重归并，填入表 7-5 的序号 5、6。

⑥ 根据表 7-3 的分类标准，混凝土构配件的分类见表 7-5 的序号 7。

ABC 分类表　　　　　　　　　　　　　　　表 7-5

序号	编号	1	2	3	4	5	6	7	8	9	10
1	成本比重(%)	42.15	31.61	7.90	6.32	4.21	2.63	1.58	1.32	1.16	1.11
2	累计成本比重(%)	42.15	73.76	81.66	87.99	92.20	94.84	96.42	97.73	98.89	100.00
3	数量比重(%)	4.76	4.76	9.52	4.76	9.52	19.05	14.29	9.52	14.29	9.52
4	累计数量比重(%)	4.76	9.52	19.05	23.81	33.33	52.38	66.67	76.19	90.48	100.00
5	分类累计成本比重归并(%)	73.76			18.44			7.80			
6	分类数量比重归并(%)	9.52			23.81			66.67			
7	类别	A			B			C			

由表 7-5 可知，A 类混凝土构配件为价值工程的控制对象，在采购及使用中应严格注意其产品质量及安装质量，保证工程的顺利实施。

ABC 分析法由于简便易行，有利于集中精力重点突破，在价值工程对象选择时被广泛采用，但其缺点是有时由于成本分配不合理，造成成本比重不大，但功能重要的对象可能被漏选或排序靠后。ABC 分析法的这一不足之处可采用与其他方法一起综合分析来补充修正。

4. 价值指数法

价值指数法是根据价值工程的原理，在产品成本已知的条件下，将同类产品的功能参数由小到大排序，计算出价值指数。价值指数的计算公式为：

$$价值指数 = \frac{产品功能参数}{产品成本} \tag{7-2}$$

观察价值指数的数值是否随产品功能参数值递增而递增，把价值指数与功能参数值不相适应的产品选为价值工程改善对象。

【例 7-3】　某建筑机械厂生产三种型号的混凝土搅拌机，各种型号混凝土搅拌机的主要功能参数、生产成本如表 7-6 所示。

混凝土搅拌机的主要功能参数和生产成本　　表 7-6

产品型号	A 搅拌机	B 搅拌机	C 搅拌机
功能参数(m^3/h)	5	7	12
生产成本(万元)	0.65	0.85	2.25

【解】　根据公式（7-2），计算各型号搅拌机的价值指数，见表 7-7。

混凝土搅拌机的价值指数　　表 7-7

产品型号	A 搅拌机	B 搅拌机	C 搅拌机
价值指数	7.692	8.235	5.333

可以看出，A 和 B 型搅拌机的价值指数是随着功能参数值递增而递增，属正常，而 C 型搅拌机的价值指数却随着功能参数值递增而减少，表明 C 型的价值指数与功能参数值不匹配，应把 C 型搅拌机作为价值工程对象，找出其存在的问题，提高其价值。

5. 强制确定法

强制确定法是以功能重要程度作为选择价值工程对象的一种分析方法。具体做法是：求出分析对象的成本系数、功能评价系数和价值系数，以揭示出分析对象的功能与成本之间是否相符。价值系数低的对象为价值工程的分析对象。强制确定法也可以运用于价值工程的功能评价和方案评价中。

强制确定法中功能评价系数的确定一般采用 01 评分法或 04 评分法。

1）01 评分法

在分析对象的选择中，通过对不同功能（或部件，下略）的重要程度逐一对比打分，相对重要的得 1 分，不重要的得 0 分，自身对比不得分。

用 01 评分法得出的各功能分值累计值应为 $n(n-1)/2$，n 为对比的功能数量。

若功能的评分值为 0，并不意味该功能对分析对象的功能无贡献，可以通过对得分累计加以修正。

$$i \text{ 功能的功能评价系数 } F_i = i \text{ 功能的得分值/全部功能的得分值} \tag{7-3}$$

$$i \text{ 功能的成本系数 } C_i = i \text{ 功能的实际成本/全部功能成本} \tag{7-4}$$

$$i \text{ 功能的价值系数 } V_i = F_i/C_i \tag{7-5}$$

当 $V_i < 1$ 时，说明功能重要程度低，但成本系数偏高，应优先考虑作为价值工程分析对象。

当 $V_i > 1$ 时，应视情况而定。如果功能重要程度大，但成本系数却较低，宜作为价值工程分析对象。

当 $V_i = 1$ 时，说明该功能与达到该功能所付出的成本相当，不作为价值工程分析对象。

【例 7-4】　某分部工程由八个分项工程组成，各分项工程的成本见表 7-8，专家用 01 评分法对各分项工程的功能重要性评价见表 7-9。试选择价值工程的分析对象。

各分项工程成本表（万元） 表 7-8

分项工程	A	B	C	D	E	F	G	H	Σ
成本	1818	3000	285	284	612	407	82	720	7208

功能重要性评价表 表 7-9

分项工程	A	B	C	D	E	F	G	H	分项得分累计	修正得分累计
A	×	1	1	0	1	1	1	1	6	7
B	0	×	1	0	1	1	1	1	5	6
C	0	0	×	0	1	1	1	0	3	4
D	1	1	1	×	1	1	1	1	7	8
E	0	0	0	0	×	0	1	0	1	2
F	0	0	0	0	1	×	1	0	2	3
G	0	0	0	0	0	0	×	0	0	1
H	0	0	1	0	1	1	1	×	4	5
Σ									28	36

【解】 根据公式（7-3）～公式（7-5）及表 7-8、表 7-9 的数据计算各分项工程的成本系数、功能评价系数及价值系数，见表 7-10。

成本系数、功能评价系数与价值系数表 表 7-10

分项工程	成本系数	功能评价系数	价值系数
A	0.252	0.194	0.770
B	0.416	0.167	0.401
C	0.040	0.111	2.775
D	0.039	0.222	5.692
E	0.085	0.056	0.659
F	0.056	0.083	1.482
G	0.011	0.028	2.545
H	0.100	0.139	1.390
Σ	1.000	1.000	—

由表中计算可以看出：

（1）B、E 分项工程的价值系数都较低。但 B 成本系数为 0.416，而功能评价系数仅为 0.167，说明成本偏高，应作为价值分析的主要对象。E 的价值系数虽很低，但成本系数和功能评价系数都很小，可不考虑。

（2）D 分项工程的功能评价系数较高，但成本系数仅为 0.039，意味着成本分配额过低，可以适当提高成本，以便和分项工程的重要性相符。工程项目方案的价值系数远大于1，一般认为是非正常现象。

2）04 评分法

01 评分法中，不同功能的重要程度比较时，差别仅为 1 分，为了避免 01 评分法的绝对化，可采用 04 评分法。04 评分法的基本步骤和 01 评分法相似，区别在于评价两个功能的重要性时，分为四种情况对功能进行评分：

(1) 非常重要的功能得 4 分；很不重要的功能得 0 分。

(2) 比较重要的功能得 3 分；不太重要的功能得 1 分。

(3) 两个功能同样重要，各得 2 分。

(4) 自身对比不得分。

04 评分法得分总和应为 $2n(n-1)$，n 为对比的功能数量。

通过各功能得分值，可以按公式（7-3）～公式（7-5）计算出各功能评价系数、成本系数与价值系数，从而选择价值工程分析对象。

【例 7-5】 某设计方案具有五项功能，专家们对方案的功能进行了评价，各功能的重要度分析如下：F_3 比 F_4 重要得多，F_3 比 F_1 重要，F_2 与 F_5 同样重要，F_4 与 F_5 同样重要，试用 04 评分法确定五项功能的评价系数。

【解】 根据以上分析，各功能之间的逻辑关系为 $F_3 > F_1 > F_2 = F_4 = F_5$。根据评分方法，功能评分值见表 7-11 第 2～6 列。根据公式（7-3），功能评价系数见表 7-11 最后一列。

功能评分及功能评价系数计算表　　　　　　　　　　　表 7-11

	F_1	F_2	F_3	F_4	F_5	分项得分累计	功能评价系数
F_1	×	3	1	3	3	10	0.250
F_2	1	×	0	2	2	5	0.125
F_3	3	4	×	4	4	15	0.375
F_4	1	2	0	×	2	5	0.125
F_5	1	2	0	2	×	5	0.125
Σ						40	1.000

强制确定法从功能和成本两方面综合考虑分析对象对价值的影响，其优点是简单适用，但这种方法是人为打分，不能准确反映功能差距的大小，只适用于部件间功能差别不太大，且对象构成部件不太多的分析对象，若分析的部件数目多于 10 个，则可以先用 ABC 法、经验分析法选出重点部件，然后再用强制确定法细选。

6. 积值法

强制确定法的缺点在于不能直观地反映成本系数和功能评价系数高低对价值系数的影响，因而有可能选了成本低、功能重要程度又不高的部件作为分析对象，如【例 7-4】中的 E。积值法能克服这种不足，较快地选出分析对象。具体步骤如下：

(1) 评分法求出评分值；

(2) 计算每个部件（或产品）的功能评价系数；

(3) 计算每个部件（或产品）的成本系数；

(4) 用下式算出 i 部件（或产品）的积值 M：

$$M_i = \frac{|F_i^2 - C_i^2|}{2} \tag{7-6}$$

式中　F_i——i 部件（或产品）的功能评价系数；

　　　C_i——i 部件（或产品）的成本系数。

（5）确定选择顺序。积值大者应作为价值工程分析对象。

现用积值法计算【例 7-4】，结果见表 7-12。通常用上式计算出的积值非常小，为了避免在比较过程中由于四舍五入的原因造成的误差，将计算结果乘以 10^4。计算结果表明，B 和 D 仍为价值工程的分析对象。而价值系数与 B 相近的分项 E 排列第六，不作为分析对象。

各分项工程积值　　　　　　　　表 7-12

分项工程	A	B	C	D	E	F	G	H
积值	129.34	725.84	53.61	238.82	20.45	18.77	3.32	45.61
选择顺序	3	1	4	2	6	7	8	5

7.4　价值工程功能分析与评价

7.4.1　功能定义与功能整理

1. 功能定义

功能定义就是以简洁的语言对产品的功能加以描述。通过对功能下定义，可以加深对产品功能的理解，并为后续提出功能代用方案提供依据。

功能分析的目的是在满足用户对产品基本使用功能的基础上，尽可能增加必要功能，减少不必要功能；尽可能弥补不足功能，削减过剩功能。

2. 功能整理

功能整理是用系统的观点将已经定义了的功能加以系统化，找出各功能间的逻辑关系，形成功能系统图（图 7-2），确定出各功能对产品价值的贡献大小（重要程度），为后续功能改善活动提供定性与定量相结合的依据。

7.4.2　功能评价

功能评价就是找出实现功能的最低费用作为功能的目标成本（功能评价值），以功能目标成本为基准，通过与功能现实成本的比较，求出两者的比值（功能价值）和两者的差异值（改善期望值），然后选择功能价值低、改善期望值大的功能作为价值工程活动的重点改进对象。

功能评价的程序如图 7-3 所示。

1. 功能现实成本

功能现实成本与一般成本核算的成本在费用构成上是相同的，但功能现实成本的计算是以对象的功能为单位，而不是以产品或零部件为单位。因此，在计算功能现实成本时，需要根据传统的成本核算资料，将产品或零部件的现实成本转化为功能现实成本。

（1）当一个零部件只实现某一功能时，该零部件的现实成本就是此功能的现实成本。

（2）当两个或两个以上零部件共同实现某一功能，且这些零部件除实现这一功能外，

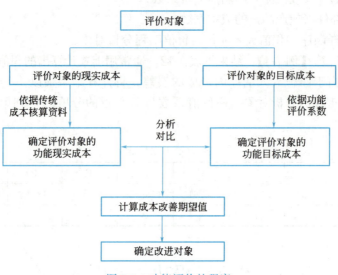

图 7-3　功能评价的程序

没有别的作用时，则这些零部件的现实成本之和就是此功能的现实成本。

（3）当一个零部件同时实现几项功能时，就要将该零部件的现实成本分摊到它所实现的几项功能中去，从而求出各项功能的现实成本。

（4）当几个零部件共同实现某一项功能，且这些零部件还要分别去实现其他功能时，则要先将几个零部件的现实成本，按比例分摊到它们所实现的各个功能上去，再将某功能所分摊的各零部件的现实成本相加，得到该功能的现实成本。

在上述分摊过程中，常用方法有以下三种：一是凭经验或统计资料估算分摊比例；二是根据零部件在各项功能中发挥作用的大小进行分摊；三是按实现功能的难易程度（主要是技术、经济条件）进行分摊。

如表 7-13 中，A 零部件是用来实现 F_1、F_2、F_3 功能的，实现此三个功能的成本分别为 100 万元。同理，可以根据实现不同功能的成本，将 B、C、D 的成本分别分摊到各自实现的功能中，然后将各功能分配的成本合计起来，便可得到各功能的现实成本，如 F_1 功能的现实成本为 200 万元。

功能现实成本计算表（万元）　　　　　　　　表 7-13

零部件			功能区或功能领域			
序号	名称	成本	F_1	F_2	F_3	F_4
1	A	300	100	100	100	
2	B	400		150	150	100
3	C	60				60
4	D	140	100	40		
		$C_总$	C_1	C_2	C_3	C_4
合计		900	200	290	250	160

2. 功能目标成本

功能目标成本是指可靠实现用户要求功能的最低成本，可以理解为企业预期的理想成本目标值。

功能目标成本的计算方法有多种，常用的有设想最低费用测算法和功能评价系数法。

1）设想最低费用测算法

设想最低费用测算法，是指对将要实现某必要功能所设想的方案中，对各种方案的总费用进行测算与比较，从中选出合理的最低成本作为功能目标成本的方法。

设想最低费用测算法具有简单易行，在没有同类产品资料参考的条件下也能进行测算；同时，费用测算与方案设想相联系，方案容易实现；但此法也可能使方案创造受到约束，同时要求评价人员有丰富的经验和较强的测算能力。

【例 7-6】 某企业为修建办公楼，需采购和保管施工材料。为保证施工生产的顺利进行，尽可能少占用资金，提出了三个材料采购和保管方案，有关数据见表 7-14。依据设想最低费用测算法，根据对总费用的分析比较，选出进行功能目标成本分析的方案。

设想最低费用测算表   表 7-14

方案	采购费用(万元)	保管费用(万元)	总费用(万元)
A	850	13.5	863.5
B	788	25.6	813.6
C	904	10.4	914.4

【解】 由表 7-14 可知，B 方案总费用最低，为 813.6 万元，可作为功能的目标成本。

2）功能评价系数法

功能评价系数法是根据功能与成本的匹配原则，按功能评价系数把产品的目标成本分配到每一个功能上，作为各功能的评价值。

$$i \text{ 功能的目标成本}(C_i') = \text{方案总目标成本}(C) \times i \text{ 功能的功能评价系数}(F_i)$$

(7-7)

$$i \text{ 功能的成本降低值}(\Delta C_i) = i \text{ 功能的目前成本}(C_i) - i \text{ 功能的目标成本}(C_i')$$

(7-8)

当 $\Delta C_i > 0$ 时，说明实际成本偏高，可能存在功能过剩，甚至是多余功能；当 $\Delta C_i < 0$ 时，说明实际成本偏低，有可能造成功能不足，应适当增加成本。需注意的是，在实际评定时，往往还应结合具体情况进行深入分析。

【例 7-7】 某房地产开发公司拟对一住宅商品房进行精装修后出售。根据市场调查，该小区目标客户群能接受的装修造价在 1000~2000 元/m² 之间，开发公司决定以 1500 元/m² 作为本次精装修工程的目标成本。价值工程小组按限额设计方法，以建筑面积 100m² 的户型为例，确定出该户型的精装修工程的目标成本额为 15 万元。

成本预算部门提供的各装饰功能项目的现实成本、价值工程小组提供的功能评分值见表 7-15，试确定该工程的成本改进顺序（考虑排序的前 4 位）。

各功能项目现实成本与功能得分　　　表 7-15

功能项目	现实成本（元）	功能得分（A_i）
楼地面工程	34226	4.51
墙柱面工程	20133	5.10
顶棚工程	10240	3.01
家具工程	24186	4.79
门窗工程	17646	4.24
水电气工程	25267	2.98
厨卫设备工程	40031	5.78
其他工程	3217	0.56
合计	174946	30.97

【解】　根据公式（7-3）确定该工程各功能项目的功能评价系数，根据公式（7-7）求出目标成本，根据公式（7-8）得出成本控制值，并确定功能项目的成本改进顺序，见表 7-16。

各功能项目功能评价系数、目标成本及改进排序计算表　　　表 7-16

功能项目	现实成本（元）	功能评分值（A_i）	功能评价系数	目标成本（元）	应降低额（元）	改进排序
楼地面工程	34226	4.51	0.146	21900	12326	①
墙柱面工程	20133	5.10	0.165	24750	−4617	④
顶棚工程	10240	3.01	0.097	14550	−4310	
家具工程	24186	4.79	0.155	23250	936	
门窗工程	17646	4.24	0.137	20550	−2904	
水电气工程	25267	2.98	0.095	14250	11017	③
厨卫设备工程	40031	5.78	0.187	28050	11981	②
其他工程	3217	0.56	0.018	2700	517	
合计	174946	30.96	1.000	150000	24946	

7.5　价值工程方案创造与评选

7.5.1　方案的创造方法

价值工程活动能否成功，关键是在正确的功能分析和评价的基础上，提出切实可行的新方案或替代方案。方案创造的理论依据是功能载体具有替代性，方案创造的过程是思想高度活跃的创新过程。常用的方案创造方法有以下几种。

1. 头脑风暴法

头脑风暴法是指自由奔放地思考问题。即由对改进对象非常了解的人员在融洽和不受任何限制的气氛中进行讨论座谈，打破常规、积极思考、互相启发、集思广益，提出创新方案。这种方法可使获得的方案新颖、全面、富于创造性，并可以防止片面和遗漏。

2. 哥顿法（模糊目标法）

哥顿法的特点是与会人员会前不知道议题，会议组织者把所要研究的问题抽象化，不涉及实质性问题，以免参会人思维受约束。待会议进行到一定时机，再宣布会议的中心议题，在先前抽象化思维联想的基础上，研究和提出与议题相关的各种新方案。

3. 专家意见法（德尔菲法）

该方法已在 6.2.1 中介绍过，此处不再赘述。

7.5.2 方案评选

方案的评价主要从方案的技术评价、经济评价和社会评价三方面入手。技术评价围绕"功能"，评价方案在技术上有无实现的可能性；经济评价是从成本上分析方案成本有无降低的可能，能否实现预定的目标工程；社会评价是针对方案给社会带来的影响，如资源的有效利用、环境保护等。在上述三方面评价的基础上，进行方案的综合评价。

经过评价，淘汰不能满足要求的方案，选择技术上可行、经济上合理，并能最有效利用社会资源的方案实施。

价值系数法是对方案进行经济评价常使用的方法。该方法通过分别确定出各备选方案的功能评价系数（也称功能系数）、成本系数，进而确定各方案的价值系数，价值系数最大的方案为最优方案。

1. 已知各方案功能得分进行的方案评选

已知各方案的功能得分时，可按选择价值工程分析对象的方法，依据公式（7-3）～公式（7-5）进行计算评选。

【例 7-8】 某项目有 A、B、C、D 四个设计方案，通过专业人员测算和分析，四个方案的功能得分和单方造价如表 7-17 所示。按照价值工程原理，选择实施的方案。

各方案的功能得分和单方造价　　　表 7-17

方案	A	B	C	D
功能得分	98	96	99	94
单方造价(元/m²)	5000	5400	5200	4900

【解】 根据公式（7-3）～公式（7-5）和表 7-17 的数据，计算结果见表 7-18。

各方案的价值系数计算表　　　表 7-18

方案	A	B	C	D	Σ
功能得分	98	96	99	94	387
单方造价(元/m²)	5000	5400	5200	4900	20500
功能评价系数	0.253	0.248	0.256	0.243	1.000
成本系数	0.244	0.263	0.254	0.239	1.000
价值系数	1.037	0.943	1.008	1.017	

比较各方案价值系数，可知应选择方案 A 为实施方案。

2. 根据各方案综合功能得分进行的方案评选

若已知方案各功能的重要性比重与方案对各功能的满足程度得分，应通过方案的功能综合得分 W_i（方案功能总分）进行方案评选。方案的功能综合得分 W_i 计算公式为：

$$W_i = \sum_j \varphi_j S_{ij} \tag{7-9}$$

式中　φ_j——j 功能的重要性比重；

S_{ij}——i 方案对 j 功能的满足程度得分值。

方案的功能评价系数计算公式为：

$$F_i = \frac{\sum\limits_j \varphi_j S_{ij}}{\sum\limits_i \sum\limits_j \varphi_j S_{ij}} \tag{7-10}$$

由公式（7-10）计算出方案的功能评价系数后，再分别按公式（7-4）、公式（7-5）计算出 i 功能的成本系数与价值系数，根据价值系数大小进行方案的评选。

【例 7-9】　某剧院的内墙装修工程，具有五项基本功能和三项辅助功能，设计人员据此设计了 A、B、C 三个装修方案。A、B、C 三方案的成本系数分别为 0.406、0.310、0.284。各功能的重要性比重与不同方案对功能的满足度得分见表 7-19。试根据价值系数选择最优方案。

各功能的重要性比重及方案对功能的满足程度评价表　　　　　　　　　表 7-19

功能	F_1	F_2	F_3	F_4	F_5	F_6	F_7	F_8
重要性比重 φ_j	0.408	0.122	0.106	0.078	0.091	0.104	0.056	0.035
方案	方案对功能的满足程度得分（S_{ij}）							
A	8	7	9	8	8	10	10	9
B	9	6	9	6	10	9	7	8
C	8	8	6	7	6	8	8	9

【解】　先根据公式（7-9）、公式（7-10）计算出方案的功能综合得分和功能评价系数，再根据公式（7-5）计算价值系数，见表 7-20。比较各方案的价值系数，可知 B 方案为最优方案。

各方案的价值系数计算表　　　　　　　　　表 7-20

	A	B	C	合计
方案功能综合得分 W_i	8.339	8.344	7.563	24.246
方案功能评价系数 F_i	0.344	0.344	0.312	1.000
方案成本系数 C_i	0.406	0.310	0.284	1.000
方案价值系数 V_i	0.847	1.110	1.098	

7.6　价值工程应用案例

本案例以某住宅设计方案为例，介绍价值工程在设计阶段进行方案评价的应用方法。

7.6.1　资料收集

（1）通过问卷调查，收集用户对住宅的功能要求。

（2）收集住宅设计方案方面的资料。

（3）了解住宅施工方面的资料。

（4）收集住宅施工的新工艺、新材料；建筑材料价格和住宅建筑的各类技术经济指标。

7.6.2　功能分析

由设计、施工及建设单位的有关人员组成价值工程研究小组，小组成员对住宅的平面布局、采光通风、层高与层数、牢固耐久、三防设施（防火、防震和防空）、建筑造型、内外装饰、环境设计、技术参数和其他等 10 方面进行了功能定义、整理。

（1）在功能分析中，分别对上述 10 个功能的重要性进行评价打分，设各项功能的重要性总分为 100 分，根据工程经验，各项功能的得分值见表 7-21。

各功能得分值及功能重要性比重表　　　　　　表 7-21

| 功能 | | 用户评分 | | 设计人员评分 | | 施工人员评分 | | 功能重要性比重 |
		得分	F_{i1}＝得分×0.6	得分	F_{i2}＝得分×0.3	得分	F_{i3}＝得分×0.1	φ_j＝$(F_{i1}+F_{i2}+F_{i3})/100$
适用	平面布局 F_1	40.280	24.168	31.630	9.489	35.250	3.525	0.372
	采光通风 F_2	17.280	10.368	14.380	4.314	15.500	1.550	0.162
	层高层数 F_3	2.875	1.725	4.250	1.275	3.875	0.388	0.034
安全	牢固耐久 F_4	21.290	12.774	14.250	4.275	20.630	2.063	0.191
	三防设施 F_5	4.375	2.625	5.250	1.575	2.870	0.287	0.045
美观	建筑造型 F_6	2.250	1.350	5.870	1.761	1.550	0.155	0.033
	内外装饰 F_7	8.025	4.815	11.120	3.336	6.850	0.685	0.088
其他	环境设计 F_8	1.150	0.690	8.000	2.400	5.500	0.550	0.036
	技术参数 F_9	1.050	0.630	2.000	0.600	1.875	0.188	0.014
	其他 F_{10}	1.425	0.855	3.250	0.975	6.100	0.610	0.024
合计		100	60	100	30	100	10	1

（2）将用户、设计人员、施工人员的评分意见进行综合，三者的权重分别定为 60%、30% 和 10%。经整理后，各功能重要度比重见表 7-21。

7.6.3　方案设计与评价

设计人员根据收集的资料，共设计了 3 个建筑面积相同的方案，各方案特征、单方造价、成本系数见表 7-22。

各方案特征、单方造价及成本系数　　　　　　表 7-22

方案	主要特征	单方造价(元/m²)	各方案成本系数
A	结构方案为大柱网框架轻墙体系，采用预应力大跨度叠合楼板，墙体材料采用多孔砖及移动可拆装式分室隔墙，窗户采用单框双玻璃空腹钢窗	3600	0.375
B	结构方案基本同 A，窗户采用单框双层玻璃塑钢窗	3200	0.333
C	结构方案采用砖混结构体系，采用现浇混凝土楼板，窗户采用单玻璃空腹塑钢窗	2800	0.292
合计		9600	1.000

研究小组将设计的方案分别对 10 项功能的满足程度进行了评价，得分见表 7-23。

各方案的重要性比重及方案对功能的满足程度评价表　　　　表 7-23

功能	F_1	F_2	F_3	F_4	F_5	F_6	F_7	F_8	F_9	F_{10}	方案功能综合得分 $W_i = \sum \varphi_j S_{ij}$	方案功能评价系数
重要性比重 φ_j	0.372	0.162	0.034	0.191	0.045	0.033	0.088	0.036	0.014	0.024		
方案	方案对功能的满足程度得分(S_{ij})											
A	10	10	9	10	8	10	6	10	9	6	9.404	0.344
B	10	9	8	10	7	8	6	6	8	10	9.035	0.330
C	9	10	9	10	8	9	6	8	9	6	8.927	0.326
合计											27.366	1.000

利用表 7-22、表 7-23，可得各方案的价值系数，见表 7-24。

各方案的价值系数计算表　　　　　　表 7-24

方案名称	功能评价系数	成本系数	价值系数
A	0.344	0.375	0.917
B	0.330	0.333	0.991
C	0.326	0.292	1.116

由表 7-24 可知，方案 C 为最优方案。

7.6.4　成本控制

对选出的最优方案 C，设计人员按限额设计方法，确定出建安工程目标成本额为 28000 万元。然后以主要分部工程为对象进一步开展价值工程分析，采用 01 评分法对主要分部工程评分，同时分析了分部工程的目前成本，见表 7-25。

各功能评分值及其目前成本　　　　　表 7-25

功能项目	功能得分	目前成本(万元)
A. ±0.000 以下工程	21	7708
B. 主体结构工程	35	9266
C. 装饰工程	28	8728
D. 水电安装工程	32	6438

由表 7-25，计算各分部工程的功能评价系数，见表 7-26。

各功能项目的功能评价系数计算表　　　　　表 7-26

功能项目	功能得分	功能评价系数
A. ±0.000 以下工程	21	0.181
B. 主体结构工程	35	0.302
C. 装饰工程	28	0.241
D. 水电安装工程	32	0.276
Σ	116	1.000

按公式（7-7）计算目标成本，按公式（7-8）计算成本降低值，得出各分部项目成本控制额及改进顺序，见表 7-27。

各分部项目成本控制额及改进顺序　　　　　表 7-27

功能项目	目前成本(万元)	目标成本(万元)	应降低额(万元)	成本改进顺序
A. ±0.000 以下工程	7708	5068	2640	①
B. 主体结构工程	9266	8456	810	
C. 装饰工程	8728	6748	1980	②
D. 水电安装工程	6438	7728	−1290	

B 工程和 D 工程相比，哪个排序在前，应根据具体情况来定，如 D 工程能在保证功能的前提下，降低成本，则可以不列为价值工程改进对象，但如果不能保证其功能，则优先选择 D 工程进行分析。

习　题

一、单选题

1. 价值工程的目的是提高产品的（　　）。

A. 功能　　　　　　B. 质量　　　　　　C. 价值　　　　　　D. 性能

2. 价值工程中的价值是指研究对象所具有的功能与取得该功能的（　　）之比。

A. 寿命周期收入　　B. 寿命周期成本　　C. 寿命周期产值　　D. 寿命周期残值

3. 从用户的角度分类，功能可分为（　　）。

A. 基本功能和辅助功能　　　　　　　B. 使用功能和美学功能

C. 过剩功能和不足功能　　　　　　　D. 必要功能和不必要功能

4. 在 ABC 分类法选择对象时，A 类部件的累计成本比重一般在（　　）%左右。

A. 10　　　　　　　B. 20　　　　　　　C. 50　　　　　　　D. 70

5. 用强制确定法选择分析对象时，应优先选择（　　）的对象进行分析。

A. $V<1$　　　　　B. $V>1$　　　　　C. $V=0$　　　　　D. $V=1$

二、多选题

1. 关于价值工程特点的说法，正确的有（　　）。

A. 价值工程的核心是对产品进行功能分析

B. 价值工程的目标是以最高的寿命周期成本使产品具备最大功能

C. 价值工程并不单纯追求降低产品的生产成本

D. 价值工程的主要工作是用传统的方法获得产品稳定的技术经济效益

E. 价值工程要求将产品的功能定量化

2. 价值工程研究对象选择的定量分析方法包括（　　）。

A. ABC 法　　　　　B. 价值指数法　　　　C. 强制分析法　　　　D. 鱼刺图分析法

E. 产品寿命周期选择法

3. 价值工程应用中，提高产品价值的途径包括（　　）。

A. 功能水平不变，降低成本

B. 成本保持相同的前提下，尽量提高功能

C. 既提高功能又降低成本

D. 功能和成本同时提高，成本提高大于功能提高

E. 功能和成本同时提高，功能提高大于成本提高

4. 下列关于功能现实成本与目标成本差额的说法，正确的是（　　）。

A. 当 $\Delta C>0$ 时，说明实际成本偏高，可能存在功能过剩

B. 当 $\Delta C>0$ 时，说明实际成本偏高，可能存在功能不足

C. 当 $\Delta C<0$ 时，说明实际成本偏低，有可能造成功能过剩

D. 当 $\Delta C<0$ 时，说明实际成本偏低，有可能造成功能不足

E. 当 $\Delta C=0$ 时，说明实际成本与功能比较匹配

5. 价值工程方案的创造方法包括（　　）。

A. 头脑风暴法　　　B. 百分比法　　　　C. 哥顿法　　　　　D. 德尔菲法

E. 01 评分法

三、计算题

1. 已知某产品由 5 个部件组成，各部件的功能重要性评价见表 1，各部件的成本见表 2，应用强制确定法和积值法确定价值工程的分析对象，并进行分析。

零部件功能重要性评价　　　　　　　　　　　　　　　　　　　　　表 1

	A	B	C	D	E	得分
A	×	1	0	1	1	3
B	0	×	0	1	1	2
C	1	1	×	1	1	4
D	0	0	0	×	0	0
E	0	0	0	1	×	1

各零部件成本（万元）　　　　表 2

	A	B	C	D	E	合计
成本	189	140	105	140	126	700

2. 某工程项目设计人员根据业主的要求，提出了 A、B、C 三个方案，请专家从五个方面对方案的功能进行重要性评价，得出：F_1 比 F_5 重要得多，F_5 比 F_3 重要得多，F_1 比 F_2 重要，F_3 比 F_4 重要。各专家还就三个方案对功能的满足程度分别评价，结果见表 3。已知 A、B、C 三个方案单方造价分别为 3160 元/m^2、3240 元/m^2、2920 元/m^2。

方案对功能的满足程度评价表　　　　表 3

功能	方案功能得分		
	A	B	C
F_1	9	8	9
F_2	8	7	8
F_3	8	10	10
F_4	7	6	8
F_5	10	9	8

（1）试用 04 评分法列表计算各功能评价系数。

（2）用价值系数法选择最佳方案。

3. 某分部工程由 6 个子项构成，各子项的功能评分及实际成本见表 4。已知该分部工程的目标成本为 165 万元，试确定成本改进的优选顺序（前 2 位）。

各子项的功能评分及实际成本　　　　表 4

序号	子项	功能评分	实际成本（万元）
1	A	11.9	61
2	B	7.7	13
3	C	22.8	16
4	D	9.4	30
5	E	8.8	9
6	F	39.4	48
Σ		100.0	177

四、思考题

某市为改善越江交通状况，提出以下两个方案：

方案 1：在原桥基础上加固、扩建。该方案预计投资 40000 万元，建成后可通行 20 年。这期间每年需维护费 1000 万元。每 10 年需要进行一次大修，每次大修费用为 3000 万元，运营 20 年后报废没有残值。

方案 2：拆除原桥，在原址建一座新桥。该方案预计投资 120000 万元，建成后可通行 60 年。这期间每年需维护费 1500 万元。每 20 年需要进行一次大修，每次大修费用为 5000 万元，运营 60 年后报废时可回收残值 5000 万元。

不考虑两方案建设期的差异，基准收益率为 6%。

主管部门聘请专家对该桥应具备的功能进行深入分析，认为应对 F_1、F_2、F_3、F_4、F_5 五个方面的功能进行评价，专家采用 04 评分法对各功能的重要性进行评分，评分的部分结果见表 5，同时就两个方案对各功能的满足程度也进行了打分，评分情况见表 6。

功能评分表 表 5

	F_1	F_2	F_3	F_4	F_5	得分	权重
F_1		2	3	4	4		
F_2			3	4	4		
F_3				3	4		
F_4					3		
F_5							
合计							

方案对功能的满足度评分表 表 6

	F_1	F_2	F_3	F_4	F_5
方案 1	6	7	8	9	9
方案 2	10	9	7	8	9

【问题】

(1) 完善表 5，并根据完善后的评分值，计算各功能的权重。

(2) 列式计算两方案的年费用。

(3) 采用价值工程法对两方案进行择优。

(4) 该桥梁未来将通过收取车辆通行费的方式收回投资和维持运营，若预计该桥梁的机动车通行量不少于 1500 万辆，分别列式计算两个方案每辆机动车的平均最低收费标准。

(1)、(2) 计算结果保留三位小数，(3)、(4) 计算结果保留两位小数。

本章重要概念与知识点

1. 工程项目风险分析的内容

风险识别、风险评估、风险防范对策。

2. 不确定性分析

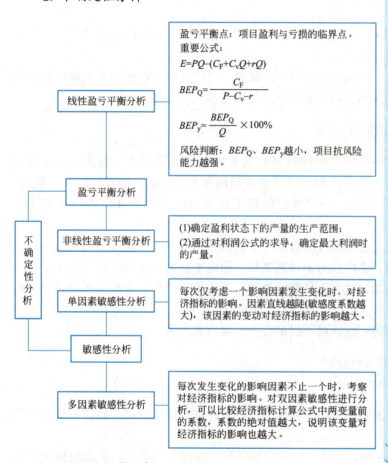

盈亏平衡点：项目盈利与亏损的临界点。

重要公式：

$E = PQ - (C_F + C_v Q + rQ)$

$$BEP_Q = \frac{C_F}{P - C_v - r}$$

$$BEP_y = \frac{BEP_Q}{Q} \times 100\%$$

风险判断：BEP_Q、BEP_y 越小，项目抗风险能力越强。

(1)确定盈利状态下的产量的生产范围；

(2)通过对利润公式的求导，确定最大利润时的产量。

每次仅考虑一个影响因素发生变化时，对经济指标的影响。因素直线越陡(敏感度系数越大)，该因素的变动对经济指标的影响越大。

每次发生变化的影响因素不止一个时，考察对经济指标的影响。对双因素敏感性进行分析，可以比较经济指标计算公式中两变量前的系数，系数的绝对值越大，说明该变量对经济指标的影响也越大。

3. 风险的概率分析

（1）分析方法：专家调查打分、概率树分析法、蒙特卡洛法等。

（2）概率树分析：适用于状态数有限的离散型变量，可根据每个变量的状态组合对项目进行风险评价。

评价指标 Z 的期望值：$E(Z) = \sum\limits_{j=1}^{n} Z_j \cdot p_j$

评价指标的方差：$D(Z) = \sum\limits_{j=1}^{n} [Z_j - E(Z)]^2 \cdot p_j$

评价指标的离散系数：$C(Z) = \dfrac{\sqrt{D(Z)}}{E(Z)}$

8.1 工程项目不确定性与风险分析概述

8.1.1 风险分析概念与分类

风险一般是未来发生不利事件的可能性。在工程项目中，风险有政治风险、经济风险、社会风险和工程风险四大类。

本章所论述的风险特指工程项目面临的经济风险。经济风险是指由于不确定性因素的存在，导致项目实施后不能达到预期财务和经济效益目标的可能性。

8.1.2 不确定性与风险的关系

工程项目的不确定性，一是指影响项目经济效果的各种经济要素（如价格、销售量等）的未来值具有不确定性；二是指测算项目各种经济要素的取值（如投资额、产量等）由于缺乏足够的信息或测算方法上的误差，使得工程项目经济效果评价指标带有不确定性。

不确定性的存在会导致工程项目经济效果评价的预期值与未来的实际值出现偏差，但这种偏差可以好于预期结果，也可以劣于预期结果。而对于特定的预期结果，为了避免投资失误，投资者所关注的是如何对劣于预期结果的可能性进行分析，即对工程项目风险的分析。

确切地说，风险具有不确定性，而不确定性不一定构成风险。

8.1.3 风险分析的作用与内容

1. 风险分析的作用

（1）在可行性研究中，通过进行项目风险分析，及时进行信息反馈，改进或优化项目设计，减少投资失误。

8-1 BOT项目承包商的潜在风险

（2）在项目实施过程中，通过对风险因素的识别，采用定性或定量的方法评估各风险因素发生的可能性及对项目的影响程度，揭示影响项目成败的关键风险因素，提出项目风险的预警、预报和应对措施，为项目的顺利实施提供科学的依据。

2. 风险分析的内容

工程项目风险分析的内容包括风险识别、风险评估和制订风险防范对策。

1）风险识别

工程项目风险识别就是要识别影响项目结果的各种不确定因素，并从这些因素中找出那些有潜在不利后果的风险因素。

项目风险主要来源于宏观经济、市场、项目自身、项目环境这四大方面。常见的风险识别方法有系统分解法、流程图法、头脑风暴法和情景分析法，由于篇幅所限，具体做法可查阅有关书籍。

2）风险评估

在风险识别的基础上，根据风险对项目的影响程度和风险发生的可能性，可以将风险划分为一般风险、较大风险、严重风险和灾难性风险四个等级。风险评估就是通过特定的方法，识别出项目面临的主要风险因素及风险等级，以便制订出相应的风险对策，减少投资决策的失误。

3）风险防范对策

（1）风险回避。风险回避是彻底规避风险的一种做法，是从根本上放弃使用有风险的方案。需要指出，风险回避对策，在某种程度上意味着丧失项目可能获利的机会，因此只有当风险因素可能造成的损失相当严重或者采取措施防范风险的代价过于昂贵，得不偿失的情况下，才应采用此对策。例如，在项目实施中不采用非成熟技术，就是一种项目风险回避的措施。

（2）风险控制。风险控制也称为风险的减轻与化解，它是对可控制的风险，提出降低风险发生可能性和减少风险损失程度的措施，并从技术和经济结合的角度论证拟采取控制风险措施的可行性与合理性。风险控制是一种主动、积极的风险对策。例如，当施工过程中，可能出现不同工种施工冲突风险时，可以采用及时沟通的方法来解决。

（3）风险转移。风险转移是通过某种方式将某种风险的后果连同对风险应对的权力和责任转移给其他人，转移的本身并不能消除风险，只是将风险管理的责任和可能从该风险管理中所能获得的利益转移给了他人。例如，通过合同或购买保险将项目风险转移给分包商或保险商的办法就属于这类措施。

（4）风险自留。风险自留是指将项目风险保留在风险管理主体内部，通过采取内部控制措施等来化解风险或者对这些保留下来的项目风险不采取任何措施。例如，已知有风险存在，但为了获得高额利润回报，甘愿冒险的项目，或者风险损失较小，可以自行承担风险损失的项目，可采取此方法。

8.2 不确定性分析

8.2.1 盈亏平衡分析

盈亏平衡分析是在完全竞争或垄断竞争的市场条件下，研究项目投产后正常生产年份的产量、成本、利润三者之间的平衡关系。对于一个项目而言，随着产销量的变化，盈利与亏损之间一般至少有一个转折点，这种转折点称为盈亏平衡点，通过考察项目的盈亏平衡点，可以确定项目适应产品变化的能力，判断工程项目在各种不确定性因素作用下的抗风险能力。

进行盈亏平衡分析应基于以下几点假设：

（1）一个项目只生产单一产品，若有几个产品，应选其主要产品进行分析；

（2）产品的销售价（P）、单位产品可变成本（C_v）、固定成本（C_F）在项目寿命周期内不变；

（3）生产量等于销售量，无产品积压；

（4）采用的分析数据是正常生产年份的数据。

由于销售收入与产品的销售量之间存在着线性和非线性两种关系，因而盈亏平衡分析也分为线性盈亏平衡分析和非线性盈亏平衡分析。

1. 线性盈亏平衡分析

项目的利润一般由销售收入（R）和总成本（C）决定，而收入和成本都与项目正常生产年份的产品产销量有关。总的销售收入在单位产品价格（P）一定的情况下与产品的产销量（Q）成正比，成本的总额与产销量之间也有着相互依存关系。

产品的成本总额由固定成本（C_F）和变动成本（$C_v \times Q$，其中 C_v 为单位产品变动成本）构成。固定成本总额在一定时间和生产规模内不随产销量变化，保持相对稳定；随着产销量的增加，单位产品所摊销的固定成本逐渐下降。变动成本的总额随产销量的变化而成比例增减，但单位产品的变动成本保持不变。在计算项目的利润时，还要考虑其产品应缴纳的税金总额（$r \times Q$，r 为单位产品应缴纳的各类税费）。

项目的利润（E）可由下式表示：

$$E=R-C=PQ-（C_F+C_vQ+rQ） \tag{8-1}$$

1）用产量表示的盈亏平衡点

当盈亏平衡时，企业利润为零，用产量表示的盈亏平衡点用式（8-2）计算，BEP_Q又称为保本点产量（Q^*）。盈亏平衡图如图 8-1 所示。

$$BEP_Q = \frac{C_F}{P-C_v-r} \tag{8-2}$$

盈亏平衡点 BEP_Q 越小，项目适应市场变化的能力及抗风险能力越强。

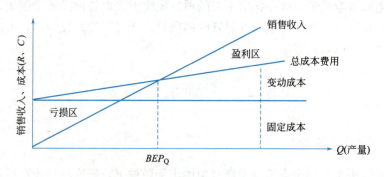

图 8-1　线性盈亏平衡图

2）用生产能力利用率表示的盈亏平衡点（BEP_y）

当已知保本时的产销量，可计算保本时的生产能力利用率 BEP_y。这个指标表示达到盈亏平衡时实际利用的生产能力占项目设计生产能力的比率。这个比率越小，说明项目适应市场变化和抵御风险的能力越强。

用生产能力利用率表示的盈亏平衡点的计算公式为：

$$BEP_y = \frac{BEP_Q}{Q_S} \times 100\%$$

$$= \frac{C_F}{PQ_S - C_v Q_S - r Q_S} \times 100\%$$

(8-3)

式中 Q_S——设计生产能力。

运用盈亏平衡分析，在工程项目选择时，应优先选择盈亏平衡点较低者。盈亏平衡点低意味着项目的抗风险能力较强。

3）保本最高单位产品成本的确定

在已知项目产品的销量（Q）、单位产品销售价格（P）和固定总成本（C_F）的情况下，可预测保本时的单位变动成本。将其与项目产品实际可能发生的单位产品变动成本相比较，从而判断拟建项目有无成本过高的风险。

$$BEP_C = P - r - \frac{C_F}{Q}$$

(8-4)

式中 BEP_C——与产销量 Q 对应的单位产品变动成本，也称为保本最高单位产品成本。

4）保本最低销售价格的确定

当已知项目产品的产销量（Q）、单位产品变动成本（$C_v + r$）及固定总成本（C_F）时，可测算保本时的单位产品销售价格。将其与市场预测价格相比较，可判断拟建项目在产品价格方面能承受的风险。

$$BEP_P = C_v + r + \frac{C_F}{Q}$$

(8-5)

式中 BEP_P——与产销量 Q 对应的保本单位产品售价，也称保本最低销售价格。

【例 8-1】 某项目年设计生产能力 15 万件，每件产品价格为 600 元，单位变动成本为 200 元，单位产品税金为 100 元，年固定成本为 1800 万元。

求：（1）达到设计生产能力时的盈利（即最大利润）是多少？

（2）以产量表示的盈亏平衡点和用生产能力利用率表示的盈亏平衡点为多少？

（3）年利润为 1500 万元时要求的年产量是多少？

（4）当市场需求为 8 万件时，企业可接受的最低销售单价为多少？如保持销售单价不变，则此时可接受的最高单位变动成本为多少？

【解】 （1）最大利润：

$$E = PQ - C_v Q - rQ - C_F$$
$$= 600 \times 15 - 200 \times 15 - 100 \times 15 - 1800 = 2700 \text{ 万元}$$

（2）产量表示的盈亏平衡点：

$$BEP_Q = \frac{C_F}{P - C_v - r} = \frac{1800}{600 - 200 - 100} = 6.0 \text{ 万件}$$

生产能力利用率表示的盈亏平衡点：

$$BEP_y = \frac{BEP_Q}{Q_S} \times 100\% = \frac{6.0}{15} \times 100\% = 40\%$$

（3）年利润为 1500 万元时的年产量：

$$Q = \frac{E + C_F}{P - C_v - r} = \frac{1500 + 1800}{600 - 200 - 100} = 11.0 \text{ 万件}$$

（4）企业可接受的最低销售单价：

$$BEP_P = 200 + 100 + \frac{18000000}{80000} = 525 \text{ 元}$$

企业可接受的最高单位变动成本：

$$BEP_C = 600 - 100 - \frac{18000000}{80000} = 275 \text{ 元}$$

2. 非线性盈亏平衡分析

在竞争状态下，随着产品数量的增加，产品的市场销售价就要下降，使得销售收入与产销量之间呈非线性关系；同时，材料价格、人工费等各种因素的影响，也会使产品的总成本与产销量之间为非线性关系，导致盈亏平衡点多于一个。

【例 8-2】 某项目的年固定成本为 800000 元，单位变动成本为 400 元（已含税金）。每多生产一件产品，单位变动成本可降低 0.1 元；单位销售价格为 1000 元，销量每增加一件产品，销售价格下降 0.2 元。试求盈亏平衡点。

【解】 根据题意，有：

单位产品的售价 $P = (1000 - 0.2Q)$；

单位产品的变动成本 $C_v = (400 - 0.1Q)$；

盈亏平衡点时，$PQ = C_F + C_v Q$

即 $1000Q - 0.2Q^2 = 800000 + (400 - 0.1Q)Q$

$0.1Q^2 - 600Q + 800000 = 0$ 解得：

$$Q_1 = \frac{600 - \sqrt{600^2 - 4 \times 0.1 \times 800000}}{2 \times 0.1} = 2000 \text{ 件}$$

$$Q_2 = \frac{600 + \sqrt{600^2 - 4 \times 0.1 \times 800000}}{2 \times 0.1} = 4000 \text{ 件}$$

绘出非线性盈亏平衡示意图，如图 8-2 所示。可以看出，当产量小于盈亏平衡点 Q_1（2000 件）和大于盈亏平衡点 Q_2（4000 件）时，销售收入均小于总成本，即项目亏损。所以，项目的产量应安排在 Q_1 和 Q_2 之间。

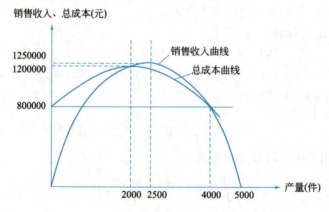

图 8-2 非线性盈亏平衡图

【例 8-3】　某项目所生产的产品的固定成本为 12 万元，单位变动成本为 800 元，产品销售收入（已扣除税金）与销售量的关系为 $R = 24000Q^{1/2}$，试确定该产品产量的经济规模区间和最大利润时的销售量（最优规模）。

【解】　（1）求该产品产量的经济规模区间：

$E = 24000Q^{1/2} - 120000 - 800Q$

当 $E = 0$ 时，有 $24000Q^{1/2} - 120000 - 800Q = 0$

令：$Q^{1/2} = x$，$800x^2 - 24000x + 120000 = 0$

即：　　　　　　　　　　　　$x^2 - 30x + 150 = 0$

$$x_{1,2} = \frac{30 \pm \sqrt{30^2 - 4 \times 1 \times 150}}{2 \times 1} = \frac{30 \pm \sqrt{300}}{2}$$

$x_1 = 23.66$，$Q_1 = 560$ 件；$x_2 = 6.34$，$Q_2 = 40$ 件，绘出经济规模区间与最优规模示意图，如图 8-3 所示。

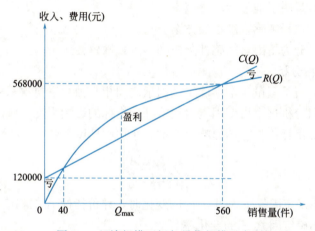

图 8-3　经济规模区间与最优规模示意图

（2）求最大利润时的销售量（Q_{max}）

令：$E' = 0$，$(24000Q^{1/2} - 120000 - 800Q)' = 12000Q^{-\frac{1}{2}} - 800 = 0$

有：$Q_{max} = \left(\dfrac{12000}{800}\right)^2 = 225$ 件

8.2.2　敏感性分析

敏感性是不确定性因素的变动对项目经济评价指标（如内部收益率、净现值、投资回收期等）的影响程度。

敏感性分析是通过分析、预测各种不确定性因素发生变化时对项目经济指标的影响，从中找出对经济指标影响程度较大的因素（敏感因素）。进行敏感性分析可提高对项目经济效果评价的准确性和可靠性。通过敏感性分析，可研究相关因素的变动引起经济效果评价指标的变动幅度、区别不同项目方案的敏感性大小，以便选取敏感性小的方案，减小项目的风险性。敏感性分析既可用于财务评价，也可用于国民经济评价。

敏感性分析的一般程序：

（1）确定敏感性分析指标。敏感性分析指标，就是指敏感性分析的具体对象。常用的敏感性分析的指标有投资回收期、内部收益率、投资利润率、净现值等。

（2）选取不确定因素，设定其变化幅度和范围。所谓不确定因素，是指在预计的可能变化范围内将较强影响经济效益指标值，或在确定性经济评价中所用数据的准确性把握不大的因素，如产品销量、售价、经营成本、项目建设年限、折现率、投资额等。例如，对于产品主要供应国际市场的项目，产品销售受国际市场供求的影响大，且难以控制，因此产品销售量将构成项目的不确定因素，需重点加以分析。

（3）计算不确定因素的变动对分析指标的影响程度。计算方法是在固定其他变量因素的条件下，按预定的变化幅度来变动某些不确定因素，计算其变动对经济评价指标的影响程度（变化率），并按对应关系，绘成图或列成表。

（4）找出敏感因素。根据不确定因素的变动幅度与经济评价指标变动率的对应关系，可比较出对经济评价指标影响最强的因素，即为工程项目的敏感因素。在实际工作中，可运用敏感性分析图直观明了地显示敏感因素。

（5）综合分析，选择敏感程度小的方案。

敏感性分析可以分为单因素敏感性分析和多因素敏感性分析。

1. 单因素敏感性分析

单因素敏感性分析是假设各个不确定性因素之间相互独立，每次只考察一个因素，其他因素保持不变，以分析这个可变因素对经济评价指标的影响程度或敏感程度。

不确定因素对经济评价指标的影响程度的大小用敏感度系数 S_K 表示，计算公式为：

$$S_K = \frac{\Delta A / A}{\Delta F / F} \tag{8-6}$$

式中　$\Delta A / A$——不确定因素 F 发生 ΔF 的变化时，评价指标 A 的相应变化率（%）；

　　　$\Delta F / F$——不确定因素 F 的变化率（%）。

【例 8-4】　某工程项目达产后年产量为 10 万台，每台售价 800 元，单台成本 500 元，项目投资 8800 万元，综合税率 10%，项目寿命期 15 年。选定产品售价、投资、成本、产量四个变量因素，各按 ±10% 和 ±15% 的幅度变动，试对该项目的投资利润率作敏感性分析。

【解】　投资利润率计算公式为：

$$投资利润率 = \frac{年产品销售收入 - 年总成本 - 年税金}{全部投资} \times 100\%$$

根据题目给定数据分别计算四个不确定性变量因素的不同变动幅度对投资利润率的影响程度。计算结果见表 8-1。敏感性分析示意图如图 8-4 所示。

敏感性分析表　　　　　　　　　　　　　　　　　表 8-1

项目	年产量	单价	产品销售收入	年总成本	年税金	全部投资	年利润	投资利润率	敏感度系数
单位	万台	元	万元	万元	万元	万元	万元	%	
基本方案	①	②	③=①×②	④	⑤=③×10%	⑥	⑦=③-④-⑤	⑧=⑦/⑥	⑨
	10	800	8000	5000	800	8800	2200	25.00	

续表

项目		年产量	单价	产品销售收入	年总成本	年税金	全部投资	年利润	投资利润率	敏感度系数
价格因素变动	-15%	10	680	6800	5000	680	8800	1120	12.73	+3.27
	-10%	10	720	7200	5000	720	8800	1480	16.82	+3.27
	+10%	10	880	8800	5000	880	8800	2920	33.18	+3.27
	+15%	10	920	9200	5000	920	8800	3280	37.27	+3.27
投资因素变动	-15%	10	800	8000	5000	800	7480	2200	29.41	-1.18
	-10%	10	800	8000	5000	800	7920	2200	27.78	-1.11
	+10%	10	800	8000	5000	800	9680	2200	22.73	-0.91
	+15%	10	800	8000	5000	800	10120	2200	21.74	-0.87
成本因素变动	-15%	10	800	8000	4250	800	8800	2950	33.52	-2.27
	-10%	10	800	8000	4500	800	8800	2700	30.68	-2.27
	+10%	10	800	8000	5500	800	8800	1700	19.32	-2.27
	+15%	10	800	8000	5750	800	8800	1450	16.48	-2.27
产量因素变动	-15%	8.5	800	6800	4250	680	8800	1870	21.25	+1.00
	-10%	9	800	7200	4500	720	8800	1980	22.50	+1.00
	+10%	11	800	8800	5500	880	8800	2420	27.50	+1.00
	+15%	11.5	800	9200	5750	920	8800	2530	28.75	+1.00

从表 8-1 和图 8-4 可以看出：价格因素为最敏感因素，只要销售价格增长（或降低）1%，投资利润率可增长（或降低）3.27%。

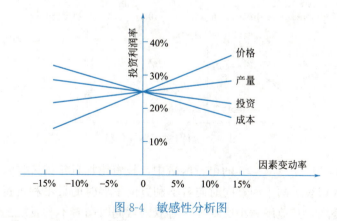

图 8-4 敏感性分析图

进行单因素敏感性分析时，因素直线越陡，即因素直线的斜率的绝对值越大，该因素的变动对经济指标的影响越大。

2. 多因素敏感性分析

如果考虑每次变动的风险因素超过一个，即为多因素敏感性分析。多因素敏感性分析就是要考虑各种风险因素可能发生的不同变化幅度的多种组合。多因素的组合关系有多种，分析起来十分困难，通常情况下，多因素敏感性分析都假定同时变动的因素是相互独立的。

【例 8-5】 某项目固定资产投资为 1500 万元、年销售收入为 300 万元、年经营费用为 45 万元、项目寿命期为 10 年、固定资产残值为 50 万元、基准收益率（i_c）为 10%。试对该项目的财务净现值进行投资和年销售收入的双因素敏感性分析。

【解】 设 X 表示投资变化率，Y 表示年销售收入变化率，则：

$$FNPV(10\%) = -1500(1+X) + 300(1+Y) \times (P/A,\ 10\%,\ 10)$$
$$-45(P/A,\ 10\%,\ 10) + 50(P/F,\ 10\%,\ 10)$$
$$= 86.15 - 1500X + 1843.38Y$$

如果 $FNPV(10\%) \geqslant 0$，则：

$$86.15 - 1500X + 1843.38Y \geqslant 0$$

化简得：

$$Y \geqslant -0.0467 + 0.8137X$$

把上述不等式绘于投资变化率 X 和年销售收入变化率 Y 的二维平面图上，如图 8-5 所示，直线 $Y = -0.0467 + 0.8137X$ 为临界线，即 $FNPV(10\%) = 0$，临界线以上的区域 $FNPV(10\%) > 0$，为项目的可行区域；临界线以下的区域 $FNPV(10\%) < 0$，为项目的不可行区域。

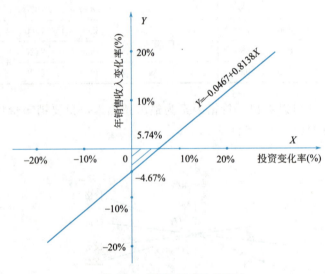

图 8-5　双因素敏感性分析

在本例题 $FNPV(10\%) \geqslant 0$ 的可行区域中，投资增加且年销售收入减少的范围为图示阴影部分。该区域表示两个因素同时向着不利方向发展时的最不利可行区域，双因素的风险在此处耦合叠加，其范围大小反映项目对双因素同时向着不利发展的承受能力：当该区域较小时，说明项目承受能力较小，风险较大；反之，若该区域较大，说明项目承受能力较大，风险较小。

由公式 $FNPV(10\%) = 86.15 - 1500X + 1843.38Y$ 还可以看出，Y 的系数为 1843.38，X 的系数为 -1500，即销售收入增加 1%，$FNPV$ 增加 18.43 万元，投资增加 1%，$FNPV$ 减少 15 万元；项目对年销售收入的变化更为敏感。因此，进行双因素敏感性分析时，可以比较经济指标计算公式中两变量前的系数，系数的绝对值越大，说明该变量对经济指标的影响也越大。

通过敏感性分析，可以在众多的不确定因素中找出影响项目总体目标的关键风险因素，使项目的风险管理人员将注意力集中于这些关键因素，以减少项目的风险，但敏感性分析不能提供项目盈利变化的可能性大小，无法对项目的风险进行定量描述。如果要进行定量的分析，则需采用概率分析方法。

8.3 概率分析

概率分析方法是一种利用概率理论研究风险因素的随机变化对项目经济指标的影响，以及判定项目可能发生的风险程度的方法。常见的概率分析方法有：

（1）专家调查打分。该方法适用于项目决策前期，在项目数据资料不全的情况下，凭借工作经验，对影响经济指标的变量发生的概率进行估计，对项目的风险进行评价。

（2）概率树分析法。适用于评价状态数有限的离散型变量，可根据每个变量的状态组合对项目的风险进行评价。

（3）蒙特卡洛模拟法。利用计算机对实际可能发生的情况进行模拟或仿真，适用于评估多个非确定型风险因素在不同状态下对项目总体目标所产生的影响。

8-2 蒙特卡洛
模拟法

8.3.1 专家调查打分法

专家调查打分法是建立在主观概率分析基础之上的一种方法，是一种最常见、最简单且易于应用的整体风险评估方法。

专家调查打分法的工作内容包括：

（1）识别出工程项目可能遇到的风险，列出风险表；

（2）将列出的风险表提交给有关专家，利用专家的经验，对风险的重要程度进行评估；

（3）收集专家对风险的评估意见并作计算分析，确定出工程项目的整体风险。

具体步骤为：

（1）针对风险识别结果，确定每个风险因素的权重（对项目目标的影响程度）。

（2）确定每个风险因素的等级值。等级值的确定可根据风险出现的可能性，风险引起的后果严重程度及风险可接受程度等进行，其方法可参考相关资料。

（3）计算出每一风险因素的得分，计算公式如下：

$$r_i = \sum_{j=1}^{m} \omega_{ij} s_{ij} \tag{8-7}$$

式中 r_i——风险因素 i 的得分；

ω_{ij}—— j 专家对风险因素 i 赋予的权重；

s_{ij}—— j 专家对风险因素 i 赋予的等级值；

m——参与打分的专家数（不少于 10 位）。

得分越高的风险因素对项目影响越大，故可在此基础上确定出主要风险因素。

（4）将逐项风险因素的得分相加，得出工程项目整体风险的得分，总分越高，整体风险越大。总分计算公式如下：

$$R = \sum_{i=1}^{n} r_i \qquad (8\text{-}8)$$

式中　R——工程项目整体风险得分；

　　　r_i——风险因素 i 的得分；

　　　n——风险因素的个数。

如果考虑到各位专家的经验以及对其评估项目的了解程度、知识领域等方面的因素，可以对专家评分的权威性确定相应的权重数，则可将式（8-7）修正为：

$$r_i = \sum_{j=1}^{m} \omega_{ij} s_{ij} \alpha_j \qquad (8\text{-}9)$$

式中　α_j——j 专家的权威性权重数。

专家调查打分法的优点在于简单易懂、节约时间，可以较方便的识别主要的风险因素。这种方法特别适用于项目决策前期，因为在这个阶段往往缺乏项目具体的数据资料，项目的未来不确定性最大。

8.3.2　概率树分析法

概率树分析法是通过构造概率树来估计项目整体风险的一种方法。从理论上讲，该方法适用于状态数有限的离散型变量，根据每个变量的状态组合计算项目的评价指标。概率树分析的一般步骤是：

1）列出要考虑的项目经济评价指标（如 $FNPV$、$FIRR$、P'_t 等）及影响该指标的各风险因素（如投资、经营成本、销售价格等）；

2）设想各种风险因素可能发生的状态，分别确定各种状态可能出现的概率，并使每种风险因素可能发生的状态出现的概率之和等于 1；

3）根据各风险因素可能发生的状态构造概率树；

4）计算概率树中每一分枝（即各风险因素的每一种组合）出现的概率及相应的评价指标值；

5）根据具体要求进行项目评价指标的计算并作相应的分析。

（1）项目评价指标的期望值、方差及离散系数的计算公式如下：

$$E(Z) = \sum_{j=1}^{n} Z_j \cdot p_j \qquad (8\text{-}10)$$

式中　$E(Z)$——经济评价指标 Z 的期望值；

　　　Z_j——第 j 种风险因素组合状态下经济评价指标 Z 的评价值；

　　　p_j——第 j 种风险因素组合状态出现的概率；

　　　n——风险因素组合状态的总数。

（2）项目评价指标的方差计算公式如下：

$$D(Z) = \sum_{j=1}^{n} [Z_j - E(Z)]^2 \cdot p_j \qquad (8-11)$$

（3）项目评价指标的离散系数计算公式如下：

$$C(Z) = \frac{\sqrt{D(Z)}}{E(Z)} \qquad (8-12)$$

若要考虑评价指标大于（或小于、等于）某一数值的概率，则可先将 Z_j 从小到大进行排序，列出各 Z_j 对应的 p_j，再计算累计概率。通过计算累计概率和离散系数的大小，来判断项目风险的大小。

【例 8-6】 某项目投资 11000 万元，生产运营期 10 年，10 年后项目残值的现值为 1000 万元。项目运营期内，年销售收入和年经营成本的估计值分别为 4000 万元和 1900 万元。经研究，年销售收入和年经营成本为项目运营期的主要风险因素。每个风险因素有三种状态，其概率分布如表 8-2 所示。

（1）试计算该项目财务净现值的期望值、方差、离散系数。

（2）计算运营期内该项目 $FNPV \leqslant 0$（单位：万元）时的累计概率（假设基准收益率 $i_c = 8\%$）。

（3）判断该项目的风险大小。

风险因素概率分布表   表 8-2

风险因素变化幅度	$+20\%$	0	-20%
概率	0.3	0.5	0.2
年销售收入	0.3	0.5	0.2
年经营成本	0.3	0.5	0.2

【解】 已知项目的经济评价指标为 $FNPV$，风险因素为年销售收入和年经营成本。根据各风险因素可能发生的状态构造概率树，如图 8-6 所示。

（1）计算概率树中每一分枝（事件）的 $FNPV$ 值及对应的发生概率。

事件 1 的 $FNPV_1 = -11000 + 1000 + [4000(1+20\%) - 1900 \times (1+20\%)] \times$
$$\qquad\qquad (P/A, 8\%, 10)$$
$$\qquad\qquad = 6909.45 \text{ 万元}$$

对应的发生概率 $p_1 = 0.3 \times 0.3 = 0.09$

其他各事件的 $FNPV$ 及对应的发生概率计算方法同上，计算所得在图中相应位置标出。

根据式（8-10）～式（8-12）计算 $E(FNPV)$、$D(FNPV)$ 和离散系数：

$$E(FNPV) = \sum_{j=1}^{9} FNPV_j \cdot p_j = 4373.03 \text{ 万元}$$

$$D(FNPV) = \sum_{j=1}^{9} [FNPV_j - E(FNPV)]^2 \times p_j = 17305803.79$$

$$C(FNPV) = \frac{\sqrt{D(FNPV)}}{E(FNPV)} = \frac{4160.02}{4373.03} = 0.95$$

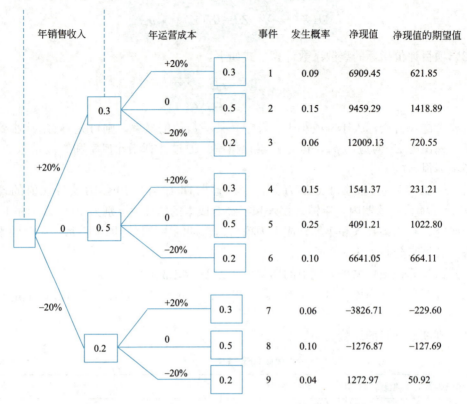

图 8-6　财务净现值计算的概率树

（2）计算该项目 $FNPV \leqslant 0$ 的概率

将净现值从小到大进行排序，列出其对应的发生概率，再计算累计概率，所得结果见表 8-3。

净现值及累计概率计算表　　　　　　　　　　　　　　　　　　　　　　表 8-3

事件 j	净现值 $FNPV_j$（万元）	发生概率 p_j	累计概率
7	−3826.71	0.06	0.06
8	−1276.87	0.10	0.16
9	1272.97	0.04	0.20
4	1541.37	0.15	0.35
5	4091.21	0.25	0.60
6	6641.05	0.10	0.70
1	6909.45	0.09	0.79
2	9459.29	0.15	0.94
3	12009.13	0.06	1.00

由表 8-3，采用插值法可求得，$FNPV \leqslant 0$ 的概率为：

$$0.16 + \frac{0.20 - 0.16}{1272.97 + 1276.87} \times 1276.87 = 0.18$$

即项目在运营阶段 $FNPV \leqslant 0$ 的概率为 18%。

（3）由计算可知，该项目净现值的期望值为 4373.03 万元，$FNPV \leqslant 0$ 的累计概率为 18%，离散系数为 0.95，因而该项目的风险不大。

采用概率树分析法，各个变量之间必须相互独立，否则联合概率就不是简单的各种状态概率之积。此外，由于计算量随变量或状态的增长呈几何级数增长，所以在实际运用中一般将变量数限制在 3 个及以下，状态数也不宜超过 3 个。

当变量数或状态数超过 3 个时，运用概率树进行风险分析的工作量将变得很大。这时可采用蒙特卡洛法，借助计算机进行模拟计算，通过随机抽样生成服从特定概率分布的影响因素数据，并据此计算相关的评价指标。经过反复地抽样、计算，当样本数足够大时，便可获得评价指标的概率分布以及累计概率分布、期望值、方差、标准差、离散系数等数据，从而评估项目的风险。蒙特卡洛法的具体分析方法，可见有关参考书籍。

习　题

一、单选题

1. 下述各项中，属于不确定性分析方法的是（　　）。

A. 敏感性分析　　　　B. 决策树分析　　　　C. 功能分析　　　　D. 价值分析

2. 关于项目盈亏平衡分析的表述，说法正确的是（　　）。

A. 盈亏平衡点要按计算期内各年的平均数据计算

B. 在盈亏平衡分析中，生产能力利用率越大越好

C. 项目的盈亏平衡点均只有一个

D. 盈亏平衡点越低，表明项目对市场变化的适应能力大

3. 为了进行盈亏平衡分析，需要将技术方案的运行成本划分为（　　）。

A. 历史成本和现实成本　　　　　　　　B. 过去成本和现在成本

C. 预算成本和实际成本　　　　　　　　D. 固定成本和可变成本

4. 进行单因素敏感性分析时，假定各个不确定因素之间相互独立，考查某一个因素时，应令其余因素（　　）。

A. 由小到大变化　　　B. 由大到小变化　　　C. 依次变化　　　D. 保持不变

5. 在线性盈亏平衡图中，销售收入线与（　　）线的交点是以产量表示的盈亏平衡点。

A. 变动成本　　　　B. 固定成本　　　　C. 总成本　　　　D. 总利润

二、多选题

1. 关于敏感性分析，下列说法正确的有（　　）。

A. 敏感度系数是指评价指标变化率与不确定因素变化率之比

B. 敏感度系数绝对值越大，项目抗风险的能力越强

C. 敏感度系数绝对值越大，项目抗风险的能力越弱

D. 单因素敏感性分析图中，斜率绝对值越大的因素越敏感

E. 敏感性分析仅适用于财务评价

2. 对建设项目进行风险分析，属于项目风险因素的是（　　）。

A. 项目净现值　　　B. 工程成本　　　C. 项目内部收益率

D. 项目投资额　　　E. 销售收入

3. 某技术方案经济评价指标对甲、乙、丙三个不确定因素的敏感度系数分别为-0.1、0.05、0.09，据此可以得出的结论有（　　　）。

A. 甲因素下降10%，方案达到盈亏平衡　　　B. 经济评价指标与丙因素反方向变化

C. 经济评价指标对甲因素最敏感　　　D. 经济评价指标对乙因素最不敏感

E. 丙因素上升9%，方案由可行转为不可行

4. 项目盈亏平衡分析中，若其他条件不变，可以降低盈亏平衡点产量的途径有（　　　）。

A. 降低固定成本　　　　　　　　　B. 提高设计生产能力

C. 降低产品售价　　　　　　　　　D. 降低单位产品变动成本

E. 提高营业税金及附加率

5. 工程项目风险分析中，常用的风险防范对策包括（　　　）。

A. 风险识别　　　B. 风险自留　　　C. 风险评估　　　D. 风险转移

E. 风险回避

三、计算题

1. 某建设项目设计生产能力为4万件，预计单位产品的变动成本为90元，售价为200元，单位产品税金为42元，年固定成本为120万元，试计算：

（1）该企业盈亏平衡时的年产量和年销售收入、生产能力利用率。若达到设计生产能力，每年可获利多少？

（2）假设市场售价下降8%时，在设计生产能力的产量下，可以接受的最高单位变动成本是多少？

2. 某项目的销售收入与产销量之间的关系为$B=2Q^2+7020Q$，总成本与产销量之间的关系为$C=3Q^2+4080Q+250000$，求以产销量表示的盈亏平衡点，作出生产安排。

3. 某项投资项目的主要参数估计值如下：初始投资1500万元，寿命为6年，残值为50万元，年收入为650万元，年支出为250万元，投资收益率为10%。

（1）假定各影响因素变动$\pm10\%$和$\pm20\%$，试对该项目的财务净现值进行投资、年销售收入和年经营成本的单因素敏感性分析。

（2）试对该项目的财务净现值进行投资和年经营成本的双因素敏感性分析。

四、思考题

某项目建设期为1年，初始投资为15万元，预测经营期内的年净收入可能为5万元、10万元、15万元，对应的概率分别为0.3、0.5和0.2。考虑技术进步和市场情况的影响，预测该项目的经营期可能为2、3、5、10年，对应的概率分别为0.1、0.2、0.5和0.2，折现率为10%。

（1）计算该项目净现值的期望值和离散系数。

（2）计算该项目$FNPV\leqslant0$的累计概率，并判断该项目的风险大小。

第9章 工程项目财务分析

本章重要概念与知识点

1. 工程项目财务分析的内容：盈利能力分析、偿债能力分析、财务生存能力分析。

2. 常用的财务分析报表：项目投资现金流量表、利润和利润分配表、项目资本金现金流量表、投资各方现金流量表、资产负债表、借款还本付息计划表、财务计划现金流量表。

3. 财务分析的主要步骤及内容

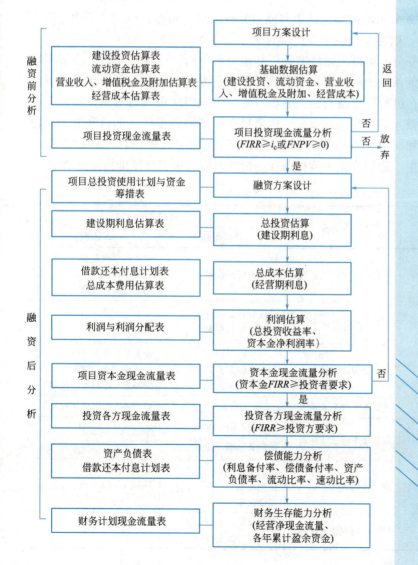

9.1　工程项目财务分析概述

9.1.1　财务分析的概念

9-1 哈佛财务
分析框架

工程项目财务分析是工程经济分析的重要组成部分。它是根据国家现行财税制度、价格体系和项目评价的有关规定，分析预测项目的财务效益和费用，编制财务报表，计算财务分析指标，考察和分析项目的盈利能力、偿债能力和财务生存能力，判别项目的财务可行性，明确工程项目对财务主体的价值以及对投资者的贡献，为投资决策、融资决策以及银行审贷提供依据。

9.1.2　财务分析的内容

对于经营性项目，财务分析的内容包括盈利能力分析、偿债能力分析和财务生存能力分析。对于非经营性项目，财务分析的主要内容为财务生存能力分析。

9-2 企业会计准则
第30号—财务
报表列报

财务分析可分为融资前分析和融资后分析。融资前分析是在不考虑债务融资条件的前提下，考察项目净现金流量的价值是否大于其投资成本，重在进行项目盈利能力分析，常用于投资决策。融资后分析是以设定的融资方案为基础，重在分析项目在拟定融资条件下的盈利能力、偿债能力和财务生存能力，判断项目方案在拟定融资条件下的财务可行性，常用于融资方案决策。财务分析的内容、报表与评价指标见表 9-1。

财务分析内容、报表与评价指标　　　　　　　　　　　表 9-1

财务分析内容		基本报表	评价指标	
			静态指标	动态指标
融资前分析	盈利能力分析	项目投资现金流量表	静态投资回收期	财务内部收益率 财务净现值 动态投资回收期
融资后分析	盈利能力分析	利润与利润分配表	总投资收益率 资本金净利润率	
		资本金现金流量表	资本金静态投资回收期	资本金财务内部收益率 资本金财务净现值 资本金动态投资回收期
		投资各方现金流量表		投资各方财务内部收益率
	偿债能力分析	借款还本付息估算表	利息备付率 偿债备付率	
		资产负债表	资产负债率 流动比率 速动比率	
	生存能力分析	财务计划现金流量表	各年净现金流量 各年累计盈余资金	

9.1.3　财务分析的步骤

1. 融资前分析

1）准备工作

（1）实地调研，熟悉拟建项目的基本情况，搜集整理相关信息。

（2）编制部分财务分析辅助报表。包括：建设投资估算表，流动资金估算表，营业收入、增值税金及附加估算表，经营成本估算表等。

2）投资决策分析

（1）编制项目投资现金流量表，计算项目投资财务内部收益率、净现值和项目投资回收期等盈利能力指标。

（2）若分析结果表明项目效益符合要求，再考虑融资方案，继续进行融资后分析。

（3）若分析结果不能满足要求，可通过修改方案设计完善项目方案，或据此作出放弃项目的建议。

2. 融资后分析

融资后分析主要包含盈利能力分析、偿债能力分析和财务生存能力分析，基本步骤如下：

（1）在融资前分析结论满足要求的前提下，初步设定融资方案。

（2）在已有的财务分析辅助报表的基础上，编制项目总投资使用计划与资金筹措表、建设期利息估算表、借款还本付息计划表、总成本费用估算表等。

（3）编制利润及利润分配表，计算总投资收益率、资本金净利润率等盈利能力指标。

（4）编制项目资本金现金流量表，计算项目资本金财务内部收益率、净现值、回收期指标，考察项目资本金可获得的收益水平。

（5）编制投资各方现金流量表，计算投资各方的财务内部收益率指标，考察投资各方可获得的收益水平。

（6）编制资产负债表，结合借款还本付息计划表，计算利息备付率、偿债备付率、资产负债率、流动比率、速动比率等偿债能力指标。

（7）编制财务计划现金流量表，计算各年净现金流量、各年累计盈余资金等财务生存能力指标。

9.2　财务效益与费用估算

工程项目的效益与费用是财务分析所需的基础数据，其估算的准确性与可靠程度直接影响财务分析的结论。

9.2.1　财务效益与费用识别

1. 财务效益与费用识别的原则

（1）与会计和税收制度相适应原则。项目效益与费用的识别总体上要求与会计准则和会计以及税收制度相适应。

（2）有无对比原则。有无对比是指"有项目"应针对"无项目"对比，找出效益与费用。

（3）效益和费用对应一致原则。在合理确定的项目范围内，对等地估算财务主体的直接效益以及相应的直接费用。

2. 财务效益

财务效益是指项目投产后，由于销售产品或提供劳务等所获得的营业收入、补贴收入等。市场化运作的经营性项目，项目目标是通过销售产品或提供服务实现盈利，其财务效益主要指所获得的营业收入。如为国家鼓励发展的经营性项目，可以获得增值税的优惠，按照会计及税收制度，先征后返的增值税应记作补贴收入。

3. 财务费用

项目财务费用指项目建设及投产以后，为生产、销售产品或提供劳务等支付的费用，主要包括投资、成本费用和税金。

9.2.2 财务效益与费用估算

工程项目财务效益与费用估算一般通过编制财务分析的辅助报表进行。本章 9.1.3 介绍了常见的辅助报表名称，报表格式详见国家发展改革委与住房和城乡建设部联合发布的《建设项目经济评价方法与参数》（第三版）及后续第 10 章中的相关内容。

9.3 工程项目盈利能力分析

9.3.1 项目盈利能力分析概述

根据项目财务分析的内容，项目盈利能力分析分为融资前盈利能力分析和融资后盈利能力分析两种。各盈利能力指标含义及优劣评判标准详见第 4 章。

1. 融资前盈利能力分析

融资前盈利能力分析是在不考虑债务融资条件的前提下，从项目投资总获利能力角度，考察项目方案设计的合理性。融资前盈利能力分析以营业收入、建设投资、经营成本和流动资金的估算为基础，考察整个计算期内现金流入和现金流出，编制项目投资现金流量表。基于项目投资现金流量表计算项目投资财务内部收益率、财务净现值、静态投资回收期和动态投资回收期等盈利能力指标。

融资前盈利能力分析应以动态分析为主，静态分析为辅，在项目建议书阶段，可只进行融资前分析。

2. 融资后盈利能力分析

融资后盈利能力分析是指以设定的融资方案为基础，考察项目在具体融资条件下，资本金和投资各方的盈利能力。融资后盈利能力分析包括动态分析和静态分析两种。其中，动态分析包括下列两个层次：

（1）项目资本金现金流量分析。项目资本金现金流量分析应在拟定的融资方案下，从项目资本金出资者的角度，确定其现金流入和现金流出，编制项目资本金现金流量表，计算项目资本金财务内部收益率、财务净现值、静态投资回收期、动态投资回收期指标，考察项目资本金可获得的收益水平。

（2）投资各方现金流量分析。投资各方现金流量分析应从投资各方实际收入和支出的角度，确定其现金流入和现金流出，分别编制投资各方现金流量表，计算投资各方的财务内部收益率等指标，考察投资各方可能获得的收益水平。

在进行资本金或投资各方盈利能力评价时，项目资本金内部收益率（或投资各方财务内部收益率）的评价基准是项目资本金投资方（或投资各方）对投资获利的最低可接受收益率。最低可接受收益率主要根据投资时的资本收益水平以及投资者对权益资金收益的要求来确定，它与资金机会成本和投资者对风险的态度有关。

融资后盈利能力分析中的静态分析是指依据利润与利润分配表，在不考虑资金时间价值的情况下，计算项目资本金净利润率（ROE）、总投资收益率（ROI）等指标。

9.3.2　盈利能力分析报表的编制

1. 融资前盈利能力分析报表

融资前盈利能力分析报表主要为项目投资现金流量表，通过该表可以计算项目所得税前、后的财务内部收益率、财务净现值和投资回收期。详见表 9-2。

项目投资现金流量表（万元）　　　　　　　表 9-2

序号	项目	合计	计算期					
			1	2	3	4	……	n
1	现金流入							
1.1	营业收入							
1.2	补贴收入							
1.3	回收固定资产余值							
1.4	回收流动资金							
2	现金流出							
2.1	建设投资							
2.2	流动资金							
2.3	经营成本							
2.4	增值税金及附加							
2.5	维持运营投资							
3	所得税前净现金流量(1−2)							
4	累计所得税前净现金流量							
5	调整所得税							
6	所得税后净现金流量(3−5)							
7	累计所得税后净现金流量							

计算指标：

项目投资财务内部收益率(%)(所得税前)

项目投资财务内部收益率(%)(所得税后)

项目投资财务净现值(所得税前)($i_c=$　%)

项目投资财务净现值(所得税后)($i_c=$　%)

项目投资回收期(年)(所得税前)

项目投资回收期(年)(所得税后)

注：1. 本表适用于新设法人项目与既有法人项目的增量和"有项目"的现金流量分析。

2. 调整所得税为以息税前利润为基数计算的所得税，区别于"利润与利润分配表""项目资本金现金流量表"和"财务计划现金流量表"中的所得税。

（1）现金流入中，营业收入包含销项税额，其来自"营业收入、增值税金及附加估算表"；固定资产余值为项目计算期末固定资产的净残值；回收的流动资金为项目全部流动资金。回收固定资产余值和流动资金的时点均为计算期的最后一年。

（2）现金流出中，建设投资来源于"建设投资估算表"；流动资金取自"流动资金估算表"中各年"流动资金当期增加额"；经营成本包含进项税额，其来自"经营成本估算表"；增值税金及附加来自"营业收入、增值税金及附加估算表"，若运营期内需要发生设备或设施的更新费用，记作维持运营投资。

（3）在计算表中的现金流入和现金流出时，为了体现与融资方案无关的前提，估算中都需要剔除利息的影响。例如，采用不含利息的经营成本作为现金流出，而不是总成本费用等。

（4）根据分析角度的不同，融资前分析可选择计算所得税前指标或所得税后指标。所得税前指标是投资盈利能力的完整体现，用以考察由项目方案设计本身所决定的财务盈利能力，它不受融资方案和所得税政策变化的影响，仅仅体现项目方案本身的合理性，可以作为初步投资决策的主要指标，因此，所得税前指标受到项目有关各方的广泛关注。所得税后分析是所得税前分析的延伸，由于所得税作为现金流出，可用于判断项目投资对企业价值的贡献，是企业投资决策依据的主要指标。

2. 融资后盈利能力分析报表

（1）利润与利润分配表

利润与利润分配表反映项目计算期内各年的营业收入、增值税金及附加、总成本费用、利润总额、所得税及税后利润的分配情况，通过此表，可以计算资本金净利润率（ROE）和总投资收益率（ROI）指标，见表9-3。

利润与利润分配表（万元） 表9-3

序号	项目	合计	计算期					
			1	2	3	4	……	n
1	营业收入							
2	增值税金及附加							
3	总成本费用							
4	补贴收入							
5	利润总额(1−2−3+4)							
6	弥补以前年度亏损							
7	应纳税所得额(5−6)							
8	所得税							
9	净利润(5−8)							
10	期初未分配利润							
11	可供分配的利润(9+10)							
12	提取法定盈余公积金							

序号	项目	合计	计算期					
			1	2	3	4	……	n
13	可供投资者分配的利润(11－12)							
14	应付优先股股利							
15	提取任意盈余公积金							
16	应付普通股股利(13－14－15)							
17	各投资方利润分配							
	其中:××方							
	××方							
18	未分配利润(13－14－15－17)							
19	息税前利润(利润总额＋利息支出)							
20	息税折旧摊销前利润 (息税前利润＋折旧＋摊销)							

注:1. 对于外商出资项目由第11项减去储备基金、职工奖励与福利基金和企业发展基金(外商融资项目可不列入企业发展基金)后,得出可供投资者分配的利润。

2. 法定盈余公积金按净利润计提。

表9-3中,营业收入含销项税额,总成本费用含进项税额。总成本费用、折旧和摊销值均取自"总成本费用估算表"。息税折旧摊销前利润(息税前利润＋折旧＋摊销)通常认为是可用于还款的利润。

(2)项目资本金现金流量表

项目资本金现金流量表从项目权益投资者的角度出发编制报表,重在考察项目自有资金的盈利能力,通过此表,除可以计算资本金的财务内部收益率外,还可以计算资本金的财务净现值、投资回收期指标,见表9-4。

项目资本金现金流量表(万元) 表9-4

序号	项目	合计	计算期					
			1	2	3	4	……	n
1	现金流入							
1.1	营业收入							
1.2	补贴收入							
1.3	回收固定资产余值							
1.4	回收流动资金							
2	现金流出							
2.1	项目资本金							
2.2	借款本金偿还							
2.3	借款利息支付							

续表

序号	项目	合计	计算期					
			1	2	3	4	……	n
2.4	经营成本							
2.5	增值税金及附加							
2.6	所得税							
2.7	维持运营投资							
3	净现金流量(1－2)							

计算指标：

资本金财务内部收益率(%)

注：1. 项目资本金包括用于建设投资、建设期利息和流动资金的资金。

2. 对外商投资项目，现金流出中应增加职工奖励及福利基金科目。

3. 本表适用于新设法人项目与既有法人项目"有项目"的现金流量分析。

表 9-4 中，营业收入含销项税额，经营成本含进项税额。借款本金偿还和借款利息支付来自于"借款还本付息计划表"，所得税取自"利润与利润分配表"。项目资本金现金流量表从项目投资主体的角度出发，认为投资借款是一种现金流入，但同时借款也用于部分项目支出（建设投资、流动资金中由借款支出的部分），二者相抵，对净现金流量无影响，故表中现金流入未列投资借款项目，但由于现金流入是项目全部投资所得，所以以现金流出除有项目资本金外，还需计入借款本金偿还及借款利息支付。

（3）投资各方财务现金流量表

投资各方财务现金流量表从投资者角度出发，以投资各方的出资额作为计算基础，用以计算投资各方财务内部收益率，见表 9-5。

投资各方现金流量表（万元）　　　　　　　　　　　表 9-5

序号	项目	合计	计算期					
			1	2	3	4	……	n
1	现金流入							
1.1	实分利润							
1.2	资产处置收益分配							
1.3	租赁费收入							
1.4	技术转让或使用收入							
1.5	其他现金流入							
2	现金流出							
2.1	实缴资本							
2.2	租赁资产支出							
2.3	其他现金流出							

续表

序号	项目	合计	计算期					
			1	2	3	4	……	n
3	净现金流量(1－2)							

计算指标：
  投资各方财务内部收益率(%)

注：本表可按不同投资方分别编制。
  1. 该表既适用于内资企业也适用于外商投资企业；既适用于合资企业也适用于合作企业。
  2. 该表中现金流入是指出资方因该项目的实施将实际获得的各种收入；现金流出是指出资方因该项目的实施将实际投入的各种支出。表中科目应根据项目具体情况调整。
  1）实分利润是指投资者由项目获取的利润。
  2）资产处置收益分配是指对有明确的合营期限或合资期限的项目，在期满时对资产余值按股比或约定比例进行的分配。
  3）租赁费收入是指出资方将自己的资产租赁给项目使用所获得的收入，此时应将资产价值作为现金流出，列为租赁资产支出科目。
  4）技术转让或使用收入是指出资方将专利或专有技术转让或允许该项目使用所获得的收入。

9.4 工程项目偿债能力分析

9.4.1 偿债能力分析概述

偿债能力是指企业用其资产偿还长期债务与短期债务的能力，它是反映企业财务状况和经营能力的重要标志。偿债能力分析主要通过编制借款还本付息计划表和资产负债表，并借助利润与利润分配表，计算利息备付率、偿债备付率和资产负债率等指标，以此分析判断财务主体的偿债能力。偿债能力指标含义及优劣评判标准详见第 4 章。

9.4.2 偿债能力分析报表的编制

1. 借款还本付息计划表

借款还本付息计划表反映项目计算期内各年借款的使用、还本付息，以及偿债资金来源，通过该表，可以计算利息备付率、偿债备付率指标。详见表 9-6。

借款还本付息计划表（万元） 表 9-6

序号	项目	合计	计算期					
			1	2	3	4	……	n
1	借款 1							
1.1	期初借款余额							
1.2	当期还本付息							
	其中:还本							
	付息							
1.3	期末借款余额							

续表

序号	项目	合计	计算期					
			1	2	3	4	……	n
2	借款2							
2.1	期初借款余额							
2.2	当期还本付息							
	其中:还本							
	付息							
2.3	期末借款余额							
3	债券							
3.1	期初债务余额							
3.2	当期还本付息							
	其中:还本							
	付息							
3.3	期末债务余额							
4	借款和债券合计							
4.1	期初余额							
4.2	当期还本付息							
	其中:还本							
	付息							
4.3	期末余额							
计算指标	利息备付率							
	偿债备付率							

注:1. 本表与"建设期利息估算表"可合二为一。

　　2. 本表直接适用于新设法人项目,如有多种借款和债券,必要时应分别列出。

　　3. 对于既有法人项目,在按有项目范围进行计算时,可根据需要增加项目范围内原有借款的还本付息计算;在计算企业层次的还本付息时,可根据需要增加项目范围外借款的还本付息计算;当简化直接进行项目层次新增借款还本付息计算时,可直接按新增数据进行计算。

　　4. 本表可另加流动资金借款的还本付息计算。

2. 资产负债表

资产负债表综合反映项目计算期内各年年末资产、负债和所有者权益的增减变化及对应关系,用以计算资产负债率、流动比率及速动比率指标,见表9-7。

资产负债表（万元） 表 9-7

序号	项目	合计	计算期					
			1	2	3	4	……	n
1	资产							
1.1	流动资产总额							
1.1.1	货币资金							
1.1.2	应收账款							
1.1.3	预付账款							

序号	项目	合计	计算期					
			1	2	3	4	……	n
1.1.4	存货							
1.1.5	其他							
1.2	在建工程							
1.3	固定资产净值							
1.4	无形及其他资产净值							
2	负债及所有者权益(2.4+2.5)							
2.1	流动负债总额							
2.1.1	短期借款							
2.1.2	应付账款							
2.1.3	预收账款							
2.1.4	其他							
2.2	建设投资借款							
2.3	流动资金借款							
2.4	负债小计(2.1+2.2+2.3)							
2.5	所有者权益							
2.5.1	资本金							
2.5.2	资本公积							
2.5.3	累计盈余公积金							
2.5.4	累计未分配利润							

计算指标:
资产负债率(%)

注:1. 对外商投资项目,第2.5.3项改为累计储备基金和企业发展基金。
   2. 对既有法人项目,一般只针对法人编制,可按需要增加科目,此时表中资本金指企业全部实收资本,包括原有和新增实收资本。必要时,也可针对"有项目"范围编制。此时表中资本金仅指"有项目"范围的对应数值。
   3. 货币资金包括现金和累计盈余资金。

(1) 资产中,货币资金的现金、应收账款、预付账款、存货取自"流动资金估算表",货币资金中的累计盈余资金取自"财务计划现金流量表";固定资产净值和无形及其他资产净值需根据固定资产折旧和无形资产摊销情况计算确定。

(2) 负债中,应付账款和预收账款可直接取自"流动资金估算表",短期借款和其他借款及建设投资借款、流动资金借款均指借款余额。

(3) 所有者权益中,资本金为项目投资中累计自有资金(扣除资本溢价),资本公积金为累计资本溢价及赠款,资本金和资本公积金应根据有无弥补亏损或转增资本金的情况进行相应调整,累计未分配利润和累计盈余公积金可由"利润及利润分配表"中的未分配利润和盈余公积金项目计算各年份的累计值。

(4) 资产负债表应满足等式:资产=负债+所有者权益。

9.5　工程项目财务生存能力分析

9.5.1　财务生存能力分析概述

财务生存能力即企业是否有足够的净现金流量维持正常运营，以实现财务的可持续性。财务生存能力分析通过编制财务计划现金流量表，分析项目计算期内各年的经营活动、投资活动、筹资活动所产生的现金流入和流出，计算各年的净现金流量和累计盈余资金，并以此评判项目的财务生存能力。

（1）拥有足够的经营净现金流量是财务可持续的基本条件。若项目具有较大的经营净现金流量，说明项目方案比较合理，实现自身资金平衡的可能性大，不会过分依赖短期融资来维持运营；反之，若项目不能产生足够的经营净现金流量（或经营净现金流量为负值），说明维持项目正常运行会遇到财务上的困难，项目方案缺乏合理性，有可能要靠短期融资来维持运营。

（2）各年累计盈余资金不出现负值是财务生存的必要条件。在整个运营期间，允许个别年份的净现金流量出现负值，但不能容许任一年份的累计盈余资金出现负值。一旦出现负值时应适时进行短期融资，但较大或较频繁的短期融资，有可能导致以后年份的累计盈余资金无法实现正值，致使项目难以持续运营。

9.5.2　财务生存能力分析报表的编制

财务生存能力分析的基本报表是财务计划现金流量表，该表反映了项目计算期内各年的投资、融资及经营活动的净现金流量，最终可得出累计盈余资金，见表9-8。

财务计划现金流量表（万元）　　　　　　　　　　表9-8

序号	项目	合计	计算期					
			1	2	3	4	……	n
1	经营活动净现金流量(1.1—1.2)							
1.1	现金流入							
1.1.1	营业收入							
1.1.2	增值税销项税额							
1.1.3	补贴收入							
1.1.4	其他流入							
1.2	现金流出							
1.2.1	经营成本							
1.2.2	增值税进项税额							
1.2.3	增值税金及附加							
1.2.4	所得税							
1.2.5	其他流出							
2	投资活动净现金流量(2.1—2.2)							

续表

序号	项目	合计	计算期					
			1	2	3	4	……	n
2.1	现金流入							
2.2	现金流出							
2.2.1	建设投资							
2.2.2	维持运营投资							
2.2.3	流动资金							
2.2.4	其他流出							
3	筹资活动净现金流量(3.1—3.2)							
3.1	现金流入							
3.1.1	项目资本金流入							
3.1.2	建设投资借款							
3.1.3	流动资金借款							
3.1.4	债券							
3.1.5	短期借款							
3.1.6	其他流入							
3.2	现金流出							
3.2.1	各种利息支出							
3.2.2	偿还债务本金							
3.2.3	应付利润(股利分配)							
3.2.4	其他流出							
4	净现金流量(1+2+3)							
5	累计盈余资金							

注：1. 对于新设法人项目，本表投资活动的现金流入为零。

2. 对于既有法人项目，可适当增加科目。

3. 必要时，现金流出中可增加应付优先股股利科目。

4. 对外商投资项目应将职工奖励与福利基金作为经营活动现金流出。

表 9-8 中，营业收入不含销项税额，经营成本不含进项税额。增值税销项税额和增值税进项税额均来自"营业收入、增值税金及附加估算表"，筹资活动中的现金流入均来自"项目总投资使用计划与资金筹措表"，筹资活动现金流出中的各种利息支出、偿还债务本金来自"借款还本付息计划表"，筹资活动现金流出中的应付利润来自"利润与利润分配表"。

9.6 财务分析案例

【例 9-1】 某厂拟新建一生产线，建设期为 1 年，运营期为 5 年，设计生产能力为年产某产品 20000 件，经市场调查及技术分析后，得出如下基础数据：

(1) 项目建设投资 70000 万元，全部形成固定资产；流动资金 6000 万元，在运营期

第 1 年全部投入。

（2）项目建设投资来源为自有资金和贷款，贷款总额为 30000 万元，贷款年利率为 6%。固定资产投资贷款（含建设期利息）在运营期前 3 年等额偿还本金并支付当年利息。

（3）生产能力第一年达 90%，年经营成本 18000 万元（含进项税），年增值税金及附加为 1440 万元，达到设计生产能力后，年经营成本为 20000 万元（含进项税），年增值税金及附加为 1600 万元。

（4）固定资产按直线法折旧，折旧年限为 5 年，运营期最后一年回收固定资产余值 9100 万元并回收流动资金。

（5）预测销售价格为 2.2 万元/件（含销项税），假设产品全部销售。

（6）所得税率为 25%。

（7）该产品行业税前基准收益率为 12%，行业税前基准静态投资回收期（从运营期算起）为 4 年。

根据上述资料与数据，要求：

（1）编制该项目借款还本付息计划表。

（2）编制该项目的项目投资现金流量表。

（3）根据税前财务情况，计算项目投资财务净现值（$i_c = 12\%$）、项目投资财务内部收益率、静态投资回收期，并判断该项目是否可行。

【解】 1）借款还本付息计划表的编制

依据式（3-25），计算本项目的建设期贷款利息：

$$建设期利息 = \frac{30000}{2} \times 6\% = 900 \text{ 万元}$$

建设期末贷款及利息总额 = 30000 + 900 = 30900 万元

第 2 年数据计算：

期初借款余额 = 第 1 年期末借款余额 = 30900 万元

$$还本 = \frac{30900}{3} = 10300 \text{ 万元}$$

付息 = 30900 × 6% = 1854 万元

当期还本付息 = 还本 + 付息 = 10300 + 1854 = 12154 万元

期末借款余额 = 30900 - 10300 = 20600 万元

其他年份各数据计算方法与第 2 年相同，借款还本付息表见表 9-9。

借款还本付息计划表（万元）   表 9-9

序号	项目	合计	计算期					
			1	2	3	4	5	6
1	期初借款余额		0	30900	20600	10300	—	—
2	当期还本付息	34608	0	12154	11536	10918	—	—
	其中:还本	30900	0	10300	10300	10300		
	付息	3708	0	1854	1236	618	—	—
3	期末借款余额		30900	20600	10300	0	—	—

2）项目投资现金流量表的编制

（1）现金流入由表 9-10 中的 1.1～1.3 三项构成：

① 销售收入＝销售价格×各年生产能力。

② 根据题干（4），在第 6 年回收固定资产余值 9100 万元，回收流动资金 6000 万元。

（2）现金流出由表 9-10 中的 2.1～2.4 四项构成：

① 建设投资、流动资金见题干（1）数据。

② 经营成本、增值税金及附加见题干（3）数据。

（3）所得税前净现金流量＝（1）－（2）。

（4）累计所得税前净现金流量：依次对（3）各年数据累加。

（5）调整所得税＝息税前利润×所得税率

依据式（2-6）、式（2-25）、式（2-26）和式（2-29），结合项目实际，可推导出：

$$息税前利润＝销售收入－经营成本－折旧－增值税金及附加$$

依据式（2-7），计算本项目固定资产折旧费：

$$固定资产年折旧费＝\frac{70000-9100}{5}＝12180 \text{ 万元}$$

此处计算时需注意：融资前分析中的固定资产原值不含建设期利息。

第 2 年息税前利润＝20000×2.2×0.9－18000－12180－1440＝7980 万元

第 2 年调整所得税＝7980×25％＝1995 万元

第 3～6 年的调整所得税计算方法与第 2 年相同。

（6）所得税后净现金流量＝（3）－（5）。

（7）累计所得税后净现金流量：依次对（6）各年数据累加。

根据以上计算数据编制项目投资现金流量表，见表 9-10。

项目投资现金流量表（万元）　　　　　　　　　　　表 9-10

序号	项目	合计	计算期					
			1	2	3	4	5	6
1	现金流入	231600		39600	44000	44000	44000	59100
1.1	销售收入	215600		39600	44000	44000	44000	44000
1.2	回收固定资产余值	10000						9100
1.3	回收流动资金	6000						6000
2	现金流出	181840	70000	25440	21600	21600	21600	21600
2.1	建设投资	70000	70000					
2.2	流动资金	6000		6000				
2.3	经营成本	98000		18000	20000	20000	20000	20000
2.4	增值税金及附加	7840		1440	1600	1600	1600	1600
3	所得税前净现金流量(1-2)	49760	−70000	14160	22400	22400	22400	37500
4	累计所得税前净现金流量		−70000	−55840	−33440	−11040	11360	48860
5	调整所得税	12215		1995	2555	2555	2555	2555
6	所得税后净现金流量(3-5)	37545	−70000	12165	19845	19845	19845	34945
7	累计所得税后净现金流量		−70000	−57835	−37990	−18145	1700	36645

3）项目税前可行性判断

（1）项目投资财务净现值

$$FNPV = -70000 \times (P/F，12\%，1) + 14160 \times (P/F，12\%，2) + 22400 \times (P/F，12\%，3) + 22400 \times (P/F，12\%，4) + 22400 \times (P/F，12\%，5) + 37500 \times (P/F，12\%，6)$$
$$= 10672.13 \text{ 万元}$$

由于 $FNPV > 0$，故项目可行。

（2）项目投资财务内部收益率

设 $i_1 = 18\%$，用试算法计算 $FNPV$，有：

$$FNPV_1 = -70000 \times (P/F，18\%，1) + 14160 \times (P/F，18\%，2) + 22400 \times (P/F，18\%，3) + 22400 \times (P/F，18\%，4) + 22400 \times (P/F，18\%，5) + 37500 \times (P/F，18\%，6)$$
$$= -283.11 \text{ 万元}$$

设 $i_2 = 16\%$，有：

$$FNPV_2 = -70000 \times (P/F，16\%，1) + 14160 \times (P/F，16\%，2) + 22400 \times (P/F，16\%，3) + 22400 \times (P/F，16\%，4) + 22400 \times (P/F，16\%，5) + 37500 \times (P/F，16\%，6)$$
$$= 2956.93 \text{ 万元}$$

$$FIRR = 16\% + \frac{2956.93}{2956.93 + |-283.11|} \times (20\% - 18\%) = 17.83\%$$

由于 $FIRR > i_c = 12\%$，故项目可行。

（3）静态投资回收期（从运营期算起）

由表 9-10 序列 3 和序列 4，有：

$$P_t = 4 - 1 + \frac{|-11040|}{22400} = 3.49 \text{ 年} < 4 \text{ 年，故项目可行。}$$

由于项目投资税前财务净现值为正，财务内部收益率大于行业基准收益率，且静态投资回收期小于行业基准投资回收期，故该项目是可行的。

习　题

一、单选题

1. 对于非经营性项目，财务分析主要分析项目的（　　）。

A. 盈利能力　　　　　　B. 偿债能力　　　　　　C. 财务生存能力　　　　D. 盈亏平衡能力

2. 下列财务报表中，不考虑贷款利息的是（　　）。

A. 利润与利润分配表　　　　　　　　　　B. 项目投资现金流量表

C. 项目资本金现金流量表　　　　　　　　D. 财务计划现金流量表

3. 下列财务报表中，反映财务生存能力的报表是（　　）。

A. 利润与利润分配表　　　　　　　　　　B. 资产负债表

C. 借款还本付息表　　　　　　　　　　　D. 财务计划现金流量表

4. 投资各方现金流量表主要用于考察项目的（　　）。

A. 盈利能力　　　　　　B. 资产流动性　　　　　C. 财务生存能力　　　　D. 抗风险能力

5. 项目资本金现金流量表中的现金流出包括（　　）。

A. 建设投资　　　　　　　B. 流动资金　　　　　　　C. 借款本金偿还　　　　D. 总成本费用

二、多选题

1. 财务效益与费用的识别原则包括（　　）。

A. 与会计制度相适应原则　　　　　　　　B. 有无对比原则

C. 与税收制度相适应原则　　　　　　　　D. 收益最大化原则

E. 效益和费用对应一致原则

2. 通过项目投资现金流量表可以计算的经济指标有（　　）。

A. 项目投资收益率　　　　　　　　　　　B. 项目投资财务内部收益率

C. 项目资本金财务内部收益率　　　　　　D. 项目投资财务净现值

E. 项目投资财务回收期

3. 进行项目融资前分析需要使用到的经济报表包括（　　）。

A. 建设投资估算表　　　　　　　　　　　B. 流动资金估算表

C. 建设期利息估算表　　　　　　　　　　D. 借款还本付息估算表

E. 经营成本估算表

4. 由利润与利润分配表可以计算的经济指标有（　　）。

A. 项目总投资收益率　　　　　　　　　　B. 财务内部收益率

C. 项目资本金净利润率　　　　　　　　　D. 项目投资净现值

E. 项目投资财务回收期

5. 通过借款还本付息计划表可以计算的经济指标有（　　）。

A. 利息备付率　　　　　　B. 资产负债率　　　　　　C. 偿债备付率

D. 速动比率　　　　　　　E. 流动比率

三、计算题

某企业拟建一生产性项目，项目的建设期 2 年，运营期 7 年。预计建设投资与建设期利息合计为 800 万元，并全部形成固定资产。固定资产使用年限 10 年，寿命期末净残值 50 万元，按照直线法折旧。

该企业于建设期第 1 年投入项目资本金为 380 万元，建设期第 2 年向当地建设银行贷款 400 万元（不含贷款利息），贷款年利率 10%，项目第 3 年投产，投产当年又投入资本金 200 万元，作为流动资金。

运营期，正常年份每年的销售收入为 700 万元（含销项税），经营成本为 300 万元（含进项税），行业基准收益率为 10%。第 3 年增值税金及附加为 29.40 万元，第 4～9 年增值税金及附加为 42.00 万元。第 3 年调整所得税为 59.60 万元，第 4～9 年调整所得税为 85.14 万元。

投产的第 1 年生产能力仅为设计生产能力的 70%，为简化计算，这一年的销售收入、经营成本和总成本费用均按正常年份的 70% 估算。投产的第 2 年及其以后的各年生产均达到设计生产能力。问题：

（1）按照表 1 中的格式，填写项目投资现金流量表。

（2）计算项目所得税后动态投资回收期（从建设期算起）和财务净现值。

（3）计算项目所得税后财务内部收益率（设其在 20%～25% 之间）。

（4）从财务评价的角度，分析说明拟建项目的可行性。

某拟建项目投资现金流量表（万元）　　　　　　　　　　　　　　　　表 1

序号	项目	建设期		投产期						
		1	2	3	4	5	6	7	8	9
	生产负荷			70%	100%	100%	100%	100%	100%	100%
1	现金流入									

续表

序号	项目	建设期		投产期						
		1	2	3	4	5	6	7	8	9
1.1	销售收入									
1.2	回收固定资产余值									
1.3	回收流动资金									
2	现金流出									
2.1	建设投资									
2.2	流动资金									
2.3	经营成本									
2.4	增值税金及附加									
3	调整所得税									
4	所得税后净现金流量									
	折现系数 $i=10\%$									
5	所得税后折现净现金流量									
6	累计所得税后折现净现金流量									

注：运营期等于固定资产使用年限时，回收固定资产余值＝回收固定资产残值；运营期小于固定资产使用年限时，回收固定资产余值＝（使用年限－运营期）×年折旧费＋残值。

四、思考题

某集团拟投资一个新项目，其原始资料简化如下：

（1）计算期为 10 年，建设期为 1 年，第 2 年为投产期，投产当年即达到设计生产能力。

（2）建设投资 2000 万元（不含建设期利息），建设投资资金全部形成固定资产（年限平均法计提折旧，折旧年限为 15 年，净残值率为 5%）。建设投资资金来源：资本金为 1000 万元，其余为银行贷款；银行贷款年利率 10%，按年计息，建设期只息不还款，第 2 年开始按最大还款能力还贷，即当年的税后利润与折旧均可用于偿还建设期贷款。

（3）流动资金投资 500 万元，其中资本金 300 万元，其余向银行贷款，年利率 10%，按年计息。

（4）正常年份销售收入为 3000 万元（含销项税），经营成本为 1500 万元（含进项税），销售税金及附加综合税率为 5%，所得税税率为 25%。

问题（计算结果取整）：

（1）按照最大还款能力还贷，编制借款还本付息计划表和利润表（参照表 9-3 序号 1～9）。

（2）编制项目资本金现金流量表。

本章重要概念与知识点

1. 可行性研究的工作阶段、工作内容和工作重点

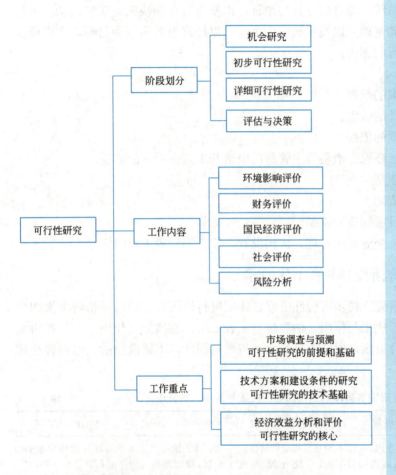

2. 经济评价的综合判定

财务评价结论	国民经济评价结论	经济评价的综合判定
可行	可行	通过
不可行	不可行	否定
可行	不可行	否定，必要时可重新考虑方案，进行再设计
不可行	可行	考虑给予经济优惠政策

10.1　可行性研究概述

10.1.1　可行性研究的含义与作用

1. 可行性研究的含义

可行性研究是一种运用多学科知识，对拟建项目的必要性、可能性以及经济、社会、环境的有利性进行全面、系统、综合的分析与论证，以便进行正确决策的研究活动。可行性研究以市场研究为前提和基础、以技术研究为手段、以经济效益研究为目标，在投资前期对项目作出可行或不可行的评价。

2. 可行性研究的作用

(1) 作为投资项目决策的依据。

(2) 作为投资项目设计的依据。

(3) 作为银行提供贷款的依据。

(4) 作为向当地土地、环保、消防等主管部门申请开工建设手续的依据。

(5) 作为项目实施的依据。

(6) 作为项目评估的依据。

(7) 作为科学实验和设备制造的依据。

(8) 作为项目建成后，企业组织管理、机构设置、职工培训等工作的依据。

10.1.2　可行性研究阶段划分及工作内容

可行性研究分为机会研究、初步可行性研究、详细可行性研究、项目评估与决策四个阶段，各阶段的工作内容、成果与作用、估算误差见表 10-1。在实际工作中，可行性研究不同阶段的界限并不是十分清晰，根据项目的大小与难易程度，不同阶段的工作内容往往会交织在一起。

可行性研究各阶段的工作内容、成果与作用、估算误差　　　　表 10-1

工作阶段	机会研究	初步可行性研究	详细可行性研究	项目评估与决策
工作内容	鉴别投资方向，寻找投资机会，提出项目投资建议	对项目作专题辅助研究，广泛分析、筛选方案	进行深入的技术经济论证，提出项目可行性和选择依据标准	对可行性研究报告进行评估和审核，对项目作出最终决策
工作成果与作用	制定经济计划和编制项目建议书的基础，为初步选择投资项目提供依据	编制初步可行性研究报告，确定是否有必要进行下一步详细可行性研究	编制可行性研究报告，作为项目投资决策的基础和重要依据	提出项目评估报告，决定项目取舍和选择最佳投资方案
估算误差	±30%	±20%	±10%	±10%

10.1.3　可行性研究的工作程序

可行性研究是一项专业性和技术性非常强的工作，必须按科学的程序进行。可行性研究的工作程序一般由以下七个步骤构成。

1. 签订委托协议

可行性研究编制单位与委托单位，就项目可行性研究工作的范围、内容、重点、深度要求、完成时间、经费预算和质量要求等交换意见，签订委托协议。

2. 组建工作小组

根据委托项目可行性研究的范围、内容、技术难度、工作量、时间要求等组建项目可行性研究工作小组。

3. 制订工作计划

工作计划内容包括各项研究工作开展的步骤、方式、进度安排、人员配备、工作保证条件、工作质量评定标准和费用预算等。

4. 市场调查与预测

市场调查与预测是编制可行性研究报告的前提与基础。市场调查包括搜集项目建设、运营等各方面的信息资料和数据；市场预测是利用市场调查所获得的信息资料，对项目产品未来的市场供应和需求信息进行定性与定量分析。

5. 方案编制与优化

技术方案和建设条件的研究是编制可行性研究报告的技术基础。在调查研究搜集资料的基础上，针对项目的技术性质与项目条件，提出备选方案，进行方案论证与优化，提出推荐方案。

6. 项目评价

对推荐方案进行环境评价、财务评价、国民经济评价、社会评价及风险分析，以判别项目的环境可行性、社会可行性、经济可行性和抗风险能力。经济效益分析和评价是可行性研究的核心。当有关评价指标结论不足以支持项目方案成立时，应重新构想方案或对原设计方案进行调整。

7. 编写可行性研究报告

经过技术经济论证和优化之后，由各专业组分工编写。经项目负责人衔接协调综合汇总，提出可行性研究报告初稿，交委托单位审阅，并交换意见，修改完善，形成正式的可行性研究报告。

10.2　可行性研究报告的编制

10.2.1　编制依据

(1) 国民经济和社会发展的长期规划，部门、行业、地区的发展规划与计划，国家及地方的相关政策和法规，经济建设的方针等；

(2) 经批准的项目建议书和项目建议书批准后签订的意向性协议；

(3) 国家批准的资源报告，区域国土开发整治规划和地区的规划等；

(4) 拟建项目所在地的自然、经济、文化、社会等基础资料；

(5) 有关投资项目的工程技术规范、标准、定额等资料；

(6) 国家正式公布的编制可行性研究报告的内容、编制程序、评价方法和参数等。

10.2.2 编制原则

根据中华人民共和国国家发展和改革委员会发布的《政府投资项目可行性研究报告编写通用大纲（2023 年版）》《企业投资项目可行性研究报告编写参考大纲（2023 年版）》和《关于投资项目可行性研究报告编写大纲的说明（2023 年版）》（发改投资规〔2023〕304 号），投资项目可行性研究报告的编制应遵循以下原则要求：

1. 坚持推动高质量发展要求

要完整、准确、全面贯彻新发展理念，坚持以人民为中心的发展思想，更加注重发挥宏观战略、发展规划和产业政策的引领作用。同时，要立足投资项目全生命周期管理，更加注重经济、社会、环境评价等新理念新方法的应用，将绿色发展、自主创新、共同富裕、国家安全、风险管理等理念以及投资建设数字化等要求融入可行性研究。

2. 坚持政府投资项目和企业投资项目分类管理

政府投资项目可行性研究应突出经济社会综合效益，并根据经济社会发展需要和财政可负担性，合理确定建设标准、建设内容、投资规模等，防范地方政府隐性债务风险；企业投资项目可行性研究应突出经济性，聚焦企业自主投资决策所关注的投资收益、市场风险规避等内容，提高投资决策的科学性和财务的可持续性。

3. 坚持以"三大目标、七个维度"为核心内容

围绕项目建设必要性、方案可行性及风险可控性三大目标，对项目开展系统、专业、深入的论证。论证时应重点把握项目的需求可靠性、要素保障性、工程可行性、运营有效性、财务合理性、影响可持续性和风险管控方案等"七个维度"。

10.2.3 编制内容

根据《政府投资项目可行性研究报告编制通用大纲（2023 年版）》（发改投资规〔2023〕304 号），政府投资项目可行性研究报告的内容如下：

1. 概述

主要内容包括：项目概况、项目单位概况、编制依据、主要结论和建议等。

2. 项目建设背景和必要性

主要内容包括：项目建设背景、规划政策符合性、项目建设必要性等。

3. 项目需求分析与产出方案

主要内容包括：需求分析、建设规模和内容、项目产出方案等。

4. 项目选址与要素保障

主要内容包括：项目选址或选线、项目建设条件、要素保障分析等。

5. 项目建设方案

主要内容包括：技术方案、设备方案、工程方案、用地用海征收补偿（安置）方案、数字化方案、建设管理方案等。

6. 项目运营方案

主要内容包括：运营模式选择、运营组织方案、安全保障方案、绩效管理方案等。

7. 项目融资与财务方案

主要内容包括：投资估算、盈利能力分析、融资方案、债务清偿能力分析、财务可持续性分析等。

8. 项目影响效果分析

主要内容包括：经济影响分析、社会影响分析、生态环境影响分析、资源和能源利用效果分析、碳达峰碳中和分析等。

9. 项目风险管控方案

主要内容包括：风险识别与评价、风险管控方案、风险应急预案等。

10. 研究结论及建议

主要内容包括：主要研究结论、问题与建议等。

企业投资项目可行性研究报告的内容与政府投资项目类似，详见《企业投资项目可行性研究报告编制参考大纲（2023 年版）》（发改投资规〔2023〕304 号）。

10-1《企业投资项目可行性研究报告编写参考大纲(2023年版)》

在编写具体项目的可行性研究报告时，可结合项目的实际情况，依据《政府投资项目可行性研究报告编制通用大纲（2023 年版）》（发改投资规〔2023〕304 号）和《企业投资项目可行性研究报告编制参考大纲（2023 年版）》（发改投资规〔2023〕304 号）精神，对编制大纲所要求的内容予以适当调整，酌情选择研究评价的范围与重点。

10.2.4　编制深度要求

可行性研究报告的编制深度应满足以下要求：

（1）应能充分反映项目可行性研究工作的成果，内容齐全，结论明确，数据准确，论据充分，满足决策者确定方案和项目决策的要求。

（2）选用的主要设备的规格、参数应能满足预订货的要求。引进技术设备的资料应能满足合同谈判的要求。

（3）报告中的重大技术、经济方案，应有 2 个或 2 个以上方案的比选。

（4）确定的主要工程技术数据，应能满足项目初步设计的要求。

（5）构造的融资方案，应能满足银行等金融部门信贷决策的需要。

（6）应反映可研过程中出现对某些方案的分歧及未被采纳的理由，供委托单位做出正确决策。

（7）可行性研究报告应附有评估、决策（审批）所必需的合同、协议、意向书、政府批件等。

10.2.5　报告基本框架

可行性研究报告由封面、目录、正文和附件四部分组成。

1. 封面

包括项目名称、研究阶段、编制单位、编写年月等。

2. 目录

目录不仅要标注正文各部分所在的位置，还需注明附件及其名称。

3. 正文

正文部分要求在满足国家相关政策的前提下，围绕影响项目的各种因素，运用大量数据资料，对整个可行性研究提出综合分析评价，指出优缺点和建议。

4. 附件

为了结论的需要，常需要加一些附件，例如试验数据、论证材料、计算图表等，以增强可行性研究报告的说服力。

10.3 可行性研究评价

10.3.1 资源影响评价

从实施全面节约战略、发展循环经济等角度，分析论证各类资源节约集约利用的合理性和有效性，提出关键资源保障和供应链安全等方面的措施，评价项目是否符合节能审查要求。

10.3.2 环境影响评价

从推动绿色发展、促进人与自然和谐共生的角度，分析拟建项目所在地的生态环境现状，评价项目污染物排放、生态环境保护等影响；通过估算项目周期碳排放总量和强度，评价项目碳排放水平、固碳量与中和程度以及对当地"双碳"目标的影响等，提出环境和生态影响缓释及保护措施。

10.3.3 财务评价

财务评价是在国家现行财税制度和市场价格体系下，分析预测项目的财务效益与费用，计算财务评价指标，考察拟建项目的盈利能力、偿债能力和财务生存能力等，详见第9章。

10.3.4 国民经济评价

国民经济评价是在合理配置社会资源的前提下，从国家经济整体利益的角度出发，基于经济资源优化配置的角度，利用经济费用效益分析或经济费用效果分析等方法，通过对国民经济评价指标的计算与分析，评价项目投资的真实经济价值，以及对区域经济、产业经济和宏观经济的影响，判断项目投资的经济合理性，从而确保项目取得合理的经济影响或外部效果。

1. 国民经济评价参数

（1）社会折现率

社会折现率是根据对我国国民经济运行的实际情况、投资收益水平、资金供求情况、资金机会成本以及国家宏观调控等因素综合确定的，可作为经济内部收益率的判别标准。

（2）影子工资

劳动力的影子工资是指建设项目使用劳动力，国家和社会为此付出的代价。影子工资可通过财务工资乘以影子工资系数求得。影子工资系数可按相关行业的规定执行。

（3）影子汇率

影子汇率是指单位外汇的经济价值，在项目国民经济评价中，使用影子汇率，是为了正确计算外汇的真实经济价值，体现外币与本国货币的真实比价，其取值的高低直接影响项目（或方案）比选中的进出口抉择，影响对产品进口替代型项目和产品出口型项目的决策。

2. 国民经济评价指标

国民经济评价指标的计算需依据社会折现率、影子工资、影子汇率等相关参数，计算国民经济评价指标，计算方法与财务评价指标相似，常用的国民经济评价指标及其评判标准如下：

（1）经济内部收益率（EIRR）

经济内部收益率是反映项目对国民经济净贡献的相对指标。它是项目在计算期内各年经济净效益流量的现值累计等于零时的折现率。

判别准则：经济内部收益率≥社会折现率 i_s，表明项目对国民经济的净贡献达到或超过了要求的水平，这时应认为项目是可以接受的。

（2）经济净现值（ENPV）

经济净现值是反映项目对国民经济净贡献的绝对指标。它是指用社会折现率将项目计算期内各年的净收益流量折算到建设期初的现值之和。

判别准则：经济净现值≥0 表示国家拟建项目付出代价后，可以得到符合社会折现率的社会盈余，或除了得到符合社会折现率的社会盈余外，还可以得到以现值计算的超额社会盈余，这时就认为项目是可以接受的。

（3）经济效益费用比（R_{BC}）

经济效益费用比系指项目在计算期内效益流量的现值与费用流量的现值之比。

判别准则：如果经济效益费用比>1，表明项目资源配置的经济效率达到了可以被接受的水平。在多方案比较时，经济效益费用比（R_{BC}）最大的方案说明经济效率最高。

3. 财务评价与国民经济评价的对比分析

财务评价与国民经济评价的相同之处在于它们都要寻求以最小的投入获得最大的产出，都是在完成市场需求预测、工程技术方案及资金筹措的基础上，通过计算项目建设期、生产期全过程的费用和效益来评价分析工程项目的可行性。

两者的不同之处见表 10-2。

财务评价与国民经济评价的区别　　　　　　表 10-2

不同之处	财务评价	国民经济评价
评价角度	站在企业的角度，评价项目的盈利能力及借款偿还能力	站在国家整体角度，评价项目对国民经济所作的贡献
费用和收益的范围	采用直接收益与直接成本，可计量	采用直接或间接收益与成本
费用和收益的划分	根据项目的实际收支确定项目的费用和收益，项目的收益仅包括净利润和折旧，而利息、税金则作为项目费用支出	税金、国内借款利息视为国民经济内部转移支付，不列入项目的费用或收益
评价参数	采用现行市场价格、行业基准收益率、官方汇率	影子价格、社会折现率、影子汇率

4. 经济评价的综合判定

（1）财务评价与国民经济评价均可行的项目应予通过。

（2）财务评价与国民经济评价均不可行的项目应予否定。

（3）财务评价可行，国民经济评价不可行的项目，应否定，必要时可重新设计方案再做判定。

（4）财务评价不可行，国民经济评价可行的项目，应考虑给予经济优惠政策。

10.3.5　社会评价

10-2 港珠澳大桥的社会评价

社会评价有利于国民经济发展目标与社会发展目标协调一致，防止单纯追求项目的财务效益；有利于项目与所在地区利益协调一致，减少社会矛盾和纠纷，防止可能产生不利的社会影响和后果，促进社会稳定；有利于避免或减少项目建设和运营的社会风险，提高投资效益。社会评价是分析拟建项目对当地社会的影响和当地社会条件对项目的适应性和可接受程度，评价项目的社会可行性。

10.3.6　风险分析

风险分析是在市场预测、技术方案、工程方案、融资方案和社会评价论证中已进行的初步风险分析的基础上，进一步综合分析识别拟建项目在建设和运营中潜在的主要风险因素，揭示风险来源，判别风险程度，提出规避风险的对策，降低风险损失。风险分析方法详见第8章。

10.4　可行性研究经济评价案例

本案例以某拟建工业项目的可行性研究为例，介绍可行性研究经济评价方法的应用。本案例表格的列项仅为常用的列项，实际工作中应按当地有关部门的规定执行。

1. 项目概况

本拟建投资项目占地200.78亩（133854.00m²），主要设施包括生产车间、与工艺生产相适应的辅助生产设施、公用工程以及有关的生产管理和生活福利等设施。项目设计生产能力为15万件/年，计划2年建成，第3年投产，当年达产率为80%，第4年开始各年达产率均为100%，运营期共计8年。经过市场调研，项目能满足社会、环境与技术的要求，产品市场需求大。

2. 建设总投资估算

（1）建设投资

本项目建设投资合计52000万元，其中固定资产投资50000万元，无形资产投资2000万元。根据概算法的建设投资估算具体情况见表10-3。

建设投资估算表（单位：万元）　　　　　　　　　　　　　　　　表 10-3

序号	工程或费用名称	建筑工程费	设备购置费	安装工程费	其他费用	合计
1	工程费用	4810	27255	10355	0	42420
1.1	主要生产项目	1860	22066	8951		32877

续表

序号	工程或费用名称	建筑工程费	设备购置费	安装工程费	其他费用	合计
1.2	辅助生产车间	620	1327	46		1993
1.3	公用工程	355	2675	1046		4076
1.4	环境保护工程	241	1187	270		1698
1.5	厂区服务性工程	306				306
1.6	生产福利工程	1428				1428
1.7	厂外工程			42		42
2	工程建设其他费用				2980	2980
3	预备费				6600	6600
3.1	基本预备费				2800	2800
3.2	价差预备费				3800	3800
4	建设投资合计	4810	27255	10355	9580	52000

（2）流动资金

本项目流动资金为 8000 万元，投产期第 1 年投入 6500 万元，第 2 年投入 1500 万元。流动资金在项目运营期末全部回收。

3. 资金筹措

本项目建设投资的资金来源包括资本金和贷款。资本金总计 30000 万元，其中 20000 万元用于形成固定资产，2000 万元用于形成无形资产，均在建设期内均衡投入；8000 万元用于流动资金。

贷款总额为 30000 万元，全部用于固定资产投资，在建设期的第 1 年投入贷款总额的 60%，第 2 年投入贷款总额的 40%，年利率为 5%，按年计息。从项目第 3 年开始还款，第 3～4 年，每年末偿还第 2 年末贷款余额（简称还款周期本金）的 20%，并支付当年应付利息。第 5～6 年偿还第 2 年末贷款余额的 30%，并还清当年应付利息。

依式（3-25），建设期贷款利息为：

第 1 年贷款利息：$30000 \times 60\% \times 0.5 \times 5\% = 450$ 万元

第 2 年贷款利息：$(30000 \times 60\% + 450 + 30000 \times 40\% \times 0.5) \times 5\% = 1222.50$ 万元

建设期贷款利息总计：$450 + 1222.50 = 1672.50$ 万元

项目的借款还本付息计划见表 10-4。

借款还本付息计划表（单位：万元） 表 10-4

序号	项目	合计	计算期					
			1	2	3	4	5	6
1	期初借款余额			18450.00	31672.50	25338.00	19003.50	9501.75
2	当期还本付息	35948.30			7918.13	7601.40	10451.93	9976.84
	其中:还本	31672.50			6334.50	6334.50	9501.75	9501.75
	付息	4275.80			1583.63	1266.90	950.18	475.09

续表

序号	项目	合计	计算期					
			1	2	3	4	5	6
3	期末借款余额		18450.00	31672.50	25338.00	19003.50	9501.75	0.00
计算指标	利息备付率(%)				2.65	6.41	8.55	17.09
	偿债备付率(%)				1.26	1.69	1.22	1.27

注：1. 偿还本金是指偿还建设期末的贷款余额的规定比例数。

2. 利息备付率和偿债备负率计算由本表及利润与利润分配表数据计算而得。

4. 项目成本测算

（1）成本费用基础数据

① 生产单位产品所需外购原材料费用为 610 元（含进项税 60 元）；

② 生产单位产品所需外购燃料动力费用为 120 元（含进项税 10 元）；

③ 全厂定员为 480 人，工资及福利费每人每年 8.75 万元，全年工资及福利费为 4200 万元；

④ 固定资产按直线法折旧，折旧年限为 8 年，预计净残值率为 4%；

⑤ 修理费各年均为 800 万元；

⑥ 无形资产在运营期 8 年内均匀摊入成本；

⑦ 其他费用各年均为 42 万元。

（2）成本费用估算

① 折旧额计算。本项目采取年限平均法折旧。依（2-7）式，固定资产年折旧额为：

年折旧额＝[（50000＋1672.50）×（1-4%）]÷8＝6200.70 万元

② 摊销费计算。摊销费＝无形资产÷摊销年限＝2000÷8＝250 万元

按生产要素法的总成本费用估算情况见表 10-5。

总成本费用估算表（单位：万元）　　　　　表 10-5

序号	项目	合计	计算期							
			3	4	5	6	7	8	9	10
1	外购原材料费（不含进项税）	64350.00	6600.00	8250.00	8250.00	8250.00	8250.00	8250.00	8250.00	8250.00
2	外购燃料及动力费(不含进项税)	12870.00	1320.00	1650.00	1650.00	1650.00	1650.00	1650.00	1650.00	1650.00
3	工资及福利费	33600.00	4200.00	4200.00	4200.00	4200.00	4200.00	4200.00	4200.00	4200.00
4	修理费	6400.00	800.00	800.00	800.00	800.00	800.00	800.00	800.00	800.00
5	其他费用	336.00	42.00	42.00	42.00	42.00	42.00	42.00	42.00	42.00
6	经营成本（不含进项税 1+2+3+4+5）	117556.00	12962.00	14942.00	14942.00	14942.00	14942.00	14942.00	14942.00	14942.00
7	折旧费	49605.60	6200.70	6200.70	6200.70	6200.70	6200.70	6200.70	6200.70	6200.70

续表

序号	项目	合计	计算期							
			3	4	5	6	7	8	9	10
8	摊销费	2000.00	250.00	250.00	250.00	250.00	250.00	250.00	250.00	250.00
9	利息（运营期）	4275.80	1583.63	1266.90	950.18	475.09	0.00	0.00	0.00	0.00
10	总成本费用（不含进项税）	173437.40	20996.33	22659.60	22342.88	21867.79	21392.70	21392.70	21392.70	21392.70
	其中：固定成本	96217.40	13076.33	12759.60	12442.88	11967.79	11492.70	11492.70	11492.70	11492.70
	可变成本	77220.00	7920.00	9900.00	9900.00	9900.00	9900.00	9900.00	9900.00	9900.00

5. 项目营业收入及税金测算

（1）营业收入

本产品的销售价格为 2000 元/件（不含销项税），达产年份正常年销售收入为 30000 万元。

（2）增值税及附加

企业适用的销项税税率为 17%，增值税附加税率为 12%。

项目的营业收入与税金估算的具体情况见表 10-6。

营业收入与税金估算表（单位：万元）　　　　　表 10-6

序号	项目	合计	计算期							
			3	4	5	6	7	8	9	10
1	营业收入（不含销项税）	234000.00	24000.00	30000.00	30000.00	30000.00	30000.00	30000.00	30000.00	30000.00
1.1	产品销售收入	234000.00	24000.00	30000.00	30000.00	30000.00	30000.00	30000.00	30000.00	30000.00
	销售单价（不含税）		0.20	0.20	0.20	0.20	0.20	0.20	0.20	0.20
	销售数量（件）	1170000.00	120000.00	150000.00	150000.00	150000.00	150000.00	150000.00	150000.00	150000.00
2	增值税	31590.00	3240.00	4050.00	4050.00	4050.00	4050.00	4050.00	4050.00	4050.00
	销项税额（1×17%）	39780.00	4080.00	5100.00	5100.00	5100.00	5100.00	5100.00	5100.00	5100.00
	进项税额	8190.00	840.00	1050.00	1050.00	1050.00	1050.00	1050.00	1050.00	1050.00
3	增值税附加税（2×12%）	3790.80	388.80	486.00	486.00	486.00	486.00	486.00	486.00	486.00

6. 项目利润测算

（1）利润分配

股东会约定正常年份按可供投资者分配利润的 30% 提取应付投资者各方的股利，运营期的第1年按正常年份提取比例的80%提取，亏损年份不提取。各年剩余利润转下年期初未分配利润。项目投产后不考虑计提任意盈余公积金。

（2）所得税

企业所得税税率为25%。

本案例在项目的还款期间将未分配利润、折旧费、摊销费全部用来偿还本金，实际项目中可根据具体情况确定偿还借款的资金来源。利润与利润分配的具体情况见表10-7。

利润与利润分配表（单位：万元）　　　　表10-7

序号	项目	合计	计算期							
			3	4	5	6	7	8	9	10
1	营业收入（不含销项税）	234000.00	24000.00	30000.00	30000.00	30000.00	30000.00	30000.00	30000.00	30000.00
2	增值税附加	3790.80	388.80	486.00	486.00	486.00	486.00	486.00	486.00	486.00
3	总成本费用（不含进项税）	173437.40	20996.33	22659.60	22342.88	21867.79	21392.70	21392.70	21392.70	21392.70
4	补贴收入	0.00								
5	利润总额（1-2-3+4）	56771.80	2614.87	6854.40	7171.12	7646.21	8121.30	8121.30	8121.30	8121.30
6	弥补以前年度亏损	0.00								
7	应纳税所得额（5-6）	56771.80	2614.87	6854.40	7171.12	7646.21	8121.30	8121.30	8121.30	8121.30
8	所得税（7）×25%	14192.97	653.72	1713.60	1792.78	1911.55	2030.33	2030.33	2030.33	2030.33
9	净利润（5-8）	42578.83	1961.15	5140.80	5378.34	5734.66	6090.97	6090.97	6090.97	6090.97
10	期初未分配利润	35448.75		1457.62	4375.24	3399.97	2941.76	5896.54	7964.89	9412.73
11	可供分配利润（9+10）	78027.58	1961.15	6598.42	9753.58	9134.63	9032.73	11987.51	14055.86	15503.70
12	提取法定盈余公积(9)×10%	4257.90	196.12	514.08	537.83	573.47	609.10	609.10	609.10	609.10
13	可供投资者分配的利润(11-12)	73769.68	1765.03	6084.34	9215.75	8561.16	8423.63	11378.41	13446.76	14894.60
14	应付投资者各方股利	22025.01	423.61	1825.30	2764.73	2568.35	2527.09	3413.52	4034.03	4468.38
15	未分配利润（13-14）	51744.67	1341.42	4259.04	6451.02	5992.81	5896.54	7964.89	9412.73	10426.22
15.1	用于还款利润（当年应还本额-折旧-摊销）	5869.70	-116.20	-116.20	3051.05	3051.05				

续表

序号	项目	合计	计算期							
			3	4	5	6	7	8	9	10
15.2	剩余利润转下年期初未分配利润	45874.97	1457.62	4375.24	3399.97	2941.76	5896.54	7964.89	9412.73	10426.22
16	息税前利润（利润总额＋利息支出）	61047.60	4198.50	8121.30	8121.30	8121.30	8121.30	8121.30	8121.30	8121.30
17	息税折旧摊销前利润	112653.20	10649.20	14572.00	14572.00	14572.00	14572.00	14572.00	14572.00	14572.00

指标计算：

① 项目总投资收益率计算。采用正常年份息税前利润，依式（4-3），有：

$ROI = 8121.30 \div (52000 + 1672.50 + 8000) = 13.17\%$

② 项目资本金净利润率计算。由于不同年份净利润存在一定差异，故采用运营期内年均净利润来计算。依式（4-4），有：

$ROE = 42578.83 \div 8 \div (52000 + 8000 - 30000) = 17.74\%$

7. 项目盈利能力分析

（1）评价参数

行业基准收益率（i_c）为 8%；行业基准静态投资回收期（P_t）为 8 年（从建设期起算）；行业平均总投资收益率为 10%，资本金净利润率为 15%；投资者的期望收益率为 12%。

（2）融资前盈利能力评价

项目投资现金流量的具体情况见表 10-8，表中回收固定资产余值、调整所得税等各项现金流量均剔除了利息的影响。当建设期利息占总投资比例不是很大时，也可按表 10-7 中的息税前利润计算调整所得税。

根据表 10-8，项目的财务净现值大于 0，财务内部收益率大于行业基准收益率，静态投资回收期小于行业基准静态投资回收期。故从项目本身角度分析，其财务盈利能力满足要求。

（3）融资后盈利能力评价

项目资本金现金流量的具体情况见表 10-9。

从表 10-9 可以看出，本项目 $FIRR_{资本金}$ 为 16.44%，大于企业投资者期望的最低可接受收益率；结合利润与利润分配表（表 10-7）来看，项目总投资收益率为 13.17%，大于行业平均值；资本金净利润率为 17.74%，大于行业资本金净利润率平均值。整体来看，在该融资方案下，本项目的财务效益满足要求。

8. 项目偿债能力分析

通过借款还本付息表（表 10-4）和利润与利润分配表（表 10-7）综合考察项目计算期内各年的财务状况和清偿能力。从各项计算结果来看，项目运营期各年均满足未分配利润＋折旧费＋摊销费大于该年应还本金，各年的偿债备付率和利息备付率均＞1，并满足债权人要求。从偿债能力的角度来看，项目可行。

9. 项目生存能力分析

项目投资计划现金流量的具体情况见表 10-10。

表 10-8

项目投资现金流量表（单位：万元）

序号	项目	合计	建设期		运营期							
			1	2	3	4	5	6	7	8	9	10
1	现金流入	283780.00	0.00	0.00	28080.00	35100.00	35100.00	35100.00	35100.00	35100.00	35100.00	45100.00
1.1	营业收入（不含项税）	234000.00			24000.00	30000.00	30000.00	30000.00	30000.00	30000.00	30000.00	30000.00
1.2	销项税额	39780.00			4080.00	5100.00	5100.00	5100.00	5100.00	5100.00	5100.00	5100.00
1.3	补贴收入	0.00										
1.4	回收固定资产余值	2000.00										2000.00
1.5	回收流动资金	8000.00										8000.00
2	现金流出	221126.80	29000.00	23000.00	23930.80	22028.00	20528.00	20528.00	20528.00	20528.00	20528.00	20528.00
2.1	建设投资（不含建设期利息）	52000.00	29000.00	23000.00								
2.2	流动资金投资	8000.00			6500.00	1500.00						
2.3	经营成本（不含进项税）	117556.00			12962.00	14942.00	14942.00	14942.00	14942.00	14942.00	14942.00	14942.00
2.4	进项税额	8190.00			840.00	1050.00	1050.00	1050.00	1050.00	1050.00	1050.00	1050.00
2.5	增值税	31590.00			3240.00	4050.00	4050.00	4050.00	4050.00	4050.00	4050.00	4050.00
2.6	增值税附加税	3790.80			388.80	486.00	486.00	486.00	486.00	486.00	486.00	486.00
3	所得税前净现金流量（1-2）	62653.20	-29000.00	-23000.00	4149.20	13072.00	14572.00	14572.00	14572.00	14572.00	14572.00	24572.00

续表

序号	项目	合计	建设期			运营期						
			1	2	3	4	5	6	7	8	9	10
4	累计税前净现金流量		-29000.00	-52000.00	-47850.80	-34778.80	-20206.80	-5634.80	8937.20	23509.20	38081.20	62653.20
	现值系数(i_c=8%)		0.9259	0.8573	0.7938	0.7350	0.6806	0.6302	0.5835	0.5403	0.5002	0.4632
5	税前折现净现金流量	20480.19	-26851.10	-19717.90	3293.63	9607.92	9917.70	9183.27	8502.76	7873.25	7288.91	11381.75
6	累计税前折现净现金流量		-26851.10	-46569.00	-43275.37	-33667.45	-23749.75	-14566.48	-6063.72	1809.53	9098.44	20480.19
7	调整所得税	15663.30			1099.80	2080.50	2080.50	2080.50	2080.50	2080.50	2080.50	2080.50
8	所得税后净现金流量(3-7)	46989.90	-29000.00	-23000.00	3049.40	10991.50	12491.50	12491.50	12491.50	12491.50	12491.50	22491.50
9	累计税后净现金流量		-29000.00	-52000.00	-48950.60	-37959.10	-25467.60	-12976.10	-484.60	12006.90	24498.40	46989.90
	现值系数(i_c=8%)		0.9259	0.8573	0.7938	0.7350	0.6806	0.6302	0.5835	0.5403	0.5002	0.4632
10	税后折现净现金流量	11008.47	-26851.10	-19717.90	2420.61	8078.75	8501.71	7872.14	7288.79	6749.16	6248.25	10418.06
11	累计税后折现净现金流量		-26851.10	-46569.00	-44148.39	-36069.64	-27567.93	-19695.79	-12407.00	-5657.84	590.41	11008.47

计算指标：
项目投资财务内部收益率(所得税前)=15.84%
项目投资财务内部收益率(所得税后)=12.38%
项目投资财务净现值(所得税前)=20480.19万元(i_c=8%)
项目投资财务净现值(所得税后)=11008.47万元(i_c=8%)
项目投资回收期(所得税前)=6.39年(静态)
项目投资回收期(所得税后)=7.04年(静态)
项目投资回收期(所得税前)=7.77年(动态)
项目投资回收期(所得税后)=8.91年(动态)

项目资本金现金流量表（单位：万元）

表 10-9

序号	项目	合计	建设期 1	建设期 2	运营期 3	4	5	6	7	8	9	10
1	现金流入	283846.90	0.00	0.00	28080.00	35100.00	35100.00	35100.00	35100.00	35100.00	35100.00	45166.90
1.1	营业收入（不含销项税）	234000.00			24000.00	30000.00	30000.00	30000.00	30000.00	30000.00	30000.00	30000.00
1.2	销项税额	39780.00			4080.00	5100.00	5100.00	5100.00	5100.00	5100.00	5100.00	5100.00
1.3	补贴收入												
1.4	回收固定资产余值	2066.90											2066.90
1.5	回收流动资金	8000.00											8000.00
2	现金流出	241268.07	11000.00	11000.00	32502.65	31343.00	32772.71	32416.39	22558.33	22558.33	22558.33	22558.33
2.1	项目资本金	30000.00	11000.00	11000.00	6500.00	1500.00						
2.2	借款本金偿还	31672.50			6334.50	6334.50	9501.75	9501.75				
2.3	借款利息支付	4275.80			1583.63	1266.90	950.18	475.09				
2.4	经营成本（不含进项税）	117556.00			12962.00	14942.00	14942.00	14942.00	14942.00	14942.00	14942.00	14942.00
2.5	进项税额	8190.00			840.00	1050.00	1050.00	1050.00	1050.00	1050.00	1050.00	1050.00
2.6	增值税	31590.00			3240.00	4050.00	4050.00	4050.00	4050.00	4050.00	4050.00	4050.00
2.7	增值税附加税	3790.80			388.80	486.00	486.00	486.00	486.00	486.00	486.00	486.00
2.8	所得税	14192.97			653.72	1713.60	1792.78	1911.55	2030.33	2030.33	2030.33	2030.33
3	所得税后净现金流量（1-2）	64578.83	-11000.00	-11000.00	-4422.65	3757.00	2327.29	2683.61	12541.67	12541.67	12541.67	22608.57
4	累计税后净现金流量		-11000.00	-22000.00	-26422.65	-22665.65	-20338.36	-17654.75	-5113.08	7428.59	19970.26	42578.83

续表

序号	项目	合计	建设期			运营期						
			1	2	3	4	5	6	7	8	9	10
	现值系数（i_c＝8%）		0.9259	0.8573	0.7938	0.7350	0.6806	0.6302	0.5835	0.5403	0.5002	0.4632
5	税后折现净现金流量	33365.81	−10184.90	−9430.30	−3510.70	2761.40	1583.95	1691.21	7318.06	6776.26	6273.34	10472.29
6	累计税后折现净现金流量		−10184.90	−19615.20	−23125.90	−20364.50	−18780.55	−17089.34	−9771.28	−2995.02	3278.32	13750.61

计算指标：
项目资本金财务内部收益率（所得税后）＝16.44%

项目财务计划现金流量表（单位：万元） 表10-10

序号	项目	合计	建设期			运营期						
			1	2	3	4	5	6	7	8	9	10
1	经营活动净现金流量（1.1－1.2）	98460.23			9995.48	12858.40	12779.22	12660.45	12541.67	12541.67	12541.67	12541.67
1.1	现金流入	273780.00			28080.00	35100.00	35100.00	35100.00	35100.00	35100.00	35100.00	35100.00
1.1.1	营业收入（不含销项税）	234000.00			24000.00	30000.00	30000.00	30000.00	30000.00	30000.00	30000.00	30000.00
1.1.2	销项税额	39780.00			4080.00	5100.00	5100.00	5100.00	5100.00	5100.00	5100.00	5100.00
1.2	现金流出	175319.77			18084.52	22241.60	22320.78	22439.55	22558.33	22558.33	22558.33	22558.33
1.2.1	经营成本（不含进项税）	117556.00			12962.00	14942.00	14942.00	14942.00	14942.00	14942.00	14942.00	14942.00
1.2.2	进项税额	8190.00			840.00	1050.00	1050.00	1050.00	1050.00	1050.00	1050.00	1050.00
1.2.3	增值税	31590.00			3240.00	4050.00	4050.00	4050.00	4050.00	4050.00	4050.00	4050.00
1.2.4	增值税附加税	3790.80			388.80	486.00	486.00	486.00	486.00	486.00	486.00	486.00

续表

序号	项目	合计	建设期		运营期							
			1	2	3	4	5	6	7	8	9	10
1.2.5	所得税	14192.97	0.00	0.00	653.72	1713.60	1792.78	1911.55	2030.33	2030.33	2030.33	2030.33
2	投资活动净现金流量（2.1—2.2）	−60000.00	−29000.00	−23000.00	−6500.00	−1500.00						
2.1	现金流入	0.00										
2.2	现金流出	60000.00	29000.00	23000.00	6500.00	1500.00						
2.2.1	建设投资（不含建设期利息）	52000.00	29000.00	23000.00								
2.2.2	流动资金投资	8000.00			6500.00	1500.00						
3	筹资活动净现金流量（3.1—3.2）	2026.69	29000.00	23000.00	−1841.74	−7926.70	−13216.66	−12545.19	−2527.09	−3413.52	−4034.03	−4468.38
3.1	现金流入	60000.00	29000.00	23000.00	6500.00	1500.00						
3.1.1	项目资本金流入	30000.00	11000.00	11000.00	6500.00	1500.00						
3.1.2	建设投资借款	30000.00	18000.00	12000.00								
3.1.3	流动资金借款	0.00										
3.2	现金流出	57973.31			8341.74	9426.70	13216.66	12545.19	2527.09	3413.52	4034.03	4468.38
3.2.1	各种利息支出	4275.80			1583.63	1266.90	950.18	475.09				
3.2.2	偿还债务本金	31672.50			6334.50	6334.50	9501.75	9501.75				
3.2.3	应付利润	22025.01			423.61	1825.30	2764.73	2568.35	2527.09	3413.52	4034.03	4468.38
4	净现金流量（1+2+3）	40486.92	0.00	0.00	1653.74	3431.70	−437.44	115.26	10014.58	9128.15	8507.64	8073.29
5	累计盈余资金	40486.92	0.00	0.00	1653.74	5085.44	4648.00	4763.26	14777.84	23905.99	32413.63	40486.92

从表 10-10 可以看出，本项目具有足够的经营净现金流量，各年累计盈余资金均未出现负值，说明项目能够维持正常运营，具有财务可持续性，从生存能力的角度来看，项目可行。

10. 不确定性分析

（1）盈亏平衡分析

盈亏平衡分析选取还款期间的第 1 个达产年（第 4 年）和还清长期借款后的第 1 个年份（第 7 年）为例，计算时采用不含税的产品单价和可变成本，税金指增值税附加。

计算第 4 年以产量（BEP_Q）和生产能力利用率（BEP_y）表示的盈亏平衡点，依据公式（8-2）和公式（8-3），有：

$$BEP_Q = 12759.60 \div [(30000 - 9900 - 486) \div 150000] = 97581 \text{ 件}$$

$$BEP_y = 97581 \div 150000 = 65.05\%$$

同理可计算第 7 年的盈亏平衡点，计算结果见表 10-11。

盈亏平衡点分析表　　　　　　　　　　　表 10-11

盈亏平衡点	第 4 年	第 7 年
BEP_Q	97581 件	87892 件
BEP_y	65.05%	58.59%

计算结果表明，第一个达产年的保本产量为 97581 件，占设计生产能力的 65.05%；还清长期借款后，只要达到设计生产能力的 58.59%，即年产量达 87892 件时，企业即可保本。整体反映出项目具有较强的盈利能力和抗风险能力。

（2）敏感性分析

选取项目的财务净现值、内部收益率和静态投资回收期作为敏感性分析的研究对象，选取建设投资、营业收入和经营成本作为敏感性因素，进行融资前税前的单因素敏感性分析，计算结果见表 10-12。

敏感性分析表　　　　　　　　　　　表 10-12

因素	变化率	净现值（万元）	敏感度	内部收益率	敏感度	静态投资回收期(年)	敏感度
基本方案		20480.19		15.84%		6.39	
建设投资	15%	13494.83	−2.27	12.71%	−1.32	6.92	0.56
	10%	15823.29	−2.27	13.69%	−1.36	6.74	0.56
	−10%	25137.09	−2.27	18.31%	−1.56	6.03	0.56
	−15%	27465.53	−2.27	19.69%	−1.62	5.85	0.56
营业收入	15%	41936.37	6.98	23.06%	3.04	5.40	−1.03
	10%	34784.31	6.98	20.74%	3.10	5.67	−1.12
	−10%	6176.07	6.98	10.49%	3.38	7.47	−1.70
	−15%	−975.99	6.98	7.59%	3.47	8.26	−1.95

续表

因素	变化率	净现值（万元）	敏感度	内部收益率	敏感度	静态投资回收期（年）	敏感度
经营成本	15%	9673.53	−3.52	11.84%	−1.68	7.16	0.81
	10%	13275.77	−3.52	13.20%	−1.66	6.87	0.76
	−10%	27684.67	−3.52	18.37%	−1.60	5.99	0.62
	−15%	31286.89	−3.52	19.59%	−1.58	5.82	0.59

从敏感性分析表可以看出，各指标对不同因素的敏感度排序均为：$S_{营业收入} > S_{经营成本} > S_{建设投资}$。无论是对于财务净现值、内部收益率或是静态投资回收期，营业收入都是最敏感的因素。因此，从方案决策角度来看，应对产品的销售价格和产量进行更准确的测算，使营业收入在未来发生变化的可能性尽可能减少，以降低投资项目的风险。

11. 项目国民经济评价

本案例的拟建项目按规定需进行国民经济评价，且其国民经济评价是在财务评价的基础上进行的，采用国家发布的参数。另外，项目主要投入物和产出物的影子价格是按定价原则自行测算的。具体的国民经济评价方法和过程见教材前序章节，本案例不具体展开。经评价，本项目从国民经济角度来看也是可行的。

12. 评价结论与建议

（1）结论

① 项目建设总投资为 61672.50 万元，包括建设投资 52000 万元（其中资本金 22000 万元、贷款 30000 万元），建设期贷款利息 1672.50 万元，流动资金 8000 万元，流动资金全部来源于资本金。

② 项目具有较好的盈利能力。项目的财务净现值、财务内部收益率、静态投资回收期、资本金财务内部收益率、总投资收益率、资本金净利润率均高于项目可行的基本要求。

③ 项目具有较好的偿债能力。运营期各年的偿债备付率、利息备付率均高于项目可行的基本要求且满足债权人要求。

④ 项目具有较好的生存能力。各年累计盈余资金均未出现负值，且具有足够的经营净现金流量。

⑤ 项目具有较强的抗风险能力。还清长期借款后，当达到设计生产能力的 58.59% 时，企业即可保本。

综上所述，该项目可行。

（2）建议

① 从计算分析可以看出，营业收入是本项目净现值、内部收益率和静态投资回收期等三项指标的最敏感因素，应重点关注项目各年的销售收入能否实现。

② 本项目的贷款利息按年利率 5% 计算，如使能够获取其他更低成本的资金来源，将会提高项目的财务可行性。

③ 本项目的设备购置费较高，借款难度较大时可考虑采取融资租赁的方式进行资金筹措。

习　题

一、单选题

1. 可行性研究的各个阶段中，（　　）的工作成果是编制可行性研究报告，作为项目投资决策的基础和重要依据。

A. 机会研究
B. 初步可行性研究
C. 详细可行性研究
D. 项目评估与决策

2. 建设工程项目决策阶段的可行性研究中，其核心内容是（　　）。

A. 市场调查
B. 市场预测
C. 经济效益分析
D. 技术研究

3. 可行性研究中，机会研究阶段的主要任务是（　　）。

A. 对工程项目进行详细的技术经济评价
B. 判断工程项目是否有较高的经济效益
C. 提出工程项目投资方向的建议
D. 推荐最佳方案

4. 下列不属于国民经济评价参数的是（　　）。

A. 影子工资
B. 社会折现率
C. 行业基准收益率
D. 影子汇率

5. 下列关于经济评价综合判定的说法中，错误的是（　　）。

A. 经济评价主要包括财务评价和国民经济评价两部分
B. 财务评价可行，国民经济评价不可行的项目，应该予以通过
C. 财务评价与国民经济评价均可行的项目应予通过
D. 财务评价不可行，国民经济评价可行的项目，应考虑给予经济优惠政策

二、多选题

1. 关于我国项目前期阶段投资估算的精度要求，下列说法中正确的是（　　）。

A. 项目建议书阶段，允许误差大于±30%
B. 项目评估阶段，要求误差控制在±30%以内
C. 初步可行性研究阶段，要求误差控制在±20%以内
D. 可行性研究阶段，要求误差控制在±15%以内
E. 项目决策阶段，允许误差控制在±8%以内

2. 建设项目可行性报告可以用作（　　）的依据。

A. 设备制造
B. 工程设计
C. 向金融机构贷款
D. 工程结算
E. 申请开工建设手续

3. 可行性研究报告的内容包括（　　）。

A. 环境影响评价
B. 风险分析
C. 国民经济评价
D. 财务评价
E. 项目后评价

4. 下列评价指标中，用于评价项目宏观经济合理性的是（　　）。

A. 总投资收益率
B. 经济净现值
C. 经济效益费用比
D. 经济内部收益率
E. 资产负债率

5. 对比财务评价和国民经济评价，说法正确的是（　　）。

A. 评价角度不同
B. 评价参数不同
C. 评价指标不同
D. 费用和收益的范围相同
E. 费用和收益的划分不同

三、计算题

某项目的总投资为 5400000 元，其中第一年 2800000 元，第二年 2600000 元，第三年初正式投产。投产后即能达到 10000 件的设计能力，年固定成本总额为 736000 元，每件销售价格为 366 元，单位变动成本为 200 元。该项目的经济寿命期为 10 年，最后一年可回收固定资产余值 1364000 元，回收流动资产投资 200000 元，该部门基准投资收益率（按照税前利润计算）为 12％。暂不考虑销售过程中的税金，其他有关资料见表 1。

(1) 将表格补充完整；

(2) 计算该投资项目的净现值和内部收益率；

(3) 作出方案是否可行的评价；

(4) 计算产量盈亏平衡点，并对计算结果进行评述。

现金流量表（元）　　　　　　　　　　　　　　　　表 1

年次	现金流入量	现金流出量	净现金流量	折现率＝12％		折现率＝15％	
				折现系数	折现值	折现系数	折现值
1	0	2800000		0.8929		0.8696	
2	0	2600000		0.7972		0.7561	
3	3660000	2705000		0.7118		0.6575	
4	3660000	2705000		0.6355		0.5718	
5	3660000	2705000		0.5674		0.4972	
6	3660000	2705000		0.5066		0.4323	
7	3660000	2705000		0.4523		0.3759	
8	3660000	2705000		0.4039		0.3269	
9	3660000	2705000		0.3606		0.2843	
10	3660000	2705000		0.3220		0.2472	
11	3660000	2705000		0.2875		0.2149	
12				0.2567		0.1869	
合计							

四、思考题

某城市拟建设一条免费通行的道路，与项目相关的信息如下：

1. 根据项目的设计方案及投资估算，该项目建设投资为 100000 万元，建设期 2 年，建设投资全部形成固定资产。

2. 该项目拟采用 PPP 模式投资建设，政府与社会资本出资人合作成立了项目公司。项目资本金为项目建设投资的 30％，其中，社会资本出资人出资 90％，占项目公司股权 90％，政府出资 10％，占项目公司股权 10％。政府不承担项目公司亏损，不参与项目公司利润分配。

3. 除项目资本金外的项目建设投资由项目公司贷款，贷款年利率为 6％（按年计息），贷款合同约定的还款方式为项目投入使用后 10 年内等额还本付息。项目资本金和贷款均在建设期内均衡投入。

4. 该项目投入使用（通车）后，前 10 年年均支出费用 2500 万元，后 10 年年均支出费用 4000 万元，用于项目公司经营、项目维护和修理。道路两侧广告收益权归属项目公司所有，预计广告业务收入每年800 万元。

5. 固定资产采用直线法折旧，项目公司适用的企业所得税税率为 25%，为简化计算不考虑销售环节相关税费。

6. PPP 项目合同约定，项目投入使用（通车）后连续 20 年内，在达到项目运营绩效的前提下，政府每年给项目公司等额支付一定的金额作为项目公司的投资回报，项目通车 20 年后，项目公司需将该道路无偿移交给政府。

【问题】

（1）列式计算项目建设期贷款利息和固定资产投资额。

（2）列式计算项目投入使用第 1 年项目公司应偿还银行的本金和利息。

（3）列式计算项目投入使用第 1 年的总成本费用。

（4）项目投入使用第 1 年，政府给予项目公司的款项至少达到多少万元时，项目公司才能除广告收益外不依赖其他资金来源，仍满足项目运营和还款要求？

（5）若社会资本出资人对社会资本的资本金净利润率的最低要求为：贷款偿还完成后正常年份的数据不低于 12%，计算社会资本出资人能接受的政府各年应支付给项目公司的资金额最少为多少万元（计算结果保留两位小数）。

本章重要概念与知识点

1. 设备的磨损与补偿

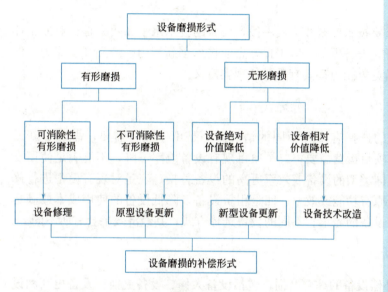

2. 设备大修应满足的条件

(1) 大修费用 R 不能超过购置同类型新设备的重置价值 P 与现有设备被替换后的余值之差，即 $R \leqslant (P-S)$。

(2) 设备大修后的单位产品生产费用 C_p 不能高于同类型新设备的单位产品生产费用 C_m，即 $C_p \leqslant C_m$。

3. 原型设备更新经济评价

原型设备更新的最佳时机是达到设备的经济寿命之时（即年平均成本费用 AC_N 达到最小的年份）。因此，原型设备的更新问题可归结为求设备的经济寿命问题。

静态计算：$AC_N = \dfrac{P-L_N}{N} + \dfrac{1}{N}\sum_{t=1}^{N} C_t$

动态计算：$AC_N = P(A/P,\ i_c,\ N) - L_N(A/F,\ i_c,\ N)$
$$+ \left[\sum_{t=1}^{N} C_t(P/F,\ i_c,\ t)\right]$$
$$\times (A/P,\ i_c,\ N)$$

4. 新型设备更新经济评价

(1) 现有设备不考虑沉没成本，按其现行的市场价值与新型设备的方案进行比选计算。

（2）现有设备与新型设备的比选可采用年均成本费用法或年值成本法，优选费用较低的设备。

5. 设备购置与租赁经济评价

设备购置方案与租赁方案的比选按互斥方案的比选方法进行。

11.1　设备选择与更新概述

设备是建设项目中的重要技术要素和物质手段，设备的技术水平和效率是行业或企业机械化水平的重要标志。研究设备更新，对于提升企业技术创新能力、产品开发能力，促进节能减排，增强企业市场竞争能力都具有重要的现实意义。

11.1.1　设备的选择

11-1《关于加力支持大规模设备更新和消费品以旧换新的若干措施》

设备的选择有四种不同的情况。一是由于项目需要，需购置新设备，满足项目运营需要；二是项目现有设备效率下降，不能满足使用要求，需用同类型的设备或效率更高的设备替换；三是对现有设备进行修理，恢复原有功能或效率；四是租赁设备，降低设备的使用成本或满足短期使用设备的需求。不同的设备选择方式，其经济效果会有所不同。

11.1.2　设备的更新

广义的设备更新是指补偿设备的综合磨损，包括设备大修、设备更换、设备更新和设备现代化改装。

狭义的设备更新包括原型设备更新和新型设备更新。原型设备更新又称更换，即用同型号的新设备代替已磨损、不能继续使用的设备或设备虽然能继续使用，但在经济上继续

11-2 设备更新的意义

使用已不合理的旧设备；新型设备更新是以结构更先进、功能更完善、性能更可靠、生产效率更高、产品成本更低的新设备代替旧设备。

设备的更新应进行技术论证和经济评价，从而作出最佳选择。片面追求机械的现代化，会造成企业资产的流失；但过度延缓设备更新时间，将会造成机械生产效率下降，生产成本增加。因此，正确确定设备何时更新和如何更新，对提高企业的竞争力十分重要。

11.1.3　设备的磨损

1. 设备的有形磨损

设备在使用或闲置过程中所发生的实体磨损称为有形磨损或物质磨损。有形磨损可分为两种。

（1）使用磨损（也称第 I 类有形磨损）。设备在使用过程中，承受机械外力（如摩擦、碰撞或交变应力等）所造成的实体磨损、变形或损坏。

（2）自然磨损（也称第 II 类有形磨损）。设备在自然力作用下（如日照、潮湿和腐蚀性气体等），实体发生的锈蚀、损伤和老化。

有形磨损导致设备生产效率下降，运行费和维修费增加，这些磨损中可以通过修理消除的，称为可消除性有形磨损；有些磨损导致设备部分或全部失去工作能力，通过修理也不能恢复，称为不可消除性有形磨损。

2. 设备的无形磨损

设备的无形磨损是由于科学技术进步，设备价值相对降低的现象。无形磨损不产生设备实体外形和内在性能的变化，无形磨损的形成可分两种情况：

（1）设备绝对价值降低（也称第 I 类无形磨损）。由于技术进步，某种设备在再生产过程中，由于设备生产工艺改进、劳动生产率提高和材料节省等导致再生产这类设备的社会必要劳动时间减少，生产成本下降，设备的市场价格下降，即设备绝对价值降低。

（2）设备相对价值降低（也称第 II 类无形磨损）。由于出现了技术更先进、性能更优越、效率更高的新型替代设备，使现有设备显得陈旧、过时，即设备相对价值降低。

3. 设备的综合磨损

设备在使用过程中发生的磨损往往是由有形磨损和无形磨损共同作用产生的，这称为综合磨损。

有形磨损和无形磨损的共同点是两者均会导致设备原始价值的贬值，不同点是有形磨损较为严重的设备，在修理之前，往往不能正常运转；无形磨损一般不会影响正常使用，但经济性能下降。

11.1.4 设备磨损的补偿

设备磨损的类型不同，补偿的方式也不相同。设备磨损的补偿方式有设备修理、设备技术改造、原型设备更新和新型设备更新四种。

当设备发生有形磨损，如磨损具有可消除性，既可以通过设备修理局部补偿，也可以进行原型设备更新予以完全补偿；如磨损不可消除，只能进行原型设备更新。当设备出现无形磨损，如属于设备绝对价值降低，将促使原型设备更新时间提前；如属于设备相对价值降低，一方面可以通过设备现代化技术改造，使设备磨损得以补偿，另一方面，也可以通过新型设备更新，实现设备的完全补偿。

设备磨损的补偿方式分为局部补偿和完全补偿，如图 11-1 所示。设备有形磨损的局部补偿是修理，设备无形磨损的局部补偿是改造。有形磨损和无形磨损的完全补偿是更新，即淘汰旧设备，更换新设备。

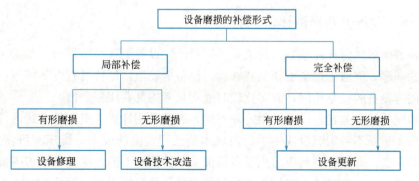

图 11-1　设备磨损的不同补偿形式

11.1.5 设备的寿命

由于磨损的存在，设备的使用价值和经济价值逐渐消失，因而设备具有一定的寿命。设备的寿命，由于研究角度的不同其含义也有差异。

1. 设备自然寿命

设备自然寿命，又称物理寿命，是指设备从投入使用，到因物质磨损导致设备报废为止所经历的时间。自然寿命由设备的有形磨损所决定，与维修保养得好坏，以及使用状况密切相关。

2. 设备技术寿命

设备技术寿命是指设备从投入使用到因技术落后而被淘汰为止所经历的时间。技术寿命与技术进步引起的无形磨损密切相关，技术进步越快，设备的技术寿命越短。

3. 设备折旧寿命

设备折旧寿命是指国家有关部门规定的设备计提折旧费的年限。折旧寿命一般短于设备的自然寿命和技术寿命。

4. 设备经济寿命

设备经济寿命是从经济的角度看设备最合理的使用期限，即从设备开始使用，到其年平均成本费用最小的使用年限，如图 11-2 所示。

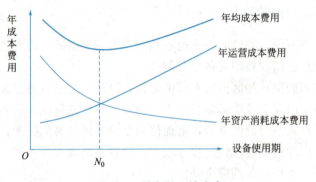

图 11-2　设备的经济寿命

图中 N_0 是设备的经济寿命，设备按经济寿命进行更新，可以确保设备的年均成本费用最低。

11.1.6 设备更新经济评价的特点

由设备磨损形式与其补偿方式的关系可以看出，设备更新经济评价一般都可归结为互斥方案比选问题，但由于设备更新的特殊性，设备更新经济评价具有以下特点：

（1）假定设备的收益相同，方案比较时通常只考虑其费用和余值。

（2）不同的设备方案，设备使用寿命不同，通常采用计算年费用的方式进行比较。

（3）设备更新不考虑沉没成本。沉没成本是已经发生的成本，属于不可恢复的费用，与更新决策无关。即设备更新应采用设备目前实际价值，不能考虑设备原购买价格。

（4）设备更新比较时，不能简单地按照新旧设备的直接现金流量比较，而应站在客观立场上，从机会成本角度考虑现有设备目前实际价值的归属，做到公平合理。

（5）在确定最佳更新时机时，应比较旧设备的剩余经济寿命和新设备的经济寿命，然后再采用逐年滚动的计算方法进行经济评价。

11.2 设备修理经济评价

11.2.1 设备修理概述

设备修理分为小修、中修和大修。小修主要进行设备调整、修复、个别零部件更换；中修需要进行设备的部分解体；大修则要进行设备的全部解体，彻底消除缺陷，使设备性能基本恢复并接近出厂标准。大修是设备修理工作中花费最高的修理，所以进行设备修理经济分析应以设备大修为重点。

11.2.2 设备大修的经济评价方法

设备大修能够利用现有设备的大部分零部件，并在一定程度上恢复设备的效能水平，这是与购置新设备相比具有的优越性。但随着设备大修次数的增长，设备劣化程度逐次加深，大修费用越来越高，大修间隔期越来越短，大修的经济性也越来越差。因此，在决策设备大修时，需要与设备更新的效果进行比较。

设备大修应满足以下两个条件：

（1）大修费用 R 不能超过购置同类型新设备的重置价值 P 与现有设备的余值之差。即：

$$R \leqslant (P - S) \tag{11-1}$$

（2）现有设备 P 大修后的单位产品生产成本费用 C_P 不能高于同类型新设备 m 的单位产品生产成本费用 C_m。即：

$$\begin{aligned}
C_P &\leqslant C_m \\
C_P &= \frac{(R + V_P)(A/P, i, T_P)}{Q_{AP}} + C_{OP} \\
C_m &= \frac{V_m(A/P, i, T_m)}{Q_{Am}} + C_{Om}
\end{aligned} \tag{11-2}$$

式中　R——大修费用；

　　　V——设备运行到下一次大修期间的价值损耗现值；

　　　T——设备运行到下一次大修的间隔年数；

　　　Q_A——设备运行到下一次大修期间的年均产量；

　　　C_O——设备运行到下一次大修期间的单位产品成本。

【例 11-1】　某企业一台设备已使用 6 年，该设备的评估价值为 3000 元。现设备需进行第一次大修，预计大修费为 5000 元，平均每年加工产品 45t，年平均运行成本费用 2530 元。设备经大修后可继续使用 4 年，届时设备价值为 2000 元。现市场新设备价值为 32000 元，平均每年加工产品 63t，年平均运行成本费用 2260 元。预计使用 5 年需进行第一次大修，大修时设备价值为 7500 元。设基准收益率为 10%，对该企业设备大修决策进行经济分析。

【解】 已知：$R=5000$ 元

$P-S$ 为：$32000-3000=29000$ 元

$R<(P-S)$，满足设备大修的第一个条件。

由题意，有：

$C_P=\{[5000+3000-2000(P/F，10\%，4)](A/P，10\%，4)\}\div45+2530\div45$
$\quad=102.73$ 元/t

$C_m=\{[32000-7500(P/F，10\%，5)](A/P，10\%，5)\}\div63+2260\div63$
$\quad=150.37$ 元/t

即 $C_P\leqslant C_m$，满足大修的第二个条件。

所以，该企业应选择对设备进行大修。

11.3　原型设备更新经济评价

11.3.1　原型设备更新概述

原型设备更新，主要适用于旧设备在使用期内，没有出现技术更先进、功能更完善、性能更优越的新设备的情形。现有设备与替换设备类型相同，具有完全相同的经济属性。当该设备到达经济寿命进行更新时，花费的年平均成本费用最小。若提前更新或延迟更新，其对应的年平均成本费用都高于经济寿命时的年平均成本费用。因此，原型设备更新的最佳时机就是设备的经济寿命。原型设备更新问题可归结为求该设备的经济寿命问题。

按照是否考虑资金时间价值，设备经济寿命可以分为经济寿命的静态计算和动态计算。

11.3.2　经济寿命的静态计算

设 P 为设备的原值，C_t 为设备第 t 年的经营成本，L_N 为设备第 N 年年末的残值（或余值），则设备使用 N 年的年平均成本费用为 AC_N，计算公式为：

$$AC_N=\frac{P-L_N}{N}+\frac{1}{N}\sum_{t=1}^{N}C_t \tag{11-3}$$

由经济寿命的定义，可通过计算设备不同使用年限的年平均成本费用 AC_N，来确定设备的经济寿命。若设备的经济寿命为 m 年，则应同时满足下列条件：

$$AC_{m-1}\geqslant AC_m\leqslant AC_{m+1} \tag{11-4}$$

如图 11-3 所示，当设备使用年限为 m 时，年平均成本费用最小，即设备经济寿命为第 m 年。

【例 11-2】 某施工企业的一台施工设备，原值 30 万元，自然寿命 8 年，各年运行费用及年末残值见表 11-1，不考虑资金时间价值，试确定该设备的经济寿命。

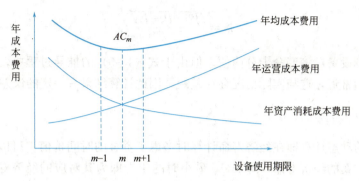

图 11-3 设备经济寿命计算示意图

设备运行费用及年末残值（元）　　　　　　　表 11-1

年限	1	2	3	4	5	6	7	8
C_t（运行费用）	50000	60000	73000	88000	108000	133000	163000	198000
L_N（残值）	150000	80000	50000	30000	10000	3000	3000	3000

【解】　根据公式（11-3），列表计算该设备在不同年限的年平均成本费用，结果见表 11-2。

设备年均成本费用计算表（元）　　　　　　　表 11-2

N（年限）	$P-L_N$	$\dfrac{P-L_N}{N}$	$\sum\limits_{t=1}^{N}C_t$	$\dfrac{1}{N}\sum\limits_{t=1}^{N}C_t$	AC_N
(1)	(2)	(3)=(2)/(1)	(4)	(5)=(4)/(1)	(6)=(3)+(5)
1	150000	150000	50000	50000	200000
2	220000	110000	110000	55000	165000
3	250000	83333	183000	61000	144333
4	270000	67500	271000	67750	135250
5	290000	58000	379000	75800	133800★
6	297000	49500	512000	85333	134833
7	297000	42429	675000	96429	138857
8	297000	37125	873000	109125	146250

由年平均成本费用计算结果知，设备使用到第 5 年时，年平均成本费用最低，因此，设备经济寿命为 5 年，即每隔 5 年更新，企业年平均成本费用最低。

随着设备使用时间的延长，设备的磨损将会导致设备年使用成本逐年增加，这称为设备的劣化。逐年增加的设备年使用成本称为设备的低劣化值。假定设备每年的低劣化值 λ 为常量，并假定设备每年的残值相等（设为 L），由式（11-3）可推出：

$$m = \sqrt{\frac{2(P-L)}{\lambda}} \tag{11-5}$$

用该式计算设备经济寿命十分简便。但由于式（11-5）的推导过程中，假定各年的低劣化值和残值为常量，这与实际情况存在差距，因此计算结果有一定的误差。

11.3.3 经济寿命的动态计算

经济寿命的动态计算即在经济寿命计算时考虑了资金的时间价值。可以通过计算净年值的方法求出方案的经济寿命，即 AC_N 最小时的年份即为其对应的经济寿命。净年值的计算公式为：

$$AC_N = P(A/P, i_c, N) - L_N(A/F, i_c, N) + \left[\sum_{t=1}^{N} C_t(P/F, i_c, t)\right] \times (A/P, i_c, N) \tag{11-6}$$

经过数学整理，可得式（11-6）的另一种表达形式：

$$AC_N = \left[(P - L_N) + \sum_{t=1}^{N} C_t(P/F, i_c, t)\right] \times (A/P, i_c, N) + L_N i_c \tag{11-7}$$

当每年的经营成本 C_t 为常量 A_0 时，有：

$$AC_N = (P - L_N) \times (A/P, i_c, N) + L_N i_c + A_0 \tag{11-8}$$

【例 11-3】 计算【例 11-2】所述设备动态经济寿命，设企业确定的基准收益率为 10%。

【解】 根据公式（11-7）计算该设备在不同使用年限的等值年费用。计算过程和结果见表 11-3。

设备等值年费用计算表（元）   表 11-3

年限 N	C_t	$C_t(P/F, 10\%, t)$	$\sum_{t=1}^{N} C_t(P/F, 10\%, t)$	$P - L_N$	$[(4)+(5)] \times (A/P, 10\%, N)$	$L_N \times 10\%$	AC_N
(1)	(2)	$(3)=(2) \times (P/F, 10\%, t)$	$(4) = \sum_{t=1}^{N}(3)$	(5)	(6)	(7)	$(8)=(6)+(7)$
1	50000	45455	45455	150000	215001	15000	230001
2	60000	49584	95039	220000	181525	8000	189525
3	73000	54845	149884	250000	160793	5000	165793
4	88000	60104	209988	270000	151436	3000	154436
5	108000	67057	277045	290000	149586	1000	150586
6	133000	75079	352124	297000	149039	300	149339★
7	163000	83652	435775	297000	150512	300	150812
8	198000	92367	528142	297000	154632	300	154932

由计算结果可知，考虑资金时间价值时，该设备使用到 6 年时，净年值为 149339 元，使用年限大于或小于 6 年时，净年值均大于 149339 元，故该设备动态经济寿命为 6 年。

11.4 新型设备更新经济评价

11.4.1 新型设备更新概述

新型设备更新是指以功能更完善、效能更优越的先进设备替换已磨损不能继续使用或虽可继续使用，但在经济上继续使用已不合理的现有设备。因此，新型设备更新问题实质上是现有设备方案与新型设备方案的互斥方案比较问题。

11.4.2 新型设备更新经济评价方法

新型设备更新的方案评价常采用年均成本费用法或年值成本法。年均成本费用法不考虑资金的时间价值，即静态方法。年值成本法是指在考虑资金的时间价值的前提下，通过分别计算比较既有旧设备和备选新设备服务期（或经济寿命期）内的年均总费用，决定使用新型设备还是继续使用旧设备。

运用年值成本法进行设备更新决策需注意：

（1）在设备仍需使用较长时间时，需比较新旧设备在其各自经济寿命期内的费用年值。若新设备费用年值小于旧设备费用年值，则应考虑进行设备更新；相反则继续使用旧设备。

（2）在设备还需使用的时间是一确切期限时，比较新旧设备在该服务年限期内的费用年值。若新设备费用年值小于旧设备费用年值，则应考虑进行设备更新，否则继续使用旧设备。

（3）在计算旧设备费用年值时，因其初始购置费发生在决策之前，属于沉没成本不予考虑，只考虑现有设备的现行市场价值。

【例 11-4】 某公司 3 年前用 20000 元购买了一设备，目前市场估值为 3000 元，尚可使用 3 年。现在又出现了一种改进的新型号售价为 12000 元，寿命为 8 年，其运营费用低于现有设备。新旧设备各年的残值（当年转让或处理价格）及使用费分别见表 11-4、表 11-5。已知基准收益率为 15％。试分析：

（1）若企业该种设备只需要使用 1 年，是否需要更新？

（2）若企业该种设备只需要使用 3 年，是否需要更新？何时更新？

（3）若公司在较长时间内使用该种设备，问是否需要更新？何时更新？

旧设备年使用费及年末残值表（元）　　　　　　　　　　　　表 11-4

继续使用年限	1	2	3
年使用费	2000	3000	4000
年末余值	1100	900	700

新设备年使用费及年末残值表（元）　　　　　　　　　　表 11-5

使用年限	1	2	3	4	5	6	7	8
年使用费	500	800	1100	1400	1700	2100	2700	3300
年末余值	9000	8000	7000	6000	5000	4000	3000	2000

【解】　根据不考虑沉没成本的原则，旧设备的 P 按目前市场估值 3000 元计算，依据公式（11-7），旧设备在不同使用年限的等值年费用计算见表 11-6。

旧设备等值年费用计算表（元）　　　　　　　　　　表 11-6

年限 N	C_t	$C_t(P/F,15\%,t)$	$\sum\limits_{t=1}^{N}C_t(P/F,15\%,t)$	$P-L_N$	$[(4)+(5)]\times$ $(A/P,15\%,N)$	$L_N\times15\%$	AC_N
(1)	(2)	$(3)=(2)\times$ $(P/F,15\%,t)$	$(4)=\sum\limits_{t=1}^{N}(3)$	(5)	(6)	(7)	$(8)=(6)+(7)$
1	2000	1739	1739	1900	4185	165	4350
2	3000	2268	4008	2100	3757	135	3892★
3	4000	2630	6638	2300	3915	105	4020

同理，新设备在不同使用年限的等值年费用计算见表 11-7。

新设备等值年费用计算表（元）　　　　　　　　　　表 11-7

年限 N	C_t	$C_t(P/F,15\%,t)$	$\sum\limits_{t=1}^{N}C_t(P/F,15\%,t)$	$P-L_N$	$[(4)+(5)]\times$ $(A/P,15\%,N)$	$L_N\times15\%$	AC_N
(1)	(2)	$(3)=(2)\times$ $(P/F,15\%,t)$	$(4)=\sum\limits_{t=1}^{N}(3)$	(5)	(6)	(7)	$(8)=(6)+(7)$
1	500	435	435	3000	3950	1350	5300
2	800	605	1040	4000	3100	1200	4300
3	1100	723	1763	5000	2962	1050	4012
4	1400	801	2563	6000	3000	900	3900
5	1700	845	3409	7000	3105	750	3855
6	2100	908	4317	8000	3254	600	3854★
7	2700	1015	5331	9000	3445	450	3895
8	3300	1079	6410	10000	3658	300	3958

（1）若企业该种设备只需要使用 1 年，$AC_旧$ 4350 元 $<AC_新$ 5300 元，不需要更新。

（2）若企业该种设备只需要使用 3 年，$AC_旧$ 4020 元 $>AC_新$ 4012 元，需要更新。此时有 3 种互斥更新方案，即立即更新（A 方案）、1 年后更新（B 方案）和 2 年后更新（C 方案），其中 B、C 方案的现金流量分别如图 11-4、图 11-5 所示。

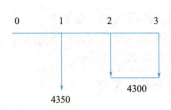

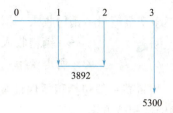

图 11-4　1 年后更新（B 方案）　　　　图 11-5　2 年后更新（C 方案）
现金流量图（元）　　　　　　　　现金流量图（元）

对 3 个方案进行比选：

立即更新（A 方案）：$AC_A = AC_新 = 4012$ 元

1 年后更新（B 方案）：即使用 1 年旧设备再使用 2 年新设备，此时等值年费用为：

$$AC_B = [4350 + 4300(P/A, 15\%, 2)](P/F, 15\%, 1)(A/P, 15\%, 3)$$
$$= 4319 元$$

2 年后更新（C 方案）：即使用 2 年旧设备再使用 1 年新设备，此时等值年费用为：

$$AC_C = [3892(P/A, 15\%, 2) + 5300(P/F, 15\%, 3)](A/P, 15\%, 3)$$
$$= 4298 元$$

$AC_A < AC_C < AC_B$，故应选择 A 方案，即立即更新。

（3）若公司在较长时间内使用该种设备，需比较新旧设备在其各自经济寿命期内的等值年费用。$AC_旧$ 3892 元 $> AC_新$ 3854 元，继续使用旧设备只会使年均成本加大，所以应该立即更新。

11.5　设备租赁与购置经济评价

11.5.1　设备租赁概述

设备租赁是设备使用者按照合同规定，按期向设备所有者支付租金而取得设备使用权的经营活动。设备租赁分经营租赁和融资租赁两种，前者一般租赁期较短，承租方可视自身需要决定承租时间和期限，决定是终止还是继续租赁，常用于技术更新快、临时短期使用的设备；后者租赁期较长，租赁双方在确定租赁期内的义务不得任意中止和取消，并且由于设备是承租者选定的，出租者对设备的整体性能、维修保养、老化等不承担责任。对于承租人来说，融资租入的设备属于固定资产，可以计提折旧计入企业成本，而租赁费一般不直接列入企业成本，由企业税后支付，但租赁费中的利息和手续费（手续费也可约定包括在租赁费中或一次支付）可在支付时计入企业成本，作为纳税所得额中准予扣除的项目。

11.5.2　设备租赁与购置经济评价方法

设备租赁与购置经济评价关键是比较租赁设备和购置设备哪个方案的费用更低。

1. 租赁设备方案的净现金流量

1）经营性租赁方案

$$
\begin{aligned}
净现金流量=&销售收入-销售税金及附加-经营成本-租赁费\\
&-（销售收入-销售税金及附加-经营成本-租赁费）\\
&\times所得税率
\end{aligned}
\tag{11-9}
$$

其中，租赁费一般包括租赁保证金占用损失、租金和担保费。

2）融资性租赁方案

$$
\begin{aligned}
净现金流量=&销售收入-销售税金及附加-经营成本-租赁费\\
&-（销售收入-销售税金及附加-经营成本\\
&-租赁费中的手续费和利息-折旧费）\times所得税率\\
&+设备残值回收
\end{aligned}
\tag{11-10}
$$

式（11-10）中是否有设备残值回收项由融资性租赁的不同形式决定。

2. 购置设备方案的净现金流量

1）自有资金购置设备方案

$$
\begin{aligned}
净现金流量=&销售收入-销售税金及附加-经营成本-设备购置费\\
&-（销售收入-销售税金及附加-经营成本-折旧费）\\
&\times所得税率+设备残值回收
\end{aligned}
\tag{11-11}
$$

2）贷款购置设备方案

$$
\begin{aligned}
净现金流量=&贷款金额+销售收入-销售税金及附加-经营成本-设备购置费\\
&-贷款利息-（销售收入-销售税金及附加-经营成本-折旧费\\
&-贷款利息）\times所得税率-偿还贷款本金+设备残值回收
\end{aligned}
\tag{11-12}
$$

根据互斥方案差额投资分析法，用购置设备方案的净现金流量减去租赁设备方案的净现金流量：如果差额现金流量的净现值＞0，说明设备购置方案增加的投资在财务上是可行的，应选择设备购置；如果差额现金流量的净现值＜0，则说明投资购买设备不经济，应选择设备租赁。当然，也可采用差额现金流量的年等值法进行比较，原理相同。

【例 11-5】 某建筑企业需要某种施工机械短期使用，使用寿命为 5 年。如购买需购置费 100 万元，可利用 50％的银行贷款，贷款期限 3 年，按利率 8％等额支付本利和。施工机械采用年限平均法折旧，预计期末净残值 5 万元。如采用经营性租赁方式租用该机械，每年租赁费 28 万元。企业所得税税率 25％，行业基准收益率 10％。假设各项费用均发生在年末，试对企业施工机械的选择进行经济评价。

【解】 购买设备需用到式（11-11）与式（11-12），但通过分析对比可知，购买设备所用的自有资金与贷款资金的净现金流量之和，可直接由式（11-12）得到。

（1）折旧费计算

$$
年折旧费=（100-5）\div5=19.00 万元
$$

（2）贷款利息计算

$$
年还本付息=1000000\times50\%\times（A/P，8\%，3）=19.40 万元
$$

各年支付的贷款利息及还本见表 11-8。

各年还本付息表（万元）　　　　　　　　表 11-8

年份	年初贷款余额＝上年的（①－④）①	当年还本付息②	当年付息＝①×8%③	当年还本＝②－③④
1	50.00	19.40	4.00	15.40
2	34.60	19.40	2.77	16.63
3	17.97	19.40	1.44	17.96

（3）计算差额现金流量

设备购置与设备租赁方案的差额现金流量由式（11-12）与式（11-9）之差表示，即：

$$差额净现金流量＝贷款金额－设备购置费－贷款利息＋租赁费$$
$$＋（折旧费＋贷款利息－租赁费）×所得税率$$
$$－偿还贷款本金＋设备残值回收$$

根据上式，计算结果见表 11-9。

差额现金流量计算表（万元）　　　　　　　　表 11-9

序号	现金流量项目	1	2	3	4	5
1	贷款金额	50				
2	设备购置费	100				
3	贷款利息	4.00	2.77	1.44		
4	租赁费	28.00	28.00	28.00	28.00	28.00
5	（折旧费＋贷款利息－租赁费）×所得税率	−1.25	−1.56	−1.89	−2.25	−2.25
6	偿还贷款本金	15.40	16.63	17.96		
7	设备残值回收					5.00
8	净现金流量(1−2−3+4+5−6+7)	−42.65	7.04	6.71	25.75	30.75

（4）计算增量现金流量的现值

$$\Delta FNPV_{（购置－租赁）}＝－42.65（P/F，10\%，1）＋7.04（P/F，10\%，2）$$
$$＋6.71（P/F，10\%，3）＋25.75（P/F，10\%，4）$$
$$＋30.75（P/F，10\%，5）＝8.77万元＞0$$

设备购置与设备租赁方案的差额现金流量的净现值大于零，说明应选择设备购置方案。

习　题

一、单选题

1. 有形磨损的局部补偿形式适用于（　　）。

A. 可消除性的有形磨损　　　　　　B. 不可消除性的有形磨损

C. 第一种无形磨损　　　　　　　　D. 第二种无形磨损

2. 设备的等值年成本由年资产消耗成本和（　　）组成。

A. 年大修理费　　　　　　　　　　B. 年维修成本

C. 年维护费　　　　　　　　　　　　D. 年运营成本

3. 设备的经济寿命为1年，第一年的使用成本为6050元，第二年为6750元，第三年为7450元；新设备的经济寿命为8年，使用8年时的年均成本为6466元。根据更新方案比选的原则，采用（　　）更新方案最经济。

A. 旧设备保留使用一年更换　　　　　B. 旧设备保留使用两年更换

C. 旧设备保留使用三年更换　　　　　D. 旧设备立即更换

4. 设备更新方案比选时，若设备仍需使用较长时间，首先计算新旧设备不同使用年限的年平均成本和经济寿命，然后选择设备的更新时机。下列（　　）情况下，旧设备应考虑进行更新。

A. 旧设备经济寿命时的年成本＝新设备经济寿命时的年成本

B. 旧设备经济寿命时的年成本＜新设备经济寿命时的年成本

C. 旧设备经济寿命时的年成本＞新设备经济寿命时的年成本

D. 旧设备经济寿命时的年成本≤新设备经济寿命时的年成本

5. 原型设备更新的最佳时机就是设备的（　　）。

A. 经济寿命　　　　　　　　　　　　B. 折旧寿命

C. 技术寿命　　　　　　　　　　　　D. 自然寿命

二、多选题

1. 设备的有形磨损会致使设备（　　）。

A. 性质、精度不变　　　　　　　　　B. 运行和维修费用增加

C. 使用价值降低　　　　　　　　　　D. 设备自然寿命延长

E. 使用效率降低

2. 原型设备更新是对整个设备进行的更换，属于完全补偿，适用于设备（　　）。

A. 可消除性的有形磨损　　　　　　　B. 不可消除性的有形磨损

C. 第二种无形磨损　　　　　　　　　D. 第一种无形磨损

E. 无形磨损

3. 企业采用设备租赁方案，在计算每期净现金流量时，考虑的项目有（　　）。

A. 销售收入　　　　　　　　　　　　B. 设备折旧费

C. 设备残值　　　　　　　　　　　　D. 租赁费

E. 贷款利息

4. 设备购买与租赁比较分析时，如果按增量原则进行比选，需比较的内容包括（　　）。

A. 设备的租赁费　　　　　　　　　　B. 经营成本

C. 折旧与贷款利息　　　　　　　　　D. 销售收入

E. 与销售相关的税金

5. 设备大修应同时满足的条件是（　　）。

A. 大修费用不超过新设备重置价格

B. 大修费用可超过新设备重置价格

C. 大修后单位产品生产成本费用不高于新设备单位产品生产成本费用

D. 大修后单位产品生产成本费用可高于新设备单位产品生产成本费用

E. 大修费用不能高过购置同类新设备重置价格与被替换设备余值之差

三、计算题

1. 某企业急需某种设备，其购置费用为22000元，估计使用寿命为10年，折旧采用直线法，期末残值为2000元；这种设备也可以采用经营性租赁方式得到，租赁费为2500元/年，运行费为1200元/年。已知所得税率为25%，折现率为10%。试确定该企业应采用租赁方案还是购置方案。

2. 某企业设备投资额为20000万元，预计其经营成本为：第1年1000万元，以后逐年递增500万

元；设备的余值第 1 年年末为 15000 万元，以后逐年递减 1000 万元。该设备预计原型更新，自然寿命 8 年，基准收益率 $i_c = 15\%$。则该设备每隔多少年更新有利？此时等值年费用为多少？

3. 某单位的一台旧机器，目前可以转让，价格为 25000 元，下一年将贬值 10000 元，以后每年贬值 5000 元。由于性能退化，设备今年的使用费为 80000 元，预计今后每年将增加 10000 元。旧设备将在 4 年后报废，残值为 0。现有一台新型的同类设备，可以完成与现在设备相同的工作，其购置费为 160000 元，年平均使用费为 60000 元，经济寿命为 7 年，期末残值为 15000 元，且预计该设备在 7 年内不会有大的改进。设 $i_c = 12\%$，问是否需要更新现有设备？如果需要，应该在什么时间更新？

四、思考题

某企业的设备是 8 年前以 9.6 万元的价格购置及安装的，该旧设备目前市场价为 28000 元，估计可再使用 2 年，1 年后残值为 15200 元，2 年后残值为 2850 元。市场上现有一种新型设备，购置及安装费为 12 万元，使用寿命为 8 年，价值减损第 1 年为 18000 元，以后年递减 1800 元，最后两年分别减损 9200 元和 13400 元。旧设备和新设备每加工 100 件产品所需时间分别为 5.24h 和 4.60h，企业预计今后年均销售 24000 件产品。该企业人工费为 18.70 元/h。旧设备使用第 1 年的动力费为 8.70 元/h，次年为 9.70 元/h；新设备第 1 年的动力费为 7.90 元/h，以后每年递增 0.50 元/h。用静态方法分析是否应进行设备更新（各指标计算结果取整数）？

本章重要概念与知识点

1. 工程项目后评价与前评价的区别：在评价目的和作用、评价阶段、评价依据和标准、评价内容和评价主体等五方面存在差异。

2. 工程项目后评价的程序

3. 工程项目后评价内容：项目目标后评价、项目前期工作后评价、项目实施后评价、项目运营后评价、项目影响后评价和项目持续性评价。

4. 工程项目后评价的主要经济评价指标

阶段	指标名称	指标作用
项目前期	项目决策周期与决策周期变化率	考察项目的决策效率
实施阶段	实际建设工期与建设工期变化率	反映项目实际建设速度
	实际投资总额和实际投资总额变化率	反映项目投资控制指标
	实际单位生产能力投资	反映竣工项目实际投资效果
	项目实际工程合格率	反映工程质量优劣
	项目实际工程停工返工损失率	衡量工程管理水平与工程质量管理水平
运营阶段	项目产品价格变化率	衡量项目产品价格预测水平
	项目生产成本变化率	衡量项目生产成本预测水平
	实际净现值和实际净现值变化率	反映实际盈利能力
	实际内部收益率和实际内部收益率变化率	反映实际盈利能力
	实际投资回收期和实际投资回收期变化率	反映实际投资回收速度

5. 工程项目后评价的主要方法：前后对比法、有无对比法、逻辑框架法、成功度法。

12.1　工程项目后评价概述

1. 项目后评价概念

12-1《海绵城市
建设评价标准》
GB/T 51345—2018

工程项目后评价是指在项目建成投产并运行一段时间（一般 2 年或达到设计生产能力）后，对项目立项、决策、设计、实施直至投产运营的工作进行总结；对项目取得的经济效益、社会效益和环境效益进行评价；对项目的作用和影响进行系统、客观的分析，衡量和分析项目投资目标的实现程度，总结项目投资管理的经验教训，对提高项目投资效益提出对策与措施，为今后提高投资决策与管理水平提供参考和借鉴。

2. 项目后评价与前评价的区别

项目后评价与前评价是对同一对象在不同阶段进行的评价，它们既有联系又有区别。评价内容上两者有相似性，但在评价的目的和作用、评价的工作阶段、评价的依据和标准、评价的内容和评价主体等方面又有区别。见表 12-1。

项目后评价与前评价的区别　　　　　　　　　　　　　　　　　表 12-1

区别点	后评价	前评价
评价目的和作用	总结经验教训,改进项目的管理水平	为项目投资决策提供依据
评价阶段	项目建成投产并运行一段时间后	项目决策阶段
评价依据和标准	依据项目实施中和投产后的实际数据和项目后续年限的预测数据	依据历史资料,按照国家、部门颁布的各项标准、参数等
评价内容	将项目投资全过程的实际情况与预计情况进行比较研究	分析项目建设的必要性和可能性、经济合理性
评价主体	投资运行的监督管理机构或决策的上一级机构	项目发起者、投资主体(投资者)、贷款决策机构或项目审批部门

3. 项目后评价的程序

根据项目规模大小、复杂程度的不同，每个项目后评价的具体工作程序会存在一定的差异。一般情况下，项目后评价的基本程序可概括为：

（1）明确评价目的与要求；

（2）组建评价机构，制订后评价计划；

（3）调查搜集资料；

（4）分析研究；

（5）编制项目后评价报告。

12.2 工程项目后评价的内容与指标

12.2.1 项目后评价的内容

1. 项目目标后评价

项目目标后评价把项目实际产生的经济、技术指标与项目审批决策时确定的目标进行比较，判断项目目标是否实现或实现程度，对项目目标的正确性、合理性和实践性进行分析和评价。

2. 项目前期工作后评价

项目前期工作后评价内容包括：项目筹备工作的评价；项目决策的评价；厂址选择的评价；征地拆迁工作的评价；勘察设计工作的评价；委托施工的评价；土地开发工作的评价；资金筹措情况的评价；物资落实情况评价。

3. 项目实施后评价

项目实施后评价内容包括：项目开工的评价；项目施工组织与管理的评价；项目建设资金供应与使用情况的评价；项目建设工期的评价；项目建设成本的评价；项目工程质量和安全的评价；项目变更情况的评价；项目竣工验收的评价；项目生产能力和单位生产能力投资的评价等。

4. 项目运营阶段后评价

项目运营阶段后评价内容包括：项目经营管理状况的评价；项目产品方案的评价；项目达产年限的评价；项目经济效益评价。其中，项目经济效益评价又包括项目财务后评价、项目国民经济后评价、综合评估等内容。

5. 项目影响后评价

1）经济影响后评价

经济影响后评价主要分析评价项目对所在地区、所处行业产生的经济方面的影响。评价的内容主要包括分配、就业、国内资源成本、技术进步等。由于经济影响后评价的部分因素难以量化，一般只能作定性分析，一些国家和组织把这部分内容并入社会影响评价的范畴。

2）环境影响后评价

环境影响后评价是指遵照国家环保法的规定，根据国家和地方环境质量标准和污染物排放标准以及相关产业部门的环保规定，重新审查项目环境影响的实际结果，审核项目环境管理的决策、规定、规范、参数的可靠性和实际效果，对未来环境影响进行预测。主要包括污染控制评价、对地区环境质量影响的评价、对自然资源的利用和保护、对生态平衡的影响、对环境管理等方面的评价。项目环境影响后评价，应侧重分析随着项目的进程和时间的推进所发生的变化。

3）社会影响后评价

社会影响后评价是对项目在社会经济发展方面有形和无形的效益与结果的分析，重点评价项目对国家（或地区）社会发展目标的贡献和影响。包括项目本身和对周围地区的影响，如项目产生的受益范围及受益程度，项目对就业的影响、居民生活条件和生活质量的影响、地区收入与分配的影响、地方社区发展的影响，同时考察当地政府和居民的参与度等。

6. 项目持续性评价

项目持续性评价是指对项目的既定目标是否能按期实现，项目是否可以持续保持较好的效益，项目业主是否愿意并可以依靠自己的能力继续实现既定的目标，项目是否具有可重复性等方面作出评价。项目持续性评价主要包括政府政策因素评价、组织管理因素评价、经济财务因素评价、技术因素评价、社会文化因素评价、环境和生态因素评价等内容。

12.2.2　项目后评价的主要指标

1. 项目前期工作后评价指标

1）项目决策周期

项目决策周期是指项目从提出"项目建议书"起，至项目可行性研究报告被批准为止所经历的时间。该指标反映了投资者与有关部门投资决策的效率。将拟建项目的实际决策周期与当地同类项目的决策周期或计划决策周期进行比较，以便考察项目的决策效率。

2）项目决策周期变化率

项目决策周期变化率是指项目实际决策周期减去项目计划决策周期的差与项目计划决策周期的比率。该指标大于零，表明项目的实际决策周期超过预计的决策周期；反之，则小于预计的决策周期。

2. 项目实施后评价指标

1）实际建设工期与建设工期变化率

实际建设工期指已建项目从开工之日起至竣工验收之日止所实际经历的有效天数，它不包括开工后停建、缓建所间隔的时间，是反映项目实际建设速度的指标。

项目建设工期变化率是指项目实际建设工期减去项目计划建设工期的差与项目计划建设工期的比率。该指标大于零，表明项目的实际建设工期超过预计的建设工期，说明工期拖延；反之，则说明项目工期提前。

2）实际投资总额和实际投资总额变化率

实际投资总额是指项目竣工投产后重新核定的实际完成投资额，包括固定资产投资和流动资金投资。

实际投资总额变化率是反映实际投资总额与项目前评估中预计的投资总额偏差大小的指标，有静态实际投资总额变化率和动态实际投资总额变化率之分。该指标大于零，表明项目的实际投资额超过预计或估算的投资额；反之，则少于预计或估算的投资额。

3）实际单位生产能力投资

实际单位生产能力投资反映竣工项目实际投资效果。实际单位生产能力投资越少，项目实际投资效果越好；反之，项目实际投资效果越差。

4）工程质量指标

反映工程质量的指标主要有两项：

① 项目实际工程合格率。项目实际工程合格率是指项目单位工程合格数量与项目实

际单位工程总数之比。该比值越大，说明项目质量控制做得越好。

② 项目实际工程停工返工损失率。项目实际工程停工返工损失率是指项目因质量事故停工返工增加的投资额与项目总投资额之比。该比值越小，说明项目管理水平越高。

3. 项目运营后评价指标

1）项目产品价格变化率

项目产品价格变化率是指项目在营运期所生产的产品实际价格减去产品计划价格之差与产品计划价格之比。该比值大于零，说明项目能达到或超过预期的盈利水平；该比值等于零，说明产品市场需求稳定、产品价格预测较准。

2）项目生产成本变化率

项目生产成本变化率是指项目营运期的产品实际成本减去产品计划成本的差与产品计划成本之比。该比值小于零，说明项目能达到或超过预期的盈利水平；该比值等于零，说明产品资源供应市场稳定、生产成本价格预测较准。

3）实际净现值和实际净现值变化率

实际净现值是依据项目投产后各年实际的净现金流量或根据实际情况重新预测的项目寿命期内各年的净现金流量，并按重新选定的折现率，将各年的净现金流量折现到建设期初的现值之和。实际净现值总额越大，项目实际投资效益越好。

实际净现值变化率是衡量项目实际净现值与前评估预测净现值或其他同类项目实际净现值偏离程度的指标。该指标大于零，表明项目实际净现值大于预测或其他同类项目净现值；反之，则小于预测或其他同类项目净现值。

4）实际内部收益率和实际内部收益率变化率

实际内部收益率是根据实际项目发生的年净现金流量或重新预测的项目寿命期各年净现金流量现值总和等于零时的折现率。

实际内部收益率变化率是衡量项目实际内部收益率与预测内部收益率或其他同类项目内部收益率偏离程度的指标。该指标大于零，表明项目实际内部收益率高于预测或其他同类项目内部收益率；反之，则小于预测或其他同类项目内部收益率。

5）实际投资回收期和实际投资回收期变化率

实际投资回收期是以已建项目实际产生的净收益或根据实际情况重新预测的项目净收益抵偿实际投资总额所需要的时间。分为实际静态投资回收期和实际动态投资回收期。

实际投资回收期变化率是衡量实际投资回收期与预测投资回收期或其他同类项目实际投资回收期或部门基准投资回收期偏离程度的指标。该指标大于零，表明项目实际投资回收期比预测或其他同类项目或基准投资回收期长；反之，则短于预测或其他同类项目或基准投资回收期。

除了上述指标外，不同的项目还可以根据自身的特点，选择其他有关的后评价参数。

12.3 工程项目后评价方法

12.3.1 前后对比法和有无对比法

前后对比法，是指将项目可行性研究时所预测的效益和项目竣工投产运营后的实际结果相比较，找出差异并分析原因。这种对比用于衡量计划、决策和实施的质量。

有无对比法，是指将项目实际发生的情况与无项目可能发生的情况进行对比，以度量项目的真实效益、影响和作用。对比的重点是要分清项目本身作用与项目以外的作用。这种对比用于项目的效益评价和影响评价。

12.3.2 逻辑框架法

逻辑框架法是一种概念化分析论述项目的方法，即通过一张简单的框图来清晰地分析一个复杂项目的内涵和关系。该方法将几个内容相关、必须同步考虑的因素组合起来，通过分析其间的因果关系、项目目标与达到目标所需的手段间的逻辑关系、项目与外部因素的制约关系，从而确定工作的范围和任务，具体做法参见相关参考书籍。

12.3.3 成功度法

成功度法评价（俗称打分法）是依靠评价专家或专家组的经验，综合项目后评价各项指标的评价结果，对项目的成功程度作出定性的结论。它是以逻辑框架法分析的项目目标的实现程度和经济效益分析的评价结论为基础，以项目的目标和效益为核心进行的全面、系统的评价。

12.4 工程项目后评价的组织与实施

12.4.1 项目后评价的组织机构

后评价组织机构应能排除人为干扰独立地对项目实施及其结果作出评论，同时还能够与计划决策部门具有通畅的反馈回路，使后评价有关信息迅速地反馈到决策部门，达到后评价的最终目的。所以，项目后评价的组织机构既不应该是项目原可行性研究单位，也不应该是项目实施过程中的项目管理机构。根据项目大小与性质，一般是：国家计划部门项目后评价机构、国务院各主管部门项目后评价机构、地方政府项目后评价机构、银行项目后评价机构、其他投资主体项目后评价机构。

12.4.2 项目后评价的实施

1. 项目后评价的资源要求

1）项目后评价人员

项目后评价对评价人员素质要求较高，在理想的情况下，项目后评价人员要既懂投资，又懂经营；既懂技术，又懂经济。

2）项目后评价经费

项目后评价投入经费的数额视项目规模大小而不同。根据国外项目后评价的经验和我国的具体情况，项目后评价的取费标准大约是：大中型项目：0.2%～1.5%；小型项目：1.5%～3.0%。

3）项目后评价的时间安排

就一般项目而言，从项目后评价课题的提出到提交项目后评价报告大约需要3个月时间。各阶段时间应当合理安排，以保证后评价工作进度。

2. 项目后评价对象的选择

项目后评价一般分两阶段实施。第一阶段，可选择一部分对国民经济有重大影响的国家投资的大中型项目进行后评价，以把握项目投资效益的总体状态；第二阶段，待条件成熟后，再全面展开对所有投资项目的后评价工作。

3. 项目后评价时机的选择

考虑到项目达产后，建设、生产中各方面的情况能得到充分体现，我国一般生产性项目后评价通常选择在竣工项目达到设计生产能力后的 1～2 年内进行；基础设施项目在竣工后 5 年左右进行。项目后评价时机的选择也不是一概而论，可视具体情况酌情处理。

习 题

1. 工程项目后评价与前评价的区别是什么？
2. 简述工程项目后评价的工作程序。
3. 工程项目后评价的主要评价指标有哪些？
4. 简述项目后评价的内容。
5. 如何选择工程项目后评价的对象？

附录 复利因素表

$i = 3\%$

N	一次支付		等额多次支付				N
	$(F/P,i,n)$	$(P/F,i,n)$	$(F/A,i,n)$	$(P/A,i,n)$	$(A/F,i,n)$	$(A/P,i,n)$	
1	1.0300	0.9709	1.0000	0.9709	1.0000	1.0300	1
2	1.0609	0.9426	2.0300	1.9135	0.4926	0.5226	2
3	1.0927	0.9152	3.0909	2.8288	0.3235	0.3535	3
4	1.1255	0.8885	4.1836	3.7171	0.2390	0.2690	4
5	1.1593	0.8626	5.3091	4.5797	0.1884	0.2184	5
6	1.1941	0.8375	6.4684	5.4172	0.1546	0.1846	6
7	1.2299	0.8131	7.6625	6.2303	0.1305	0.1605	7
8	1.2668	0.7894	8.8923	7.0197	0.1125	0.1425	8
9	1.3048	0.7664	10.1591	7.7861	0.0984	0.1284	9
10	1.3439	0.7441	11.4639	8.5302	0.0872	0.1172	10
11	1.3842	0.7224	12.8078	9.2526	0.0781	0.1081	11
12	1.4258	0.7014	14.1920	9.9540	0.0705	0.1005	12
13	1.4685	0.6810	15.6178	10.6450	0.0640	0.0940	13
14	1.5126	0.6611	17.0863	11.2961	0.0585	0.0885	14
15	1.5580	0.6419	18.5989	11.9379	0.0538	0.0838	15
16	1.6047	0.6232	20.1569	12.5611	0.0496	0.0796	16
17	1.6528	0.6050	21.7616	13.1661	0.0460	0.0760	17
18	1.7024	0.5874	23.4144	13.7535	0.0427	0.0727	18
19	1.7535	0.5703	25.1169	14.3238	0.0398	0.0698	19
20	1.8061	0.5537	26.8704	14.8775	0.0372	0.0672	20
21	1.8603	0.5376	28.6765	15.4150	0.0349	0.0649	21
22	1.9161	0.5219	30.5368	15.9369	0.0328	0.0628	22
23	1.9736	0.5067	32.4529	16.4436	0.0308	0.0608	23
24	2.0328	0.4919	34.4265	16.9356	0.0291	0.0591	24
25	2.0938	0.4776	36.4953	17.4132	0.0274	0.0574	25
26	2.1566	0.4637	38.5530	17.8769	0.0259	0.0559	26
27	2.2213	0.4502	40.7096	18.3270	0.0246	0.0546	27
28	2.2879	0.4371	42.9309	18.7641	0.0233	0.0533	28
29	2.3566	0.4244	45.2189	19.1885	0.0221	0.0521	29
30	2.4273	0.4120	47.5754	19.6005	0.0210	0.0510	30
31	2.5001	0.4000	50.0027	20.0004	0.0200	0.0500	31
32	2.5751	0.3883	52.5028	20.3888	0.0191	0.0491	32
33	2.6523	0.3770	55.0778	20.7658	0.0185	0.0482	33
34	2.7319	0.3661	57.7302	21.1318	0.0173	0.0473	34
35	2.8139	0.3554	60.4621	21.4872	0.0165	0.0465	35

$$i=4\%$$

	一次支付		等额多次支付				
N	$(F/P,i,n)$	$(P/F,i,n)$	$(F/A,i,n)$	$(P/A,i,n)$	$(A/F,i,n)$	$(A/P,i,n)$	N
1	1.0400	0.9615	1.0000	0.9615	1.0000	1.0400	1
2	1.0816	0.9246	2.0400	1.8861	0.4902	0.5302	2
3	1.1249	0.8890	3.1216	2.7751	0.3203	0.3603	3
4	1.1699	0.8548	4.2465	3.6299	0.2355	0.2755	4
5	1.2167	0.8219	5.4163	4.4518	0.1846	0.2246	5
6	1.2653	0.7903	6.6330	5.2421	0.1508	0.1908	6
7	1.3159	0.7599	7.8983	6.0021	0.1266	0.1666	7
8	1.3686	0.7307	9.2142	6.7327	0.1085	0.1485	8
9	1.4233	0.7026	10.5828	7.4353	0.0945	0.1345	9
10	1.4802	0.6756	12.0061	8.1109	0.0833	0.1233	10
11	1.5395	0.6496	13.4864	8.7605	0.0741	0.1141	11
12	1.6010	0.6246	15.0258	9.3851	0.0666	0.1066	12
13	1.6651	0.6006	16.6268	9.9856	0.0601	0.1001	13
14	1.7317	0.5775	18.2919	10.5631	0.0547	0.0947	14
15	1.8009	0.5553	20.0236	11.1184	0.0499	0.0899	15
16	1.8730	0.5339	21.8245	11.6523	0.0458	0.0858	16
17	1.9479	0.5134	23.6975	12.1657	0.0422	0.0822	17
18	2.0258	0.4936	25.6454	12.6593	0.0390	0.0790	18
19	2.1068	0.4746	27.6712	13.1339	0.0361	0.0761	19
20	2.1911	0.4564	29.7781	13.5903	0.0336	0.0736	20
21	2.2788	0.4388	31.9692	14.0292	0.0313	0.0713	21
22	2.3699	0.4220	34.2480	14.4511	0.0292	0.0692	22
23	2.4647	0.4057	36.6179	14.8568	0.0273	0.0673	23
24	2.5633	0.3901	39.0826	15.2470	0.0256	0.0656	24
25	2.6658	0.3751	41.6459	15.6221	0.0240	0.0640	25
26	2.7725	0.3607	44.3117	15.9828	0.0226	0.0626	26
27	2.8834	0.3468	47.0842	16.3296	0.0212	0.0612	27
28	2.9987	0.3335	49.9676	16.6631	0.0200	0.0600	28
29	3.1187	0.3207	52.9663	16.9837	0.0189	0.0589	29
30	3.2434	0.3083	56.0849	17.2920	0.0178	0.0578	30
31	3.3731	0.2965	59.3283	17.5885	0.0169	0.0569	31
32	3.5081	0.2851	62.7015	17.8736	0.0159	0.0559	32
33	3.6484	0.2741	66.2095	18.1476	0.0151	0.0551	33
34	3.7943	0.2636	69.8579	18.4112	0.0143	0.0543	34
35	3.9461	0.2534	73.6522	18.6646	0.0136	0.0536	35

$i=5\%$

	一次支付		等额多次支付				
N	$(F/P,i,n)$	$(P/F,i,n)$	$(F/A,i,n)$	$(P/A,i,n)$	$(A/F,i,n)$	$(A/P,i,n)$	N
1	1.0500	0.9524	1.0000	0.9524	1.0000	1.0500	1
2	1.1025	0.9070	2.0500	1.8594	0.4878	0.5378	2
3	1.1576	0.8636	3.1525	2.7232	0.3172	0.3672	3
4	1.2155	0.8227	4.3101	3.5460	0.2320	0.2820	4
5	1.2763	0.7835	5.5256	4.3295	0.1810	0.2310	5
6	1.3401	0.7462	6.8019	5.0757	0.1470	0.1970	6
7	1.4071	0.7107	8.1420	5.7864	0.1228	0.1728	7
8	1.4775	0.6768	9.5491	6.4632	0.1047	0.1547	8
9	1.5513	0.6446	11.0266	7.1078	0.0907	0.1407	9
10	1.6289	0.6139	12.5779	7.7217	0.0795	0.1295	10
11	1.7103	0.5847	14.2068	8.3064	0.0704	0.1204	11
12	1.7959	0.5568	15.9171	8.8633	0.0628	0.1128	12
13	1.8856	0.5303	17.7130	9.3936	0.0565	0.1065	13
14	1.9799	0.5051	19.5986	9.8986	0.0510	0.1010	14
15	2.0789	0.4810	21.5786	10.3797	0.0463	0.0963	15
16	2.1829	0.4581	23.6575	10.8378	0.0423	0.0923	16
17	2.2920	0.4363	25.8404	11.2741	0.0387	0.0887	17
18	2.4066	0.4155	28.1324	11.6896	0.0355	0.0855	18
19	2.5270	0.3957	30.5390	12.0853	0.0327	0.0827	19
20	2.6533	0.3769	33.0660	12.4622	0.0302	0.0802	20
21	2.7860	0.3589	35.7192	12.8212	0.0280	0.0780	21
22	2.9253	0.3418	38.5052	13.1630	0.0260	0.0760	22
23	3.0715	0.3256	41.4305	13.4886	0.0241	0.0741	23
24	3.2251	0.3101	44.5020	13.7986	0.0225	0.0725	24
25	3.3864	0.2953	47.7271	14.0939	0.0210	0.0710	25
26	3.5557	0.2812	51.1135	14.3752	0.0196	0.0696	26
27	3.7335	0.2678	54.6691	14.6430	0.0183	0.0683	27
28	3.9201	0.2551	58.4026	14.8981	0.0171	0.0671	28
29	4.1161	0.2429	62.3227	15.1411	0.0160	0.0660	29
30	4.3219	0.2314	66.4388	15.3725	0.0151	0.0651	30
31	4.5380	0.2204	70.7608	15.5928	0.0141	0.0641	31
32	4.7649	0.2099	75.2988	15.8027	0.0133	0.0633	32
33	5.0032	0.1999	80.0638	16.0025	0.0125	0.0625	33
34	5.2533	0.1904	85.0670	16.1929	0.0118	0.0618	34
35	5.5160	0.1813	90.3203	16.3742	0.0111	0.0611	35

附录 207
复利因素表

$$i = 6\%$$

	一次支付		等额多次支付				
N	(F/P,i,n)	(P/F,i,n)	(F/A,i,n)	(P/A,i,n)	(A/F,i,n)	(A/P,i,n)	N
1	1.0600	0.9434	1.0000	0.9434	1.0000	1.0600	1
2	1.1236	0.8900	2.0600	1.8334	0.4854	0.5454	2
3	1.1910	0.8396	3.1836	2.6730	0.3141	0.3741	3
4	1.2625	0.7921	4.3746	3.4651	0.2286	0.2886	4
5	1.3382	0.7473	5.6371	4.2124	0.1774	0.2374	5
6	1.4185	0.7050	6.9753	4.9173	0.1434	0.2034	6
7	1.5036	0.6651	8.3938	5.5824	0.1191	0.1791	7
8	1.5938	0.6274	9.8975	6.2098	0.1010	0.1610	8
9	1.6895	0.5919	11.4913	6.8017	0.0870	0.1470	9
10	1.7908	0.5584	13.1808	7.3601	0.0759	0.1359	10
11	1.8983	0.5268	14.9716	7.8869	0.0668	0.1268	11
12	2.0122	0.4970	16.8699	8.3838	0.0593	0.1193	12
13	2.1329	0.4688	18.8821	8.8527	0.0530	0.1130	13
14	2.2609	0.4423	21.0151	9.2950	0.0476	0.1076	14
15	2.3966	0.4173	23.2760	9.7122	0.0430	0.1030	15
16	2.5404	0.3936	25.6725	10.1059	0.0390	0.0990	16
17	2.6928	0.3714	28.2129	10.4773	0.0354	0.0954	17
18	2.8543	0.3503	30.9057	10.8276	0.0324	0.0924	18
19	3.0256	0.3305	33.7600	11.1581	0.0296	0.0896	19
20	3.2071	0.3118	36.7856	11.4699	0.0272	0.0872	20
21	3.3996	0.2942	39.9927	11.7641	0.0250	0.0850	21
22	3.6035	0.2775	43.3923	12.0416	0.0230	0.0830	22
23	3.8197	0.2618	46.9958	12.3034	0.0213	0.0813	23
24	4.0489	0.2470	50.8156	12.5504	0.0197	0.0797	24
25	4.2919	0.2330	54.8645	12.7834	0.0182	0.0782	25
26	4.5494	0.2198	59.1564	13.0032	0.0169	0.0769	26
27	4.8223	0.2074	63.7058	13.2105	0.0157	0.0757	27
28	5.1117	0.1956	68.5281	13.4062	0.0146	0.0746	28
29	5.4184	0.1846	73.6398	13.5907	0.0136	0.0736	29
30	5.7435	0.1741	79.0582	13.7648	0.0126	0.0726	30
31	6.0881	0.1643	84.8017	13.9291	0.0118	0.0718	31
32	6.4534	0.1550	90.8898	14.0840	0.0110	0.0710	32
33	6.8406	0.1462	97.3432	14.2302	0.0103	0.0703	33
34	7.2510	0.1379	104.1838	14.3681	0.0096	0.0696	34
35	7.6861	0.1301	111.4348	14.4982	0.0090	0.0690	35

$$i = 8\%$$

	一次支付		等额多次支付				
N	$(F/P,i,n)$	$(P/F,i,n)$	$(F/A,i,n)$	$(P/A,i,n)$	$(A/F,i,n)$	$(A/P,i,n)$	N
1	1.0800	0.9259	1.0000	0.9259	1.0000	1.0800	1
2	1.1664	0.8573	2.0800	1.7833	0.4808	0.5608	2
3	1.2597	0.7938	3.2464	2.5771	0.3080	0.3880	3
4	1.3605	0.7350	4.5061	3.3121	0.2219	0.3019	4
5	1.4693	0.6806	5.8666	3.9927	0.1705	0.2505	5
6	1.5869	0.6302	7.3359	4.6229	0.1363	0.2163	6
7	1.7138	0.5835	8.9228	5.2064	0.1121	0.1921	7
8	1.8509	0.5403	10.6366	5.7466	0.0940	0.1740	8
9	1.9990	0.5002	12.4876	6.2469	0.0801	0.1601	9
10	2.1589	0.4632	14.4866	6.7101	0.0690	0.1490	10
11	2.3316	0.4289	16.6455	7.1390	0.0601	0.1401	11
12	2.5182	0.3971	18.9771	7.5361	0.0527	0.1327	12
13	2.7196	0.3677	21.4953	7.9038	0.0465	0.1265	13
14	2.9372	0.3405	24.2149	8.2442	0.0413	0.1213	14
15	3.1722	0.3152	27.1521	8.5595	0.0368	0.1168	15
16	3.4259	0.2919	30.3243	8.8514	0.0330	0.1130	16
17	3.7000	0.2703	33.7502	9.1216	0.0296	0.1096	17
18	3.9960	0.2502	37.4502	9.3719	0.0267	0.1067	18
19	4.3157	0.2317	41.4463	9.6036	0.0241	0.1041	19
20	4.6610	0.2145	45.7620	9.8181	0.0219	0.1019	20
21	5.0338	0.1987	50.4229	10.0168	0.0198	0.0998	21
22	5.4365	0.1839	55.4568	10.2007	0.0180	0.0980	22
23	5.8715	0.1703	60.8933	10.3711	0.0164	0.0964	23
24	6.3412	0.1577	66.7647	10.5288	0.0150	0.0950	24
25	6.8485	0.1460	73.1059	10.6748	0.0137	0.0937	25
26	7.3964	0.1352	79.9544	10.8100	0.0125	0.0925	26
27	7.9881	0.1252	87.3507	10.9352	0.0114	0.0914	27
28	8.6271	0.1159	95.3388	11.0511	0.0105	0.0905	28
29	9.3173	0.1073	103.9659	11.1584	0.0096	0.0896	29
30	10.0627	0.0994	113.2832	11.2578	0.0088	0.0888	30
31	10.8677	0.0920	123.3459	11.3498	0.0081	0.0881	31
32	11.7371	0.0852	134.2135	11.4350	0.0075	0.0875	32
33	12.6760	0.0789	145.9506	11.5139	0.0069	0.0869	33
34	13.6901	0.0730	158.6267	11.5869	0.0063	0.0863	34
35	14.7853	0.0676	172.3168	11.6546	0.0058	0.0858	35

$i = 10\%$

	一次支付			等额多次支付			
N	$(F/P,i,n)$	$(P/F,i,n)$	$(F/A,i,n)$	$(P/A,i,n)$	$(A/F,i,n)$	$(A/P,i,n)$	N
1	1.1000	0.9091	1.0000	0.9091	1.0000	1.1000	1
2	1.2100	0.8264	2.1000	1.7355	0.4762	0.5762	2
3	1.3310	0.7513	3.3100	2.4869	0.3021	0.4021	3
4	1.4641	0.6830	4.6410	3.1699	0.2155	0.3155	4
5	1.6105	0.6209	6.1051	3.7908	0.1638	0.2638	5
6	1.7716	0.5645	7.7156	4.3553	0.1296	0.2296	6
7	1.9487	0.5132	9.4872	4.8684	0.1054	0.2054	7
8	2.1436	0.4665	11.4359	5.3349	0.0874	0.1874	8
9	2.3579	0.4241	13.5795	5.7590	0.0736	0.1736	9
10	2.5937	0.3855	15.9374	6.1446	0.0627	0.1627	10
11	2.8531	0.3505	18.5312	6.4951	0.0540	0.1540	11
12	3.1384	0.3186	21.3843	6.8137	0.0468	0.1468	12
13	3.4523	0.2897	24.5227	7.1034	0.0408	0.1408	13
14	3.7975	0.2633	27.9750	7.3667	0.0357	0.1357	14
15	4.1772	0.2394	31.7725	7.6061	0.0315	0.1315	15
16	4.5950	0.2176	35.9497	7.8237	0.0278	0.1278	16
17	5.0545	0.1978	40.5447	8.0216	0.0247	0.1247	17
18	5.5599	0.1799	45.5992	8.2014	0.0219	0.1219	18
19	6.1159	0.1635	51.1591	8.3649	0.0195	0.1195	19
20	6.7275	0.1486	57.2750	8.5136	0.0175	0.1175	20
21	7.4002	0.1351	64.0025	8.6487	0.0156	0.1156	21
22	8.1403	0.1228	71.4027	8.7715	0.0140	0.1140	22
23	8.9543	0.1117	79.5430	8.8832	0.0126	0.1126	23
24	9.8497	0.1015	88.4973	8.9847	0.0113	0.1113	24
25	10.8347	0.0923	98.3471	9.0770	0.0102	0.1102	25
26	11.9182	0.0839	109.1818	9.1609	0.0092	0.1092	26
27	13.1100	0.0763	121.0999	9.2372	0.0083	0.1083	27
28	14.4210	0.0693	134.2099	9.3066	0.0075	0.1075	28
29	15.8631	0.0630	148.6309	9.3696	0.0067	0.1067	29
30	17.4494	0.0573	164.4940	9.4269	0.0061	0.1061	30
31	19.1943	0.0521	181.9434	9.4790	0.0055	0.1055	31
32	21.1138	0.0474	201.1378	9.5264	0.0050	0.1050	32
33	23.2252	0.0431	222.2515	9.5694	0.0045	0.1045	33
34	25.5477	0.0391	245.4767	9.6086	0.0041	0.1041	34
35	28.1024	0.0356	271.0244	9.6442	0.0037	0.1037	35

$i=12\%$

	一次支付		等额多次支付				
N	$(F/P,i,n)$	$(P/F,i,n)$	$(F/A,i,n)$	$(P/A,i,n)$	$(A/F,i,n)$	$(A/P,i,n)$	N
1	1.1200	0.8929	1.0000	0.8929	1.0000	1.1200	1
2	1.2544	0.7972	2.1200	1.6901	0.4717	0.5917	2
3	1.4049	0.7118	3.3744	2.4018	0.2963	0.4163	3
4	1.5735	0.6355	4.7793	3.0373	0.2092	0.3292	4
5	1.7623	0.5674	6.3528	3.6048	0.1574	0.2774	5
6	1.9738	0.5066	8.1152	4.1114	0.1232	0.2432	6
7	2.2107	0.4523	10.0890	4.5638	0.0991	0.2191	7
8	2.4760	0.4039	12.2997	4.9676	0.0813	0.2013	8
9	2.7731	0.3606	14.7757	5.3282	0.0677	0.1877	9
10	3.1058	0.3220	17.5487	5.6502	0.0570	0.1770	10
11	3.4785	0.2875	20.6546	5.9377	0.0484	0.1684	11
12	3.8960	0.2567	24.1331	6.1944	0.0414	0.1614	12
13	4.3635	0.2292	28.0291	6.4235	0.0357	0.1557	13
14	4.8871	0.2046	32.3926	6.6282	0.0309	0.1509	14
15	5.4736	0.1827	37.2797	6.8109	0.0268	0.1468	15
16	6.1304	0.1631	42.7533	6.9740	0.0234	0.1434	16
17	6.8660	0.1456	48.8837	7.1196	0.0205	0.1405	17
18	7.6900	0.1300	55.7497	7.2497	0.0179	0.1379	18
19	8.6128	0.1161	63.4397	7.3658	0.0158	0.1358	19
20	9.6463	0.1037	72.0524	7.4694	0.0139	0.1339	20
21	10.8038	0.0926	81.4987	7.5620	0.0122	0.1322	21
22	12.1003	0.0826	92.5026	7.6446	0.0108	0.1308	22
23	13.5523	0.0738	104.6029	7.7184	0.0096	0.1296	23
24	15.1786	0.0659	118.1552	7.7843	0.0085	0.1285	24
25	17.0001	0.0588	133.3339	7.8431	0.0075	0.1275	25
26	19.0401	0.0525	150.3339	7.8957	0.0067	0.1267	26
27	21.3249	0.0469	169.3740	7.9426	0.0059	0.1259	27
28	23.8839	0.0419	190.6989	7.9844	0.0052	0.1252	28
29	26.7499	0.0374	214.5828	8.0218	0.0047	0.1247	29
30	29.9599	0.0334	241.3327	8.0552	0.0041	0.1241	30
31	33.5551	0.0298	271.2926	8.0850	0.0037	0.1237	31
32	37.5817	0.0266	304.8477	8.1116	0.0033	0.1233	32
33	42.0915	0.0238	342.4294	8.1354	0.0029	0.1229	33
34	47.1425	0.0212	384.5210	8.1666	0.0026	0.1226	34
35	52.7996	0.0189	431.6635	8.1755	0.0023	0.1223	35

$$i = 15\%$$

	一次支付		等额多次支付				
N	$(F/P,i,n)$	$(P/F,i,n)$	$(F/A,i,n)$	$(P/A,i,n)$	$(A/F,i,n)$	$(A/P,i,n)$	N
1	1.1500	0.8696	1.0000	0.8696	1.0000	1.1500	1
2	1.3225	0.7561	2.1500	1.6257	0.4651	0.6151	2
3	1.5209	0.6575	3.4725	2.2832	0.2880	0.4380	3
4	1.7490	0.5718	4.9934	2.8550	0.2003	0.3503	4
5	2.0114	0.4972	6.7424	3.3522	0.1483	0.2983	5
6	2.3131	0.4323	8.7537	3.7845	0.1142	0.2642	6
7	2.6600	0.3759	11.0668	4.1604	0.0904	0.2404	7
8	3.0590	0.3269	13.7268	4.4873	0.0729	0.2229	8
9	3.5179	0.2843	16.7858	4.7716	0.0596	0.2096	9
10	4.0456	0.2472	20.3037	5.0188	0.0493	0.1993	10
11	4.6524	0.2149	24.3493	5.2337	0.0411	0.1911	11
12	5.3502	0.1869	29.0017	5.4206	0.0345	0.1845	12
13	6.1528	0.1625	34.3519	5.5831	0.0291	0.1791	13
14	7.0757	0.1413	40.5047	5.7245	0.0247	0.1747	14
15	8.1371	0.1229	47.5804	5.8474	0.0210	0.1710	15
16	9.3576	0.1069	55.7175	5.9542	0.0179	0.1679	16
17	10.7613	0.0929	65.0751	6.0072	0.0154	0.1654	17
18	12.3755	0.0808	75.8364	6.1280	0.0132	0.1632	18
19	14.2318	0.0703	88.2118	6.1982	0.0113	0.1613	19
20	16.3665	0.0611	102.4436	6.2593	0.0098	0.1598	20
21	18.8215	0.0531	118.8101	6.3125	0.0084	0.1584	21
22	21.6447	0.0462	137.6316	6.3587	0.0073	0.1573	22
23	24.8915	0.0402	159.2764	6.3988	0.0063	0.1563	23
24	28.6252	0.0349	184.1678	6.4338	0.0054	0.1554	24
25	32.9190	0.0304	212.7930	6.4641	0.0047	0.1547	25
26	37.8568	0.0264	245.7120	6.4906	0.0041	0.1541	26
27	43.5353	0.0230	283.5688	6.5135	0.0035	0.1535	27
28	50.0656	0.0200	327.1041	6.5335	0.0031	0.1531	28
29	57.5755	0.0174	377.1697	6.5509	0.0027	0.1527	29
30	66.2118	0.0151	434.7451	6.5660	0.0023	0.1523	30
31	76.1435	0.0131	500.9569	6.5791	0.0020	0.1520	31
32	87.5651	0.0114	577.1055	6.5905	0.0017	0.1517	32
33	100.6998	0.0099	664.6655	6.6005	0.0015	0.1515	33
34	115.8048	0.0086	765.3654	6.6091	0.0013	0.1513	34
35	133.1755	0.0075	881.1702	6.6166	0.0011	0.1511	35

$$i = 20\%$$

	一次支付		等额多次支付				
N	$(F/P,i,n)$	$(P/F,i,n)$	$(F/A,i,n)$	$(P/A,i,n)$	$(A/F,i,n)$	$(A/P,i,n)$	N
1	1.2000	0.8333	1.0000	0.8333	1.0000	1.2000	1
2	1.4400	0.6944	2.2000	1.5278	0.4545	0.6545	2
3	1.7280	0.5787	3.6400	2.1065	0.2747	0.4747	3
4	2.0736	0.4823	5.3680	2.5887	0.1863	0.3863	4
5	2.4883	0.4019	7.4416	2.9906	0.1344	0.3344	5
6	2.9860	0.3349	9.9299	3.3255	0.1007	0.3007	6
7	3.5832	0.2791	12.9159	3.6046	0.0774	0.2774	7
8	4.2998	0.2326	16.4991	3.8372	0.0606	0.2606	8
9	5.1598	0.1938	20.7989	4.0310	0.0481	0.2481	9
10	6.1917	0.1615	25.9587	4.1925	0.0385	0.2385	10
11	7.4301	0.1346	32.1504	4.3271	0.0311	0.2311	11
12	8.9161	0.1122	39.5805	4.4392	0.0253	0.2253	12
13	10.6993	0.0935	48.4966	4.5327	0.0206	0.2206	13
14	12.8392	0.0779	59.1959	4.6106	0.0169	0.2169	14
15	15.4070	0.0649	72.0351	4.6755	0.0139	0.2139	15
16	18.4884	0.0541	87.4421	4.7296	0.0114	0.2114	16
17	22.1861	0.0451	105.9306	4.7746	0.0094	0.2094	17
18	26.6233	0.0376	128.1167	4.8122	0.0078	0.2078	18
19	31.9480	0.0313	154.7400	4.8435	0.0065	0.2065	19
20	38.3376	0.0261	186.6880	4.8696	0.0054	0.2054	20
21	46.0051	0.0217	225.0256	4.8913	0.0044	0.2044	21
22	55.2061	0.0181	271.0307	4.9094	0.0037	0.2037	22
23	66.2474	0.0151	326.2369	4.9245	0.0031	0.2031	23
24	79.4968	0.0126	392.4842	4.9371	0.0025	0.2025	24
25	95.3962	0.0105	471.9811	4.9476	0.0021	0.2021	25
26	114.4755	0.0087	567.3773	4.9563	0.0018	0.2018	26
27	137.3706	0.0073	681.8528	4.9636	0.0015	0.2015	27
28	164.8447	0.0061	819.2233	4.9697	0.0012	0.2012	28
29	197.8136	0.0051	984.0680	4.9747	0.0010	0.2010	29
30	237.3763	0.0042	1181.8816	4.9789	0.0008	0.2008	30
31	284.8516	0.0035	1419.2579	4.9824	0.0007	0.2007	31
32	341.8219	0.0029	1704.1095	4.9854	0.0006	0.2006	32
33	410.1863	0.0024	2045.9314	4.9878	0.0005	0.2005	33
34	492.2235	0.0020	2456.1176	4.9898	0.0004	0.2004	34
35	590.6682	0.0017	2948.3411	4.9915	0.0003	0.2003	35

$i = 25\%$

	一次支付			等额多次支付			
N	$(F/P,i,n)$	$(P/F,i,n)$	$(F/A,i,n)$	$(P/A,i,n)$	$(A/F,i,n)$	$(A/P,i,n)$	N
1	1.2500	0.8000	1.0000	0.8000	1.0000	1.2500	1
2	1.5625	0.6400	2.2500	1.4400	0.4444	0.6944	2
3	1.9531	0.5120	3.8125	1.9520	0.2623	0.5123	3
4	2.4414	0.4096	5.7656	2.3616	0.1734	0.4234	4
5	3.0518	0.3277	8.2070	2.6893	0.1218	0.3718	5
6	3.8147	0.2621	11.2588	2.9514	0.0888	0.3388	6
7	4.7684	0.2097	15.0735	3.1611	0.0663	0.3163	7
8	5.9605	0.1678	19.8419	3.3289	0.0504	0.3004	8
9	7.4506	0.1342	25.8023	3.4631	0.0388	0.2888	9
10	9.3132	0.1074	33.2529	3.5705	0.0301	0.2801	10
11	11.6415	0.0859	42.5661	3.6564	0.0235	0.2735	11
12	14.5519	0.0687	54.2077	3.7251	0.0184	0.2684	12
13	18.1899	0.0550	68.7596	3.7801	0.0145	0.2645	13
14	22.7374	0.0440	86.9495	3.8241	0.0115	0.2615	14
15	28.4217	0.0352	109.6868	3.8593	0.0091	0.2591	15
16	35.5271	0.0281	138.1085	3.8874	0.0072	0.2572	16
17	44.4089	0.0225	173.6357	3.9099	0.0058	0.2558	17
18	55.5112	0.0180	218.0446	3.9279	0.0046	0.2546	18
19	69.3889	0.0144	273.5558	3.9424	0.0037	0.2537	19
20	86.7362	0.0115	342.9447	3.9539	0.0029	0.2529	20
21	108.4202	0.0092	429.6809	3.9631	0.0023	0.3523	21
22	135.5253	0.0074	538.1011	3.9705	0.0019	0.2519	22
23	169.4066	0.0059	673.6264	3.9764	0.0015	0.2515	23
24	211.7582	0.0047	843.0329	3.9811	0.0012	0.2512	24
25	264.6978	0.0038	1054.7912	3.9849	0.0009	0.2509	25
26	330.8722	0.0030	1319.4890	3.9879	0.0008	0.2508	26
27	413.5903	0.0024	1650.3612	3.9903	0.0006	0.2506	27
28	516.9879	0.0019	2063.9515	3.9923	0.0005	0.2505	28
29	646.2349	0.0015	2580.9394	3.9938	0.0004	0.2504	29
30	807.7936	0.0012	3227.1743	3.9950	0.0003	0.2503	30
31	1009.7420	0.0010	4034.9678	3.9960	0.0002	0.2502	31
32	1262.1770	0.0008	5044.7098	3.9968	0.0002	0.2502	32
33	1577.7210	0.0006	6306.8872	3.9975	0.0002	0.2502	33
34	1972.1520	0.0005	7884.6091	3.9980	0.0001	0.2501	34
35	2465.1900	0.0004	9856.7613	3.9984	0.0001	0.2501	35

$$i=30\%$$

	一次支付		等额多次支付				
N	$(F/P,i,n)$	$(P/F,i,n)$	$(F/A,i,n)$	$(P/A,i,n)$	$(A/F,i,n)$	$(A/P,i,n)$	N
1	1.3000	0.7692	1.0000	0.7692	1.0000	1.3000	1
2	1.6900	0.5917	2.3000	1.3609	0.4348	0.7348	2
3	2.1970	0.4552	3.9900	1.8161	0.2506	0.5506	3
4	2.8561	0.3501	6.1870	2.1662	0.1616	0.4616	4
5	3.7129	0.2693	9.0431	2.4356	0.1106	0.4106	5
6	4.8268	0.2072	12.7560	2.6427	0.0784	0.3784	6
7	6.2749	0.1594	17.5828	2.8021	0.0569	0.3569	7
8	8.1573	0.1226	23.8577	2.9247	0.0419	0.3419	8
9	10.6045	0.0943	32.0150	3.0190	0.0312	0.3312	9
10	13.7858	0.0725	42.6195	3.0915	0.0235	0.3235	10
11	17.9216	0.0558	56.4053	3.1473	0.0177	0.3177	11
12	23.2981	0.0429	74.3270	3.1903	0.0135	0.3135	12
13	30.2875	0.0330	97.6250	3.2233	0.0102	0.3102	13
14	39.3738	0.0254	127.9125	3.2487	0.0078	0.3078	14
15	51.1859	0.0195	167.2863	3.2682	0.0060	0.3060	15
16	66.5417	0.0150	218.4722	3.2832	0.0046	0.3046	16
17	86.5042	0.0116	285.0139	3.2948	0.0035	0.3035	17
18	112.4554	0.0089	371.5180	3.3037	0.0027	0.3027	18
19	146.1920	0.0068	483.9734	3.3105	0.0021	0.3021	19
20	190.0496	0.0053	630.1655	3.3158	0.0016	0.3016	20
21	247.0645	0.0040	820.2151	3.3198	0.0012	0.3012	21
22	321.1839	0.0031	1067.2796	3.3230	0.0009	0.3009	22
23	417.5391	0.0024	1388.4635	3.3254	0.0007	0.3007	23
24	542.8008	0.0018	1806.0026	3.3272	0.0006	0.3006	24
25	705.6410	0.0014	2348.8033	3.3286	0.0004	0.3004	25
26	917.3333	0.0011	3054.4443	3.3297	0.0003	0.3003	26
27	1192.5330	0.0008	3971.7776	3.3305	0.0003	0.3003	27
28	1550.2930	0.0006	5164.3109	3.3312	0.0002	0.3002	28
29	2015.3810	0.0005	6714.6042	3.3317	0.0001	0.3001	29
30	2619.9950	0.0004	8729.9855	3.3321	0.0001	0.3001	30
31	3405.9940	0.0003	11349.9811	3.3324	0.0001	0.3001	31
32	4427.7920	0.0002	14755.9755	3.3326	0.0001	0.3001	32
33	5756.1300	0.0002	19183.7681	3.3328	0.0001	0.3001	33
34	7482.9690	0.0001	24939.8985	3.3329	0.0000	0.3000	34
35	9727.8600	0.0001	32422.8681	3.3330	0.0000	0.3000	35

习题参考答案

第2章　参考答案

计算题

1. （1）平均年限法（元）：各年均为 24000；（2）双倍余额递减法（元）：50000、25000、10500、10500；（3）年数总和法（元）：38400、28800、19200、9600。

2. 3.79％；3. 5.1％；4. 9.10％。

思考题

解题思路：根据债券、优先股、普通股、留存盈余的资金成本计算公式，计算各方案的加权平均资金成本。对企业已有的资金，计算资金成本时不再考虑筹资费用。

A方案加权平均资金成本为 11.02％，B方案加权平均资金成本为 11.96％，故A方案优。

第3章　参考答案

计算题

1. 969.34 万元。2. 第3年的贷款利息 25.88 万元，建设期建设利息共为 43.51 万元。3. 999.95 万元。4. 8.93 万元。5. $FNPV=43.13$ 万元 >0　可以达到收益水平。

思考题

解题思路：先用月利率分别计算出上、下半年内按单利计算出的贷款本利和，再用复利法依据周期利率计算出建设期末的借款本利和。投产后还清债务的年份计算方法：按等额年金现值公式，根据应还款金额和可用于还款金额比值计算出等额年金现值系数值，用 $(P/A, 6\%, n)$ 在复利系数表中查出与该系数相近所对应的两个年份，然后按年实际利率 i 计算对应年份的 $(P/A, i\%, n)$ 值，最后用插值法计算出还清债务的年份（注：年份范围选择不同，用插值法计算时年份数据会有差异）。

建设期末借款本利和：710.15 万元，还清本利和年限：13.32 年。

第 4 章　参考答案

计算题

1. $FNPV = 114.75$ 万元。2. $P_t = 6.67$ 年，$P'_t = 8.74$ 年。3. $FIRR = 5.67\%$。

思考题

解题思路：先计算各年净现金流量，再计算各评价指标，从而判定项目的可行性。

1～10 年净现金流量为：-2100、-1400、102.50、873、1273、1273、1273、1273、1273、1302.50。

$P_t = 5.98$ 年；$P'_t = 7.82$ 年；$FNPV = 972.17$ 万元 > 0；$FIRR = 18.26\% > 12\%$；该项目可行。

第 5 章　参考答案

计算题

1.（1）$PC_A = 21.16$ 万元、$PC_B = 19.02$ 万元；$AC_A = 3.79$ 万元、$AC_B = 3.41$ 万元；B 有利。

（2）使用年限大于 4.23 年时，B 有利；（3）贷款利率 $\geqslant 19.69\%$ 时，A 有利。

2. $FNPV_A = 7.37$ 万元；$FNPV_B = 12.65$ 万元，选择 B 方案。

3. 在资金预算 2700 万元时，选择 C、B、A、D 方案。

思考题

1.（1）当基准折现率 $i < 8.57\%$ 时，选 A 方案；当 $i = 8.57\%$ 时，选 A、B 方案效果相同；当 $8.57\% < i \leqslant 29.27\%$ 时，选 B 方案；当 $i > 29.27\%$ 时，A、B 方案均不可选。

（2）在方案比选时，不能直接用内部收益率，改进方法是使用投资差额内部收益率。

2. 解题思路：将各组合方案的投资额从大到小进行排序，并在满足行业基准收益率的前提下，利用表 6 给出的差额内部收益率指标进行方案比选，确定最优方案。

（1）第二种意见合理。因为若采用第一种意见，$A_2 + B_2$ 方案超过了投资限额，但任选其中的一个方案，投资资金又未得到充分利用。

（2）$A_1 + B_2$ 为最优方案。

3. 解题思路：在特定贷款利率下，选取投资收益率指标，采用效率选择法确定独立方案最优组合。

（1）当 $i = 5\%$ 时，最优组合为：F，C，B，G，D，A，E；

当 $i = 7\%$ 时，最优组合同 5%；

当 $i = 9\%$ 时，最优组合为：F，C，B，G，D，A。

（2）最优组合为 F，B，G。

(3) 最优组合为 F，C，B，G，D，A。

第 6 章　参考答案

计算题

1. 1) 大中取大法选 Q_1，2) 小中取大法选 Q_3，3) 平均概率法选 Q_2。

2. 2020 年 96.58 万 t；2022 年 112.80 万 t。

3. 画决策树，开工损益值为 95 万元，不开工亏损 50 万元，故应开工。

4. 画决策树，Ⅰ设备净利润为 118 万元；Ⅱ设备为净利润 210 万元；故应选Ⅱ。当寿命期大于 5.25 年时选Ⅰ设备有利。

思考题

解题思路：绘制二级决策树，用等额年金法计算不同方案的期望值进行方案决策。

（1）A 方案：一次性开发多层住宅，每季度销售收入为：销路差：5160 万元，销路好：7200 万元；B 方案：一期开发高层住宅，每季度销售收入为：销路差：5040 万元；销路好：7920 万元；二期：一期销路好，继续开发高层住宅销路好：7920 万元；一期销路差，改为开发多层住宅，销路好：4224 万元；销路差：3027.2 万元。

（2）两方案寿命期不同，应采用等额年金法，按季度为单位进行比较。A 方案季度期望值为 964.26 万元，B 方案季度期望值为 974.72 万元，B 方案优于 A 方案。在执行方案 B 时，若一期销路好，二期继续开发高层，若一期销路差，二期应改为开发多层住宅。

第 7 章　参考答案

计算题

1. （1）根据 01 评分法，计算的价值系数。

方案	A	B	C	D	E
价值系数	0.989	1.000	2.220	0.335	0.739

D、E 是价值工程研究对象。C 是否需要分析，应根据具体情况而定。

（2）根据（1）计算结果，用积值法公式进行计算（计算结果 $\times 10^4$）。

方案	A	B	C	D	E
积值	8.05	0.00	441.95	177.56	73.56

C 的价值系数较大，但成本明显偏低，为保证工程质量，有必要对 C 进行分析，适当加大成本。

2. （1）功能重要度系数 $F_1=0.375$；$F_2=0.300$；$F_3=0.075$；$F_4=0.025$；$F_5=0.225$。

（2）$V_A=1.024$；$V_B=0.911$；$V_C=1.073$ 最优方案为 C。

3. 成本降低期望值为：$\Delta C_A=41.365$；$\Delta C_B=0.295$；$\Delta C_C=-21.62$；$\Delta C_D=14.49$；$\Delta C_E=-5.52$；$\Delta C_F=-17.01$；优选顺序为 A、D。

思考题

解题思路：04 评分法计算各功能权重、年值法计算年费用；根据价值工程进行方案评价、依据年值法的计算结果计算不同方案最低收费。

（1）功能权重：$F_1=0.325$、$F_2=0.325$、$F_3=0.225$、$F_4=0.100$、$F_5=0.025$。（2）年费用：方案 1 为 4634.08 万元；（3）$V_1=1.324$；$V_2=0.834$；方案 1 优。方案 2 为 9045.20 万元；（4）方案 1 为 3.09 元/辆；方案 2 为 6.03 元/辆。

第 8 章　参考答案

计算题

1. （1）$BEP_Q=17647$ 件；盈亏平衡时的销售收入为 352.94 万元；$BEP_y=44.11\%$；年获利 $E=152$ 万元；（2）$C_V=112$ 元/件。

2. 项目的产量应该安排在每年 88～2852 台之间。

3. （1）敏感度系数：基本方案：$FNPV=270.35$ 万元，影响因素变化时的敏感度系数：投资 -5.55；年销售收入：10.47；年经营成本：-4.03；$FNPV$ 对年销售收入因素最为敏感。

（2）设投资变动的百分率为 X，年经营成本变动的百分率为 Y，则：$FNPV=270.35-1500X-1088.83Y$，令 $FNPV\geqslant0$，$Y\leqslant0.248-1.378X$；在 $X-Y$ 坐标中绘出，临界线以下的区域 $FNPV>0$，临界线以上的区域 $FNPV<0$。$FNPV$ 对投资因素更敏感。

思考题

解题思路：依据概率树计算加权净现值、计算评价指标（$FNPV$）的期望值、方差和离散系数、根据累计概率计算项目不可行概率，由此判断项目风险大小。

（1）先计算每种情况下的净现值，以年收入为 10 万元，经营期 5 年为例：$FNPV_{10,5}=194618.18$ 元，其他计算方法相同。$E(FNPV)=177772$ 元、$D(FNPV)=30427717052$，离散系数$=0.981$；

（2）将净现值从小到大进行排序，列出其对应的概率，再计算累计概率。净现值小于或等于零的概率为 13.13%。该项目的风险较小。

第 9 章　参考答案

计算题

（1）1～9 年的累计税后折现净现金流量（万元）：-345.46、-676.02、-682.78、

-496.42、-327.00、-172.97、-32.94、94.35、408.97。 （2） $P_t'=7.26$ 年，$FNPV_{税后}=408.97$ 万元；（3） $FIRR_{税后}=20.69\%$；（4） $FNPV_{税后}>0$，$FIRR_{税后}>10\%$，该项目可行。

思考题

解题思路：计算建设期第 1 年的利息，填入借款付息计划表中（表 9-6）；从第 2 年开始，参照如下思路分年完成报表：计算当年应计利息→计算当年总成本费用→填写当年利润与利润分配表中（表 9-3）→确定当年税后利润→计算当年可用于还款的资金（可用于还款的资金＝税后利润＋折旧费）→填写当年借款还本付息表。根据已填写完毕的借款付息计划表和利润与利润分配表，参照表 9-4 编制项目资本金现金流量表。

（1）借款还本付息计划表中，利息合计项目的数据如下：第 1 年：50 万元，第 2 年：125 万元，第 3 年：30 万元，第 4～10 年：20 万元。利润表中，税后利润项目的数据为：第 2 年：821 万元，第 3 年：892 万元，第 4～10 年：900 万元。（2）项目资本金现金流量表中 1～10 年净现金流量分别为：第 1 年：-1050 万元，第 2 年：-300 万元，第 3 年：923 万元，第 4～9 年：1030 万元，第 10 年：2210 万元。

第 10 章　　参考答案

计算题

（1）略 （2） $FNPV=130245.30$ 元；$FIRR=12.64\%$ （3） $FNPV>0$，$FIRR>12\%$，方案可行

（4） $BEP_Q=4434$ 件，为设计产能的 44.34%，说明经营状况良好，风险较小

思考题

解题思路：（1）首先计算建设期贷款利息，并在此基础上计算固定资产投资；（2）根据等额还本付息方式计算第一年应还本付息总额，进一步求得当年还本和付息的具体金额；（3）计算直线法的年折旧费，并根据生产要素法计算第一年总成本费用；（4）满足项目运营和还款要求时，净利润＋折旧＋摊销≥当年应偿还的本金；（5）满足社会出资人要求时的 $ROE \geqslant 12\%$。

（1）建设期贷款利息：4263 万元；固定资产投资额：104263 万元（含政府投资）、101263 万元（不含政府投资）；（2）第 1 年应还本付息 10089.96 万元，其中付息 4455.78 万元，还本 5634.18 万元；（3）第 1 年总成本费用为 12018.93 万元；（4）投入使用第 1 年，政府补贴至少应达到 11980.30 万元；（5）政府各年应支付的资金额最少应为 12583.15 万元。

第 11 章　参考答案

计算题

1. $\Delta FNPV$（购置－租赁）$=-6635.58$ 元<0，应采用租赁设备方案。

2. 动态经济寿命为 6 年，每 6 年更新一次有利，此时年等值费用为 6190 万元。

3. 新设备经济寿命时的年等值费用为 93570 元；旧设备继续使用 1 年时的年等值费用为 93000 元<93570 元，故第 1 年内无需更新；继续使用 2 年时的年等值费用为 96800 元$>$93570 元，故在第 2 年使用之前进行更新。

思考题

解题思路：通过对比新旧设备的费用年值确定是否需要更新。费用年值由运行费（包括人工费和动力费）和设备消耗费构成。

（1）旧设备各年费用年值：$AC_{旧1}=47258$ 元，$AC_{旧2}=47662$ 元；（2）新设备各年费用年值：$AC_{新1}=47366$ 元，$AC_{新2}=46742$ 元，$AC_{新3}=46118$ 元，$AC_{新4}=45494$ 元，$AC_{新5}=44870$ 元，$AC_{新6}=44246$ 元，$AC_{新7}=43908$ 元，$AC_{新8}=44248$ 元；（3）若只需使用该类设备 1 年，则无需更换；若使用时间超过 1 年，则应考虑换新。

参 考 文 献

[1] 谭大璐. 土木工程经济 [M]. 北京：中国建筑工业出版社，2010.

[2] 谭大璐，赵世强. 工程经济学 [M]. 3 版. 武汉：武汉理工大学出版社，2023.

[3] 刘晓君. 工程经济学 [M]. 4 版. 北京：中国建筑工业出版社，2020.

[4] 黄有亮. 工程经济学 [M]. 4 版. 南京：东南大学出版社，2021.

[5] 武献华，宋维佳，屈哲. 工程经济学 [M]. 5 版. 大连：东北财经大学出版社，2020.

[6] 孟俊娜. 建设工程经济 [M]. 武汉：武汉理工大学出版社，2014.

[7] 郭献芳，等. 工程经济学 [M]. 3 版. 北京：中国电力出版社，2016.

[8] 刘长滨，等. 建筑工程技术经济学 [M]. 4 版. 北京：中国建筑工业出版社，2015.

[9] 项勇. 工程经济学 [M]. 3 版. 北京：机械工业出版社，2018.

[10] 郭树荣，等. 工程造价案例分析 [M]. 2 版. 北京：中国建筑工业出版社，2019.

[11] 谭大璐. 工程估价 [M]. 5 版. 北京：中国建筑工业出版社，2023.

[12] 国家发展改革委，建设部. 建设项目经济评价方法与参数 [M]. 3 版. 中国计划出版社，2006.

[13] 《投资项目可行性研究指南》编写组. 投资项目可行性研究指南 [M]. 北京：中国电力出版社，2002.

[14] 中华人民共和国财政部令第 76 号. 企业会计准则—基本准则（2014）. 2014 年 7 月.

[15] 中华人民共和国财政部财会〔2006〕3 号. 企业会计准则第 4 号—固定资产. 2006 年 2 月.

[16] 中华人民共和国财政部财会〔2006〕3 号. 企业会计准则第 6 号—无形资产. 2006 年 2 月.

[17] 中华人民共和国财政部财会〔2017〕22 号. 企业会计准则第 14 号—收入. 2017 年 7 月.

[18] 中华人民共和国住房和城乡建设部. 建设工程工程量清单计价标准：GB/T 50500—2024 [S]. 北京：中国计划出版社，2024.

[19] 中华人民共和国住房和城乡建设部、财政部 建标〔2013〕44 号. 建筑安装工程费用项目组成. 2013 年 3 月.

[20] 国家税务总局. 中华人民共和国企业所得税法. 2018 年 12 月.

[21] 中华人民共和国财政部、税务总局、海关总署公告 2019 年第 39 号. 关于深化增值税改革有关政策的公告. 2019 年 3 月.

[22] 中华人民共和国财政部 财会〔2019〕6 号. 关于修订印发 2019 年度一般企业财务报表格式的通知. 2019 年 5 月.

[23] 中华人民共和国第十四届全国人民代表大会常务委员会第七次会议. 中华人民共和国公司法. 2023 年 12 月.

[24] 中华人民共和国国务院国发〔2015〕51 号. 国务院关于调整和完善固定资产投资项目资本金制度的通知. 2015 年 9 月.

[25] 中华人民共和国国家发展和改革委员会 发改投资规〔2023〕304 号. 关于投资项目可行性研究报告编写大纲的说明（2023 年版）. 2023 年 3 月.

[26] 中华人民共和国国家发展和改革委员会 发改投资规〔2023〕304 号. 政府投资项目可行性研究报告编写通用大纲（2023 年版）. 2023 年 3 月.

[27] 中国建设监理协会. 建设工程投资控制 [M]. 北京：中国建筑工业出版社，2024.

[28] 全国造价工程师职业资格考试培训教材编审委员会. 建设工程造价案例分析 [M]. 北京：中国城市出版社，2023.

[29] 全国一级建造师执业资格考试用书编写委员会. 建设工程经济 [M]. 北京：中国建筑工业出版社，2024.